U0863201

“一带一路”营商环境法治研究丛书
"The Belt and Road" Legal Research Series on Business Environment
丛书主编：王莹莹

中亚营商环境法治研究系列

乌兹别克斯坦营商环境法治研究

Research on the Rule of Law in the Business Environment of *the Republic of Uzbekistan*

主编 - **刘卫锋**

副主编 - **卢文捷　郑嘉欣**

中国民主法制出版社
全国百佳图书出版单位

图书在版编目(CIP)数据

乌兹别克斯坦营商环境法治研究 / 刘卫锋主编.
北京 : 中国民主法制出版社, 2025. 6. -- ("一带一路"
营商环境法治研究丛书 / 王莹莹总主编). -- ISBN 978-
7-5162-3993-3

Ⅰ. D936. 222. 94

中国国家版本馆 CIP 数据核字第 2025A9N496 号

图书出品人: 刘海涛
责 任 编 辑: 陈　曦　贾萌萌
文 字 编 辑: 刘　照

书名/乌兹别克斯坦营商环境法治研究
作者/刘卫锋　主编

出版·发行/中国民主法制出版社
地址/北京市丰台区右安门外玉林里 7 号 (100069)
电话/ (010) 63055259 (总编室)　63058068　63057714 (营销中心)
传真/ (010) 63055259
http: //www. npcpub. com
E-mail: mzfz@ npcpub. com
经销/新华书店
开本/16 开　730 毫米×1030 毫米
印张/13. 75　**字数/**235 千字
版本/2025 年 8 月第 1 版　2025 年 8 月第 1 次印刷
印刷/北京建宏印刷有限公司

书号/ISBN 978-7-5162-3993-3
定价/99. 00 元
出版声明/版权所有, 侵权必究

(如有缺页或倒装, 本社负责退换)

“一带一路”营商环境法治研究丛书

指导单位

陕西省司法厅

主办单位

西北政法大学

新疆政法学院

编写单位

西北政法大学“一带一路”营商环境研究院

西北政法大学民心相通研究交流中心

商桥（西安）信息咨询有限公司

编委会

主任

赵万东　陈旭东　范九利

顾问

王贵国　王小强　韩　松

执行主任·丛书主编

王莹莹

委员

张荣刚　马朝琦　孙昊亮　常　安　马召伟

祁　欢　桑元峰　姚建军　李永强　刘仲屹

李云峰　王　瀚　王周户　强　力　舒洪水

杨建军　刘亚军　张超汉　马荣伟　孙　佺

从书国别主编及编写人员

《乌兹别克斯坦营商环境法治研究》

主　编： 刘卫锋

副主编： 卢文捷　郑嘉欣

编写组： 卢石宏　刘　洁　曹珂欣　魏亦欣　白　鑫　金羽珩　王乐田　聂荷珍　陈子玥　舒良缘　郭若卉

《哈萨克斯坦营商环境法治研究》

主　编： 贺小丽

副主编： 贺帅帅　江　海

编写组： 罗世琦　郭　菲　闫昱洁　宇文雅　唐　琪　张　懿　赵怡宁　陈　颖　马　楠　陈俊希　叶　娟　张　恒

《塔吉克斯坦营商环境法治研究》

主　编： 贾同乐

副主编： 刘吉堂　陈凌云

编写组： 刘宏刚　范　涛　陈梦琦　华伟聪　曾　卓　刘甫霖　李　露　耿　申　张琪文　韦一杭

《吉尔吉斯斯坦营商环境法治研究》

主　编： 汤　强

副主编： 孔得建　向　东

编写组： 杜　昆　许海龙　肖　扬　胡家榛　陆星宇　刘豆豆　廖　桐　刘季恒　牟苑双　孙宇杰

《土库曼斯坦营商环境法治研究》

主　编： 李思思

副主编： 李　洋　李泽西

编写组： 郭　帅　赵　亮　赵　敏　崔仪韵　韩佳雪　白雪玉　刘芳妤　郝秋蕾　程涵婧　乔文茹

总　序

“天下熙熙，皆为利来；天下攘攘，皆为利往。”熙攘繁荣的市场图景以成熟营商环境为描绘基础，我国北宋时期破除坊市、包容恤商，造就《清明上河图》中描绘的“八荒争凑、万国咸通”盛况。当今世界，全球经济格局正经历深度调整，“一带一路”倡议的纵深推进为欧亚大陆注入了新动能，中亚五国——哈萨克斯坦、乌兹别克斯坦、吉尔吉斯斯坦、塔吉克斯坦、土库曼斯坦凭借其地缘枢纽地位、资源禀赋与市场潜力，正成为跨国投资与区域合作的热土。在此背景下，有关中亚五国营商环境成熟度的考察、评估与分析，俨然成为“一带一路”营商环境法治研究的重要命题。

根据世界银行《营商环境报告》（*Doing Business*，2020）曾以量化指标勾勒出的营商环境“区域画像”，中亚五国整体建设水平呈现梯度化趋势。哈萨克斯坦是中亚地区营商环境建设的先驱者与领跑者，其借助国内《国际商事仲裁法》实现与《联合国国际贸易法委员会国际商事仲裁示范法》的接轨，吸引了众多跨国企业选择该国作为跨境争议解决的仲裁地。乌兹别克斯坦蓄势待发，自其推行全面经济改革以来，得益于放宽外资准入、建设自贸区、数字化服务等政策，营商环境优化效果显著。吉尔吉斯斯坦和塔吉克斯坦在改善营商环境方面亦有成效，如吉尔吉斯斯坦创新“破产预警监测系统”，以技术赋能提升公共服务效率与质量；塔吉克斯坦通过加大力度吸引外资推动国内基础设施建设。土库曼斯坦近几年在公共服务、外资准入、关税改革等领域不断推进营商环境优化。

中亚五国由于地理环境、历史传统、宗教习俗、语言文化等因素，其法律体系与我国有共同点，也存在差异，这种差异会给相互之间的商贸往来带来障碍。鉴于此，西北政法大学“一带一路”营商环境研究院聚焦营商环境法治建设，编纂中亚五国营商环境法治研究系列丛书，紧扣世界银行《营商环境成熟度报告》（*Business Ready*）指标，以法治评估为主线，宏观上萦绕营商主体“准入—兴业—退出”的全法律生命周期，微观视角下紧密联系“市场参与度、公共服务获取、劳动者保护、反垄断与反不正当竞争、税收政策”等外商投资标准，分《哈萨克斯坦营商环境法治研究》《乌兹别克斯坦营商环境法治研究》《吉尔吉斯斯坦营商环境法治研究》《塔吉克斯坦营商环境法治研究》《土库曼斯坦营商环境法治研究》五册展开国别研究；从国情背景着手，立足于详实的法律文本、立法动态、世界银行数据及典型案例分析，通过系统解析中亚五国营商环境的法治要素，力求客观完整地诠释中亚地区营商环境的法治化现状，从而为学术研究者、政策制定者及企业投资者提供兼具理论深度与实践价值的参考与指南。

当“一带一路”倡议架起法治互联互通之桥，丝路商道焕发法治新貌，中亚五国正以法治为经纬，共同编织起地区安全与发展的时代锦缎。五部曲的付梓，不仅是对中亚法治图景的学术描摹，更是一份面向未来的承诺：让法治成为破除偏见、消弭冲突的桥梁，让合作成为超越分歧、共创繁荣的纽带。正如习近平总书记指出的：“法治是最好的营商环境。”在这条通向现代化的文明之路上，我们愿以法为舟，以信为帆，推动实现更加强劲、绿色、健康的全球发展，培育全球发展新动能，构建全球发展共同体。

是为序。

西北政法大学党委副书记、校长

范九利

前　　言

在全球经济一体化的浪潮中，中亚地区作为连接欧亚大陆的重要纽带，正逐渐成为国际经济合作的新焦点。乌兹别克斯坦作为中亚地区的核心国家之一，凭借其丰富的自然资源、优越的地理位置以及庞大的消费市场，在全球经济格局中展现出独特的吸引力。近年来，乌兹别克斯坦政府积极推动经济改革与对外开放，致力于打造一个更加公平、透明、高效的营商环境，以吸引更多的外国投资，促进经济的可持续发展。因此，对乌兹别克斯坦营商环境法治建设的研究具有重要的理论和实践意义。乌兹别克斯坦拥有丰富的自然资源，包括石油、天然气、黄金、铀等，这些资源为其经济发展提供了坚实的物质基础。同时，其地处中亚腹地，是连接欧洲与亚洲的重要通道，具有重要的地缘经济价值。此外，乌兹别克斯坦拥有 3700 多万人口，劳动力资源丰富，为工业发展提供了充足的人力保障。然而，尽管乌兹别克斯坦在资源和人口方面具有优势，但其经济发展仍面临诸多挑战，如基础设施建设相对滞后、产业结构有待优化、市场竞争环境不够完善等。为了克服这些挑战，乌兹别克斯坦政府近年来采取了一系列措施，包括推进经济自由化、加强基础设施建设、改善投资环境等，以提升国家的经济竞争力。

在这一背景下，法治建设成为乌兹别克斯坦营商环境优化的关键。一个稳定、透明、可预期的法律环境能够为投资者提供信心，保障其合法权益，降低其投资风险。乌兹别克斯坦自独立以来，一直在不断完善其法律体系，以适应经济发展的需要。近年来，乌兹别克斯坦在投资、贸易、金融、税收等领域的法律法规不断更新和完善，为外国投资者提供了更加明确的法律指引。例如，乌兹别克斯坦通过了《投资和投资活动法》，为外国投资者提供了公平的待遇和保护，明确了投资的法律框架和程序；同时，乌兹别克斯坦还对税收制度进行了改革，降低了企业税负，简化了税务申报程序，提高了税收征管效率。对乌兹别克斯坦营商环境的法治研究不仅需要关注其国内法律制度的建设和完善，还需要考虑国际经济法的影响。作为世界贸易组织的观察员国，乌兹别克斯坦正在积极寻求加入世贸组织，这意味着其国内法律制度需要与国际规则接轨，以满足多边贸易体制的要求。此外，乌兹别克斯坦还与多个国家和地区签署了双边或多边投资协定，这些协定为外国投资者提供了额外的法律保护和争端解决机制。同时，乌兹别克斯坦还通过设立经济特区、提供税收优惠等政策，进一步吸引外资。然而，乌兹别克斯坦的营商环境法治建设仍面临一些挑战。为了深入研究乌兹别克斯坦的营商环境法治状况，本书将采用多种方法相结合的研究方式。首先，通过文献研究法，广泛收集乌兹别克斯坦相关法律法规、政策文件以及国内外学者的研究成果。其次，运用案例分析法，选取具有代表性的投资纠纷案例，深入剖析乌兹别克斯坦法治在解决实际问题中的应用和存在的问题。最后，还将运用比较研究法，基于世界银行最新的评价指标对乌兹别克斯坦的营商环境进行分析，找出其优势与不足。我们希望通过对乌兹别克斯坦营商环境法治的深入研究，为我国相关企业走出去提供有益的参考和借鉴，进而促进中乌之间的经济繁荣与稳定发展。

目　录

第一章　乌兹别克斯坦概况 …… 1
一、历史 …… 1
二、人文 …… 1
三、宗教 …… 5
四、地理 …… 6
五、经济 …… 8
第二章　乌兹别克斯坦法律体系 …… 13
一、乌兹别克斯坦法律基本概况 …… 13
二、乌兹别克斯坦的法律体系 …… 14
第三章　乌兹别克斯坦营商环境评估概况 …… 82
一、企业准入 …… 82
二、经营场所的获得 …… 93
三、市政公共服务设施的便利 …… 107
四、劳动者保护 …… 117
五、金融服务的获得 …… 126
六、税收法律及政策 …… 133
七、商业纠纷解决途径及解决的效率 …… 145
八、反垄断与反不正当竞争 …… 152
九、企业的退出 …… 166
十、国际贸易 …… 173
第四章　乌兹别克斯坦营商环境治理典型案例 …… 182
一、乌兹别克斯坦经贸合作区 …… 182

二、河南万邦国际向乌兹别克斯坦农业领域投资 …………………… 183
三、中国石油天然气勘探开发公司油气投资 …………………… 184
四、Zarafshan 500MW 风电项目投资 …………………… 186
第五章 乌兹别克斯坦主要产业或产业支柱有关的营商环境规制细则 … 187
一、主要产业或支柱产业 …………………… 187
二、主要产业营商环境规制细则概况 …………………… 188
三、主要产业营商环境规制细则 …………………… 193

第一章 乌兹别克斯坦概况

一、历史

“乌兹别克斯坦”一词源自乌兹别克语，意为“自己统治自己”或“自己是自己的主人”，即象征“独立”。乌兹别克斯坦的民族在公元9至11世纪逐渐形成。13世纪，蒙古人征服了该地区。到了14世纪中期，阿米尔·帖木儿以撒马尔罕为首都，建立了一个庞大的帝国。16至18世纪，布哈拉汗国、希瓦汗国和浩罕国相继建立。19世纪60至70年代，部分领土（包括现在的撒马尔罕州和费尔干纳州）被并入俄罗斯。1917至1918年，苏维埃政权在该地区建立。1924年10月，乌兹别克斯坦苏维埃社会主义共和国正式成立，成为苏联的加盟共和国之一。随着苏联解体，乌兹别克斯坦于1991年8月31日宣布独立，并于9月1日正式脱离苏联，改国名为乌兹别克斯坦，成为一个独立的主权国家，同时将9月1日这一天定为国家独立日。

二、人文

（一）人口

截至2024年10月1日，乌兹别克斯坦人口3735.5万，城市人口占总人口的51%，农村人口占比49%。男性平均年龄28.5岁，女性平均年龄30岁。劳动力人口占比56.4%，大学学历及以上劳动力占劳动力总数12%左右。① 乌兹别克斯坦人口主要集中在中部、东部和南部，其中，首都塔什干市常住人口307.5万人，是乌人口最多城市。人口超过300万的州有撒马尔罕州（424.9万人，乌人口第一大州，占总人口的11.4%）、费尔干纳州（409.9万人，占比11%）、卡什卡达里亚州（359.4万人，占比9.7%）和安集延州（342.4万人，占比9.2%），西部和北部沙漠地区人烟稀少。②

① 数据来源于世界银行。

② 数据来源于乌兹别克斯坦统计署。

（二）行政区划

乌兹别克斯坦共划分为 1 个自治共和国（卡拉卡尔帕克斯坦自治共和国）、12 个州（花剌子模州、纳沃伊州、布哈拉州、撒马尔罕州、卡什卡达里亚州、苏尔汉河州、吉扎克州、锡尔河州、塔什干州、纳曼干州、安集延州、费尔干纳州）和 1 个直辖市（塔什干市）。首都塔什干市面积约 334 平方公里，是其政治、经济、金融、商业、文化、教育和交通中心。塔什干市亦是乌经济最发达的城市，地区生产总值占其国家 GDP 的 16.6%，其中，第三产业产值占该市总产值的 54.5%，其余为工业，占比 45.5%。乌兹别克斯坦各大部委、外国和国际组织驻乌使馆和代表机构、大型国企和外资企业驻乌总部等均位于塔什干市。其他主要经济、旅游城市有撒马尔罕市、布哈拉市。撒马尔罕市是撒马尔罕州首府，是著名的旅游城市，位于泽拉夫尚河畔，东北至首都塔什干的铁路距离为 270 公里，南至阿富汗国境 249 公里。面积 51.9 平方公里，人口 57.32 万。布哈拉市位于乌兹别克斯坦西南部，泽拉夫尚河三角洲上的沙赫库德运河河畔，布哈拉绿洲中部，人口 28.92 万，是布哈拉州的行政、经济和文化中心，东北距首都塔什干 434 公里。布哈拉市旅游和天然气资源发达，中国—中亚天然气管道 A/B/C 三线在该市设有调控中心。[①]

（三）民族

乌兹别克斯坦共有 134 个民族。乌兹别克族约占 84.4%，塔吉克族约占 4.9%，俄罗斯族约占 2.1%，哈萨克族约占 2.4%，卡拉卡尔帕克族约占 2.2%，鞑靼族约占 1.1%，吉尔吉斯族约占 1%，朝鲜族约占 0.7%。此外，还有土库曼、乌克兰、维吾尔、亚美尼亚、土耳其、白俄罗斯族等。[②]

（四）语言

乌兹别克语是该国的官方语言，而俄语则作为通用语被广泛使用。乌兹别克语属于阿尔泰语系中的突厥语族，现采用拉丁字母拼写。得益于乌兹别克斯坦坚持各民族平等的原则以及包容多元文化的态度，塔吉克语、卡拉卡尔帕克语、鞑靼语等少数民族语言在国内得以传承与使用。同时，为了加速与国际社会的接轨，英语、汉语等外语在乌兹别克斯坦也得到了广泛传播。

---

① 数据来源于中华人民共和国商务部。

② 数据来源于中华人民共和国商务部。

多元化的语言环境共同塑造了乌兹别克斯坦独特的语言景观。

（五）饮食文化等习俗

乌兹别克斯坦的饮食以牛肉、羊肉、马肉和奶制品为主。当地人特别喜欢手抓饭和烤肉串，而馕（一种烤制的发面饼）和茶则是日常餐桌上不可缺少的。吃馕时，人们通常将其撕成几块，且始终保持馕心朝上。手抓饭在乌兹别克斯坦人生活中占有重要地位，它是节日庆典、婚礼和待客时的传统美食。几乎每家每户都会拥有一口专门用来烹饪手抓饭的厚重铁锅。在宴请贵宾时，手抓饭更是待客的必备佳肴。乌兹别克斯坦的传统民族服装为精美刺绣的小帽和色彩斑斓的长袍。婚礼上，新郎和新娘一般都会穿上传统服饰。一顶手工制作的小帽和一件精心缝制的棉袍，通常是乌兹别克斯坦人赠送贵宾的重要礼物。乌兹别克斯坦人通常也以歌舞闻名，舞蹈以其优美、轻快和多变著称。尤其是在快速旋转时，舞者的双臂动作通常集中在腰部以上，舞姿舒展、轻盈，常见的舞蹈形式是单人独舞。传统的手鼓舞则以其独特风格备受喜爱。

（六）节假日

乌孜别克族主要节日有“圣纪节”“肉孜节”“古尔邦节”等。法定假日包括：新年，1月1日；妇女节，3月8日；纳乌鲁斯节（穆斯林春节），3月21日；纪念和荣誉日（原胜利日），5月9日；独立日，9月1日；教师节，10月1日；宪法日，12月8日；古尔邦节，伊斯兰历12月10日；传统节日与当地其他信奉伊斯兰教民族的节日基本相同，以肉孜节和古尔邦节为一年之中最隆重的节日。乌兹别克斯坦实行每周5天工作制，周六、周日为公休日，但乌兹别克斯坦国家机关和部分重要企业实行五天半工作制，每周六上班半天。

（七）社会治安

乌兹别克斯坦的社会治安整体较为稳定，反政府武装组织几乎不存在，近年来凶杀和盗窃案件的发生率持续下降。该国几乎没有发生过恐怖袭击，也没有针对中国企业或公民的恐怖袭击及绑架事件。根据当地法律规定，居民不得持有枪支，因此治安形势较为平和。[①]

---

① 参见张宁：《乌兹别克斯坦独立后的政治经济发展》，上海大学出版社2012年版。

（八）科技

乌兹别克斯坦全国有 100 多个科研机构，主要科研机构有：乌科学院及其所属的数学研究所、核物理研究所、电子研究所、天文研究所、地质研究所、生物化学研究所、棉花研究所、葡萄科研所、蚕桑科研所等 40 多个研究院所。乌兹别克斯坦地质与地球物理研究所科研力量较强，拥有较多高水平的研究成果，特别是在普查勘探深部金矿的方法方面有所突破。此外，乌兹别克斯坦在高能物理、半导体物理、材料科学和太阳能科学研究方面也取得了不少研究成果。①

（九）教育

乌兹别克斯坦中小学实行免费教育，学制 11 年，有各类学校 10130 所，在校学生超过 730 万人，教职员工 54.77 万人。高校基本实行收费教育，有 10%-20%的大学生可获国家预算支持，免缴学费。目前，乌兹别克斯坦有 600 多所中等专业学校，在校生近 61.3 万人，教师 5.4 万人；高等院校 211 所，在校生超过 130 万人，高等教育入学率超过 42%。著名高校有国立塔什干大学、国立塔什干东方学院、世界经济与政治大学、国立塔什干经济大学、塔什干医科大学等。②

（十）医疗

乌兹别克斯坦至今沿用原苏联时期的医疗体制，仍实行免费医疗，尚未建立全民医疗保险制度，医疗体系完善，但条件较差，医药分离，仅诊疗免费，药品需要自费购买。当地还有私人医院，收费较高，医疗条件和服务水平高于公立医院。药品多来自俄罗斯及东欧国家。乌兹别克斯坦现有 14 所医学院。据乌兹别克斯坦卫生部数据，截至 2023 年底，乌兹别克斯坦人均寿命 74.7 岁，其中男性平均寿命 72.5 岁，女性 76.9 岁。受饮食习惯影响，当地人健康头号杀手为心血管疾病，占死亡率的 61%，肿瘤致死率 10.8%，呼吸

---

① 参见商务部对外投资和经济合作司等编：《对外投资合作国别（地区）指南：乌兹别克斯坦》（2024 年版），载商务部“走出去”公共服务平台，http://fec.mofcom.gov.cn/article/gbdqzn/，2025 年 2 月 28 日访问。

② 参见商务部对外投资和经济合作司等编：《对外投资合作国别（地区）指南：乌兹别克斯坦》（2024 年版），载商务部“走出去”公共服务平台，http://fec.mofcom.gov.cn/article/gbdqzn/，2025 年 2 月 28 日访问。

道疾病致死率 5.5%。①

（十一）新闻媒体

2016—2023 年乌兹别克斯坦注册媒体数由 1514 家增至 2140 家，增长 41%。杂志数量由 309 家增至 623 家，电子出版物由 395 家增至 745 家，增长 88%。这些媒体除使用乌兹别克斯坦文字外，部分还使用俄文。②

三、宗教

（一）宗教信仰

主体民族乌兹别克族信奉伊斯兰教，多属逊尼派。此外，塔吉克族、哈萨克族、吉尔吉斯族、阿塞拜疆族、鞑靼族、维吾尔族也信仰伊斯兰教其他民族如朝鲜族信奉佛教和基督教，犹太人信仰犹太教，俄罗斯人信奉东正教。乌兹别克斯坦约 93% 的公民信仰逊尼哈乃菲派伊斯兰教，约 1% 信仰什叶派（主要分布在布哈拉州和撒马尔罕州），约 4% 信仰东正教（主要是斯拉夫人），其余则信仰基督教、佛教、犹太教等多种宗教。截至 2019 年 6 月，乌兹别克斯坦全国共登记 2286 个宗教团体，分属 16 个宗教教派，其中包括 2098 个清真寺和伊斯兰组织、160 个教堂以及 28 个其他宗教组织。③

（二）宗教忌讳

在伊斯兰国家，宗教是大多数人的全部生活方式，斋月期间，太阳升起后到落山以前不能进食。无论多么重要的生意，在斋月里也不能进行。在清真寺等宗教场所妇女应戴上帽子，并用披肩遮住肩、胸。禁止崇拜偶像，因此工艺品中的人物塑像、玩具娃娃等都不得进入伊斯兰国家。

---

① 参见商务部对外投资和经济合作司等编：《对外投资合作国别（地区）指南：乌兹别克斯坦》（2024 年版），载商务部“走出去”公共服务平台，http://fec.mofcom.gov.cn/article/gbdqzn/，2025 年 2 月 28 日访问。

② 参见商务部对外投资和经济合作司等编：《对外投资合作国别（地区）指南：乌兹别克斯坦》（2024 年版），载商务部“走出去”公共服务平台，http://fec.mofcom.gov.cn/article/gbdqzn/，2025 年 2 月 28 日访问。

③ 参见孙壮志、苏畅、吴宏伟：《乌兹别克斯坦》，社会科学文献出版社 2016 年版。

四、地理

（一）地理位置

乌兹别克斯坦是位于中亚腹地的“双内陆国”，其自身和周边五个邻国均无出海口。北部和东北与哈萨克斯坦接壤，东部、东南部与吉尔吉斯斯坦和塔吉克斯坦相连，西与土库曼斯坦毗邻，南部与阿富汗接壤。乌兹别克斯坦东西长 1400 公里，南北宽 925 公里。边境线长 6621 公里、面积 44. 89 万平方公里，排在世界第 56 位。东部为山地，海拔 1500—3000 米，最高峰 4643 米；中西部为平原、盆地、沙漠，海拔 0—1000 米，约占国土面积的 2/3。全境平均海拔 200—400 米。乌兹别克斯坦属东 5 时区，比北京时间晚 3 小时，未实行夏令时。

（二）自然资源

一是矿产资源。乌兹别克斯坦资源丰富，矿产资源储量总价值约 3. 5 万亿美元。现探明有近 100 种矿产品。其中，黄金探明储量 3350 吨（位列世界第 4）。石油探明储量 1 亿吨，凝析油已探明储量 1. 9 亿吨，已探明的天然气储量 3. 4 万亿立方米，煤储量 19 亿吨，铀储量 18. 58 万吨（位列世界第 7），铜、钨等矿藏也较为丰富。

二是天然气。乌兹别克斯坦天然气开采量居世界第 11 位，黄金开采量居第 7 位，铀矿开采量居第 5 位。非金属矿产资源有钾盐、岩盐、硫酸盐、矿物颜料、硫、萤石、滑石、高岭土、明矾石、磷钙土以及建筑用石料等。纳沃伊矿山冶金综合体和阿尔马雷克矿山冶金综合体是乌矿产资源主要开采企业，乌油气公司和俄罗斯卢克石油公司是当地天然气主要开采企业

三是河流。境内有大小 600 多条河流，多数河流都在流域内干，只有阿姆河锡尔河流入咸海。阿姆河全长 1437 公里，若从东帕米尔的河源起算，全长 2540 公里。在乌兹别克斯坦境内 1400 公里，阿姆河流域南北长 960 公里，东西宽 1400 公里，是中亚水量最丰富的河流，年平均径流量 790 亿立方米，流域面积达 30. 9 万平方公里。帕米尔高原的高山积雪和冰川是阿姆河的源头，在下游形成几十条大小支流，构成巨大的三角洲，最后注入咸海。阿姆河流域山区冬春多雨，年降雨量可达 1000 毫米，平原地区年降雨量只有 200 毫米，而下游地区雨量不到 100 毫米。春季融雪，开始涨水，6、7、8 月份流量最大。锡尔河全长 2137 公里，是中亚最长的河流，年平均径流量 380 亿立方米，流域面积达 21. 9 万平方公里，流经乌兹别克斯坦和哈萨克斯坦注入咸

海。纳伦河和卡拉河在乌兹别克斯坦境内汇合为锡尔河，此外，乌兹别克斯坦境内还有索赫河、契尔契克河、泽拉夫尚河等湖泊分高山湖泊和平原湖泊。高山湖泊数量较多，大多位于海拔 2000—3000 米的山地，但面积一般都不超过 10 平方公里。平原湖泊数量较少，大多位于阿姆河和锡尔河的三角洲地带。除日渐干涸的咸水湖——咸海外，乌兹别克斯坦还有艾达尔湖（面积 1248 平方公里）、坚吉兹湖（面积 312 平方公里）、图达湖（225 平方公里）等。乌兹别克斯坦还有几个较大的人工湖，如恰尔河水库等。[①]

（三）动植物资源

乌兹别克斯坦哺乳动物有 97 种，主要有沙狐、野猪、胡狼、赛加羚羊、西伯利亚山羊、捻角山羊、狐狸、熊、雪豹、蒙古兔、板齿鼠、沙鼠、亚洲胡狼、丛林猫、布哈拉鹿、花纹鼠、大灰鼠、刺猬等，其中熊、豹、猞猁、雪豹、水獭、山羊等毛皮哺乳动物被列为国家一级珍贵保护动物。鸟类 379 种，主要有红腿鸡、狭嘴鸭、金雕、草原雕、亚洲野鸡、杜鹃、喜鹊、乌鸦、麻雀、草原红隼、乌、喜马拉雅雪鹞、髭兀鹰、红嘴山鸦、高山穴鸟、百灵、燕子、八哥等。爬行类 58 种，主要为大耳沙蜥、箭蛇、甲颜面蛇、游蛇草原鬣蜥花斑沙鼹、黄鼠、亚洲裸眼蜥、蛇蜥、石龙子、中亚龟、眼镜蛇等，其中，中亚眼镜蛇是国家级珍贵保护动物。鱼类 69 种，咸海鲑鱼数量最多，其次有阿姆河鱼、狗鱼、鲤鱼、赤梢鱼、鲍鱼等。此外，有昆虫 100 多种。

乌兹别克斯坦有 3700 种野生植物，分属 120 个科，常见的有豆科禾本科，按植被特点可分为平原地带、丘陵低地带、丘陵高地带、山区地带和高山带等。平原地带主要有杞柳、胡杨、沙枣、芨芨草、甘草、芦苇、苔草、猪毛菜、骆驼蓬、漆树、石榴树、桦树、金银花、野蔷薇等；丘陵低地带主要有阿魏、郁金香、刺山柑、海甘蓝等；山区地带主要是林业用地，有松树、樱桃树、黄连木、苹果树和胡桃树等，有许多野生植物具有食用价值，如浆果、核桃等；在高山低地带生长着偃松、金银花、野蔷薇等；荒漠带主要植物有梭梭、猪毛戎、沙拐枣、大黄等，饲料植物有甘草、骆驼棘、燕麦等。整体森林覆盖率为 12%。[②]

---

① 参见商务部对外投资和经济合作司等编：《对外投资合作国别（地区）指南：乌兹别克斯坦》（2024 年版），载商务部“走出去”公共服务平台，http://fec.mofcom.gov.cn/article/gbdqzn/，2025 年 2 月 28 日访问。

② 参见孙壮志、苏畅、吴宏伟：《乌兹别克斯坦》，社会科学文献出版社 2016 年版。

（四）气候条件

乌兹别克斯坦拥有典型的干旱大陆性气候。冬季气温低，降雪频繁；夏季则极为炎热，气候干燥，白天气温高，夜晚则明显转凉。1月的平均气温在北部约为-5℃，南部则为-3℃，在最冷时，地面最低温度可降至-30℃。7月时，白天的平均气温为36℃，而在最热的时段，气温可能升高到45℃左右。降水主要集中在春秋季节，平原地区的年降水量通常为90—580毫米，而山区则稍多，降水量为460—910毫米。

五、经济

（一）宏观经济

2023年，乌兹别克斯坦GDP为908.7亿美元，同比增长6%；人均GDP为2496美元，同比增长3.8%。2024年1—9月，GDP为806.15亿美元，同比增长6.6%。2023年，乌兹别克斯坦预算收入321万亿苏姆（273.5亿美元），同比增长12%，预算支出380万亿苏姆（323.8亿美元）；预算赤字59万亿苏姆（50.3亿美元），占GDP的5.5%；通胀率为8.77%；失业率为8%；消费品零售总额约326.2万亿苏姆（277.9亿美元），占GDP的30.6%。截至2023年12月31日，乌兹别克斯坦政府债务349亿美元，占GDP的38.4%。其中，政府外债296.4亿美元，占GDP的32.6%，2023年内增加37.3亿美元；国内债务52.9亿美元，占GDP的5.8%，年内增加19.7亿美元。乌兹别克斯坦政府外债中大多数为中长期债务，短期债务较少。2023年，乌兹别克斯坦偿还债务和利息总额为28.2亿美元，同比增长68.8%，未出现延缓债务偿还、债务重组情况。乌举借外债的规模和条件不受IMF等国际组织限制。2024年，标普对乌兹别克斯坦主权信用评级均为BB-/B，展望为稳定。近年来，乌兹别克斯坦政府大力发展数字经济，为此，2020年以来乌兹别克斯坦总统多次召开会议并颁布总统令，鼓励数字经济发展。目前，数字经济规模占国民经济的比重为2.77%。根据国家规划，2025年该比重将提升至5%，2030年提升至10%。乌兹别克斯坦总统2019年10月批准《2019—2030年乌兹别克斯坦向绿色经济过渡战略》（以下简称《绿色过渡战略》），希望利用先进技术和现代金融制度，合理开发利用本国自然资源，减轻气候变化影响，实现能源消费多元化。2023年9月“乌兹别克斯坦—2030”战略提出将可再生能源装机容量提高至25吉瓦，将可再生能源发电消费占比提升至40%。[①]

（二）特色产业

1. 工业

近年来，乌兹别克斯坦政府重点发展出口导向型经济，着力加快工业发展。

其中，汽车工业发展尤为瞩目。乌兹别克斯坦是中亚地区最早开始汽车生产的国家，其生产的汽车涵盖了多个品牌，包括雪佛兰轿车和自主品牌“拉沃”轿车（雪佛兰代工生产）、五十铃品牌的客车和货车，以及MAN品牌的货车。近年来，乌兹别克斯坦逐渐转向半散件组装（SKD）模式，开始生产起亚、奇瑞、比亚迪、长城等品牌的汽车。

除了满足国内需求，乌兹别克斯坦生产的汽车还出口到哈萨克斯坦、吉尔吉斯斯坦、塔吉克斯坦、阿塞拜疆、亚美尼亚、格鲁吉亚和蒙古等国家。2023年，乌兹别克斯坦的轿车产量约为41.9万辆，同比增长了36.5%；卡车生产量为3541辆，同比下降了13.7%；客车生产量为921辆，同比下降了32.4%；而汽车发动机的生产量则为26.4万台，同比增长了19.4%。[②]

2. 采矿业

乌兹别克斯坦是全球重要的黄金和天然气生产国之一。根据世界黄金协会的数据，2023年乌兹别克斯坦的黄金产量为119.6吨，位居世界第十；同时，天然气的开采量为467.1亿立方米，同比下降了9.6%。同年，乌兹别克斯坦的黄金出口额约为81.54亿美元，同比增长了98.4%，占总出口额的40.3%。然而，天然气的出口额约为5.3亿美元，同比下降了42.7%。在纺织业方面，乌兹别克斯坦是全球重要的棉花生产国之一，2023年的棉花产量达到370万吨，位居全球第六。乌兹别克斯坦的轻纺行业拥有超过3500家纺织企业和4700多家服装企业，主要由小企业和私营企业组成，企业集中在塔什干市、安集延州、费尔干纳州和撒马尔罕州。2023年，乌兹别克斯坦的纺织品出口额约为30.5亿美元，同比下降了3.8%，占出口总额的12.5%。[③]

3. 农业

乌兹别克斯坦是一个传统的农业国家，粮食生产基本能够满足国内需求。2023年，谷物产量约为842.7万吨，同比增长5.5%。此外，乌兹别克斯坦还

---

① 数据来源于乌兹别克斯坦统计署。

② 数据来源于中华人民共和国商务部。

③ 数据来源于中华人民共和国商务部。

是中亚地区重要的水果和蔬菜生产基地。2023年，蔬菜的产量约为1155.4万吨，增长3.5%；瓜果产量达到255.4万吨，增长5.5%；浆果的产量为312.2万吨，增长4.1%；而葡萄的产量则为173.8万吨，下降1.3%。①

（三）基础设施

1. 公路

乌兹别克斯坦的公路总长度约为18.4万公里，其中包括4.27万公里的城市间公路、6.73万公里的乡村公路、约6.17万公里的市内公路，以及1.23万公里的其他公路。目前，乌兹别克斯坦尚未建成高速公路，但计划通过公私合作的方式建设塔什干至撒马尔罕和塔什干至安集延的收费公路。乌兹别克斯坦的干线公路网络连接了各个州，并与哈萨克斯坦、塔吉克斯坦、吉尔吉斯斯坦、土库曼斯坦、阿富汗等邻国的公路系统相连。整体而言，公路路况较为一般，部分路段亟须改造。为改善现有道路状况，乌兹别克斯坦政府正在积极利用来自亚洲开发银行、伊斯兰开发银行、阿拉伯发展基金和科威特阿拉伯经济发展基金的贷款，对一些重要路段进行修复。其中，由中铁二十局和中国路桥公司承建的A380公路重建工程，不仅是中亚区域经济走廊的重要组成部分，也是乌兹别克斯坦目前建设标准最高的公路。②

2. 铁路

乌兹别克斯坦的铁路总长度约为6118公里，其中约4732.8公里为正常运营路段，电气化铁路达1933.9公里。塔什干与布哈拉之间已建成一条高速铁路，全长600公里，运行时长为3小时20分钟，最高时速可达250公里。乌兹别克斯坦在国际运输通道的建设中积极发挥作用，已建成连接哈萨克斯坦、吉尔吉斯斯坦和土库曼斯坦的跨境铁路，并且正在积极研究建设跨阿富汗铁路的计划。2023年，乌兹别克斯坦铁路的货运总量占比达到了35.2%，同比增长了2.1个百分点；货物转运量为7380万吨，基本与去年持平，占全国转运货物总量的5.1%。此外，乌兹别克斯坦首都塔什干拥有一套地铁系统，包括四条线路，分别于1977年、1984年、2001年和2023年建成，总里程超过

---

① 数据来源于中华人民共和国商务部。

② 参见商务部对外投资和经济合作司等编：《对外投资合作国别（地区）指南：乌兹别克斯坦》（2024年版），载商务部“走出去”公共服务平台，http://fec.mofcom.gov.cn/article/gbdqzn/，2025年2月28日访问。

70公里，设有50个车站。[①]

3. 空运

乌兹别克斯坦境内共有11个国际机场，所有机场均可承接国际航班。到2023年，乌兹别克斯坦的机场旅客吞吐量已突破1000万人次。塔什干国际机场是该国规模最大的机场，能够起降各类飞机，且每小时的吞吐量超过1000人次，每年可为超过200万名乘客提供服务。撒马尔罕机场是乌兹别克斯坦的第二大机场，每小时吞吐量达到400人次，每周提供飞往首都塔什干以及俄罗斯莫斯科、圣彼得堡的航班。乌兹别克斯坦航空公司运营的航班覆盖了多个国际目的地，包括美国的华盛顿、芝加哥、洛杉矶和迈阿密；英国伦敦；法国巴黎；日本东京和大阪；俄罗斯的莫斯科、圣彼得堡、喀山、索契等城市；德国的柏林、法兰克福、慕尼黑；中国的北京和乌鲁木齐；韩国首尔；阿联酋的阿布扎比和迪拜；土耳其的伊斯坦布尔和安卡拉，以及哈萨克斯坦、吉尔吉斯斯坦、塔吉克斯坦等40多个国家和地区。[②]

4. 电力

目前，乌兹别克斯坦的总电力装机容量约在1.6万到1.8万兆瓦之间，其中以燃气电站为主力，尽管如此，可再生能源的发电装机容量增长较为迅速。截至2024年9月，乌兹别克斯坦已投入运营9个光伏电站和1个风力发电站，总装机容量达到2600兆瓦。2023年，乌兹别克斯坦的总发电量为780亿千瓦时，同比增长了5%。其中，天然气发电仍占据主导地位，约占总发电量的83%。在电力进出口方面，乌兹别克斯坦的电力出口总额为6220万美元，主要出口到阿富汗。而进口电力则达到了1.21亿美元，主要来源于土库曼斯坦、哈萨克斯坦和塔吉克斯坦。此外，乌兹别克斯坦的国家电网已与土库曼斯坦、阿富汗、塔吉克斯坦、吉尔吉斯斯坦及哈萨克斯坦南部的电力系统实现联网。[③]

5. 通信

乌兹别克斯坦目前有四家主要电信运营商，分别是Ucell、Beeline、Mobiuz（UMS）和UzMobile。全国的基站总数已达到5.4万个，移动网络覆盖率

---

① 参见商务部对外投资和经济合作司等编：《对外投资合作国别（地区）指南：乌兹别克斯坦》（2024年版），载商务部“走出去”公共服务平台，http://fec.mofcom.gov.cn/article/gbdqzn/，2025年2月28日访问。

② 参见商务部对外投资和经济合作司等编：《对外投资合作国别（地区）指南：乌兹别克斯坦》（2024年版），载商务部“走出去”公共服务平台，http://fec.mofcom.gov.cn/article/gbdqzn/，2025年2月28日访问。

③ 数据来源于中华人民共和国商务部。

达到99%，宽带移动互联网的覆盖率为98%。此外，乌兹别克斯坦新建了10.2万公里的光纤通信线路，使得光纤通信线路总长度达到了17万公里。目前，约有440万个家庭、企业和社会公共服务机构接入宽带互联网，国家的互联网用户已超过3100万人，移动互联网用户达到2950万人。2022年8月，乌兹别克斯坦总统发布了“关于2022—2023年提升信息通信技术领域水平的措施”总统令，明确了未来发展信息通信技术的主要目标。根据计划，乌兹别克斯坦将在2022至2023年间将住宅区的网络覆盖率提高到98%，国际高速公路沿线的网络覆盖率提升至60%。同时，计划建设4万公里的光纤线路，将光纤覆盖率提升至80%。此外，每年将为至少6500人提供数字技术培训，并推动政府机构和实体企业引入超过200个信息系统和软件产品。①

① 数据来源于乌国家统计署。

第二章　乌兹别克斯坦法律体系

一、乌兹别克斯坦法律基本概况

（一）乌兹别克斯坦的法系概述

乌兹别克斯坦法律体系以大陆法系（罗马—日耳曼法系）为基础，以成文法为核心，融合了苏联法律遗产和独立后的现代化改革。

（二）乌兹别克斯坦的法律传统

乌兹别克斯坦的法律传统呈现多元融合特征，主要体现在以下三方面：

1. 伊斯兰法的影响

乌兹别克斯坦作为中亚伊斯兰文化中心，在沙俄统治前长期以沙里亚法为主要法律渊源，尤其在婚姻、继承与财产纠纷领域沿用传统习惯。尽管独立后推行法律体系世俗化，伊斯兰法仍通过多元的方式持续发挥社会影响：在婚姻家庭领域，政府允许宗教婚姻仪式与民事登记并行实施，《家庭法典》规定遗产分配需尊重遗嘱条款，部分农村地区仍保留传统继承习俗；在社会治理层面，植根于伊斯兰伦理与本土习俗的非正式社区组织“马哈拉”，持续在邻里纠纷调解中发挥基层治理补充作用，形成宗教传统与现代法治的独特融合。

2. 苏联法律遗产

现行司法体系延续了苏联时期的制度框架，包括三级法院结构（区法院→州法院→最高法院）和检察机关垂直管理体系。法律原则层面保留着“社会主义法制”的部分特征，例如，国家仍通过《反垄断法》（2012）等法规对能源、交通等战略领域保持管控，同时逐步引入市场竞争机制。面对苏联遗留的官僚主义对司法效率的影响，政府近年来推进司法数字化改革，通过电子立案系统、在线庭审平台等技术创新手段提升司法透明度与程序效率，试图在制度传统与现代治理需求间寻求平衡。

3. 国际法与本土化的平衡

在融入国际法律体系过程中，乌兹别克斯坦采取“吸纳—调适”的双轨策略：一方面将《消除对妇女一切形式歧视公约》等国际条约直接纳入国内法，2019年据此修订《劳动法典》确立性别平等原则并将女性产假延长至126天；另一方面注重国情适配性调整，如虽加入《承认及执行外国仲裁裁决公约》（也称《纽约公约》），承认国际仲裁效力，但通过设立塔什干国际仲裁中心（TIAC）并要求外资争议优先适用该机制，在遵守国际规则的同时维护司法主权。这种策略既展现了对接全球治理体系的开放姿态，也体现了保留本土法律特色的审慎考量。

二、乌兹别克斯坦的法律体系

（一）乌兹别克斯坦法律体系概述

作为成文法系国家，乌兹别克斯坦的法律体系强调法典化和法律条文的系统性。乌兹别克斯坦的法律体系以《宪法》为核心，涵盖宪法、行政法、民法、刑法、金融法、企业法、外国投资法、竞争法、税收法、劳动和社会保障法、自然资源法等多个领域，各领域法律相互配合，为国家治理、经济发展、社会稳定和环境保护等提供全面的法律保障。卡里莫夫总统指出：“只有在具有牢固的法律基础的情况下，才能充满信心地改造旧的体制，建立起文明的市场经济的新社会。”[①] 同时，“向民主社会、向市场经济迈进的不可逆转性和坚定性直接依赖于它的法律原则的形成”[②]。

乌兹别克斯坦的法律渊源呈现多层次架构，包括宪法、法典、总统令及国际条约。最高效力层级为1992年颁布的《宪法》，其确立了国家主权、人权保障和三权分立原则，并通过2023年宪法修正案扩大议会职权，明确构建“社会国家”的宪法承诺。第二层级为法典与法律体系，涵盖民事、刑事及社会经济领域核心规范，同时具有一定的特色。例如，1995年《民法典》经2020年修订后纳入数字资产保护制度，1994年《刑法典》历经多次修改（2008年废除普通犯罪死刑、2021年增补网络犯罪与环境污染罪名），以及1996年《劳动法典》在2021年更新中引入远程工作与灵活就业条款。第三层级为总统令与政府规章，总统颁布的经济特区政策等法令以及内阁制定的行

---

① ［乌］伊斯拉姆·卡里莫夫：《乌兹别克斯坦沿着深化经济改革的道路前进》，陈世忠、邱冰译，国际文化出版公司1996年版，第11页。

② ［乌］伊斯拉姆·卡里莫夫：《临近21世纪的乌兹别克斯坦——安全的威胁、进步的条件和保障》，王英杰等译，国际文化出版公司1997年版，第215页。

政规章在特定领域具有法律效力，尤其在转型期政策执行中发挥灵活调控作用，形成以宪法为根基、法典为主体、行政立法为补充的复合型法律渊源体系。比较特殊的是，宪法承认国际法原则和条约的效力，国际条约也是法律体系的一部分，且当国内法与国际条约冲突时，优先适用国际条约。

（二）乌兹别克斯坦的宪法、行政法

1. 乌兹别克斯坦宪法概述

乌兹别克斯坦宪法在国家法律体系中占据核心地位，是国家政治、经济、社会等各方面运行的根本准则。它的发展历程、主要内容以及在国家治理中的作用，都深刻影响着乌兹别克斯坦的法治建设和社会发展。

独立以前，乌兹别克斯坦历史上曾经通过了三部《宪法》，时间分别为1925年、1937年和1978年。这和其他一些加盟共和国制定宪法的时间基本一致，这些宪法制定原则以及宪法框架与《苏维埃社会主义共和国联盟宪法》基本相同。1991年，乌兹别克斯坦从苏联独立，随即开启了宪法建设之路。1992年12月8日，乌兹别克斯坦第十二届最高苏维埃第十一次会议通过了乌兹别克斯坦独立后的第一部宪法，迈出了国家独立过程中非常重要的一步。这部宪法的诞生意义非凡，它不仅是国家法律体系构建的基础，更是乌兹别克斯坦走向民主法治国家的重要标志。在筹备、讨论、通过和实施过程中，乌兹别克斯坦宪法展现出诸多独特之处。宪法草案由专门的宪法委员会历经两年多精心制定，该委员会由议会于1990年6月成立，总统卡里莫夫亲自领导。由于卡里莫夫总统在宪法制定过程中的关键作用，这部宪法被外国专家和学者称为“卡里莫夫宪法”。在制定依据上，乌兹别克斯坦充分借鉴了传统国家法律遗产、国际人权标准和外国宪政经验。草案面向全民广泛讨论，民众积极参与，提出了5000多条建议。同时，草案还经过了联合国、欧洲安全与合作委员会以及美、英、法等国专家的全面鉴定，确保了《宪法》的权威性和科学性。现行《宪法》由序言和主体部分组成，共6部分、26章、128条，其结构设计紧密结合乌兹别克斯坦的国情，为国家治理提供了坚实的制度框架。

自1992年《宪法》颁布以来，为适应国家发展的需要，乌兹别克斯坦对《宪法》进行了多次修改。这些修改反映了不同时期国家政治、经济和社会发展的需求，推动着国家不断向前发展。1993年的修正案建立了两院制议会，这一举措优化了国家的立法机构设置，提高了立法的民主性和科学性。2002年1月27日，乌兹别克斯坦举行全民公决改革会议，并通过三项宪法性法律，为后续的宪法修订奠定了法律基础。2007年4月的修订旨在提升立法、

行政等部门的作用和责任，进一步明确总统职能，加强政党在国家改革和开放中的影响力，推动国家管理民主化进程。2008 年 11 月对《宪法》第 77 条的修订，明确了议会立法院的议员组成，保障了立法机构的代表性。2010 年的修订聚焦于深化民主改革、建立公民社会，促进国家权力主体之间更均衡的权力分配，加强政党在各领域改革中的作用。此次修订赋予议会立法院中多数席位政党提出总理候选人的权利，引进总理不信任投票制等新措施。2014 年 4 月的修订则围绕深化宪法改革，扩大议会权利和权限，增强内阁和执行机构的责任，加强对国家机关工作的监督。通过这些修订，总统部分权限转交总理，明确了总理候选人的提交和确定程序，强化了国家管理机关及负责人的责任，保障了中央选举委员会的独立性。

从乌兹别克斯坦宪法的发展历程来看，可大致划分为两个重要阶段。[①] 1991—2000 年是宪法首次改革阶段，这一时期乌兹别克斯坦加入了联合国 6 个主要人权条约，为尊重和保护人权奠定了坚实的宪法基础。在社会领域，通过自由民主的选举方式产生国家机关，构建了稳定的宪法秩序；在经济领域，确立了企业经营自主权和各种所有制形式的平等地位，为社会导向型市场经济发展创造了条件；在政治领域，保障了公民的政治权利和自由，确立了政治和意识形态多元化；在国家制度方面，以三权分立原则组建了国家权力机关体系。2001—2010 年是宪法的立法阶段，这一时期两院制议会建立并有效发挥作用，加强了立法机关的影响力；各政党和公民社会机构对政府决策的影响力不断增强，非政府组织在公众监督中的权威性得到提高；司法系统进行了自由化和人性化改革，废除死刑，引入“人身保护令”，提升了司法机关的独立性和工作效率；在人权教育领域广泛开展宣传工作，同时删除了国家总统兼任行政首脑的规定，优化了国家权力结构。

2.《宪法》的主要内容

1992 年 12 月 8 日通过的《宪法》除序言外，全文共计 6 部分、26 章、128 条。[②] 第一部分是宪法的基本原则，包括国家主权、人民政权、宪法和法律高于一切原则、对外政策；第二部分是人和公民的基本权利、自由和义务，包括总则、国籍、全体公民拥有的同等权利和义务、政治权利、经济和社会权利、人的权利和自由的保障、公民的义务等；第三部分是社会与个人，包括社会的经济基础、社会团体、家庭、舆论工具等；第四部分是行政区域体

---

① 参见占茂华编著:《走向法治的乌兹别克斯坦》，法律出版社 2017 年版，第 207 页。

② 参见《乌兹别克斯坦宪法》，载姜士林主编《世界宪法全书》，青岛出版社 1997 年版，第 512—520 页。

制和国家制度，包括乌兹别克斯坦的行政区域体制（州、区、市、镇、村）及卡拉卡尔帕克斯坦共和国；第五部分是国家政权组织，包括共和国议会、总统、内阁、地方国家权力机关的基础、共和国司法权、选举制度、检察机关、财政与信贷、国防与安全；第六部分是宪法修改的程序。

宪法的基本原则是国家治理的重要准则，乌兹别克斯坦宪法包含七个基本原则。①国家主权原则明确乌兹别克斯坦是主权的民主共和国，享有独立自主处理内外事务和管理国家的最高权力，国家领土和边界神圣不可侵犯；②宪法和法律至上原则确保宪法和法律具有至高无上的地位，任何机关、团体和个人都必须遵守；③一切权利属于人民原则规定人民是国家权力的唯一源泉，重要问题需交付人民讨论和表决，只有经过选举的机构和人员才能代表人民行使权力；④三权分立原则构建了国家权力系统，立法、执法和司法相互配合、相互制约；⑤民主自由原则强调以全人类为基础的民主，全力保护公民的民主权利和自由；⑥政治、意识形态多元化原则促进社会生活的多样性发展，但禁止将任何意识形态定为国家意识形态；⑦国家主权平等原则在国际交往中维护乌兹别克斯坦的主权地位，遵循国家主权平等原则开展外交活动。

在国家性质与国家形式方面，《宪法》有着明确规定。国家性质上，《宪法》第 2 条表明国家反映人民意志，为人民利益服务，国家机关和公职人员对社会和公民负责。国家形式包括国家政权组织形式和国家结构形式。在国家政权体系方面，《宪法》特别强调共和国国家政权体系是建立在立法、行政和司法分立的原则之上；社会生活的发展以政治机构、意识形态的舆论多元化为基础，任何意识形态不得被规定为国家意识形态。乌兹别克斯坦实行总统制，总统作为国家元首，在国家政治生活中扮演着关键角色，负责决定国家内外政策方针，保障国家政权机关协调运转，维护公民权利和自由，是宪法和法律的保障者。在国家结构形式上，乌兹别克斯坦属于联邦制国家，由州、区、市等以及卡拉卡尔帕克斯坦共和国组成。卡国享有一定的主权，拥有自己的宪法，但不得违背乌兹别克斯坦《宪法》，其主权由乌兹别克斯坦保护。卡国在行政区域结构等方面有一定的自治权，乌兹别克斯坦与卡国的关系通过宪法范围内的条约和协定进行调解。在国家政权性质方面，《宪法》指出人民是国家政权的唯一源泉；只有人民选举的议会与共和国总统可以代表人民和国家；国家反映人民意志，为人民的利益服务。《宪法》地位至高无上，任何法律或行为均不得与其相悖，且禁止对宪法条款进行损害国家利益的解释。

在经济层面上，《宪法》承认多种所有制为市场经济的基石，保障经济活动自由与平等保护，明确土地、矿藏等自然资源归国家所有。公民的基本权利和义务也是《宪法》的重要内容，乌兹别克斯坦公民享有广泛的权利，包括平等权、政治权利、社会经济权利、自由迁徙权、文化教育权、监督权、宗教信仰自由和人身自由等。同时，公民也承担着相应的义务，包括遵守宪法和法律、依法纳税、依法服兵役等。《宪法》规范社会团体活动，禁止其干预国家政权，亦禁止建立危害宪法制度、煽动暴力的组织，确保宗教与政治分离，维护社会多元和谐。在对外政策上，乌兹别克斯坦遵循主权平等、和平解决争端、不干涉内政等国际法准则，可自主加入或退出国际组织，以国家安全与人民福祉为外交核心。《宪法》还注重文化多样性，规定乌兹别克语为国语，同时尊重各民族语言、文化与传统，并为其发展创造条件。

通过上述规定，《宪法》全面构建了国家政治、经济、社会及对外关系的法律框架，既强调法治与人权的根本性，又通过权力制衡、经济自由化及文化包容性政策，确保国家在稳定中推进民主化与现代化进程，维护主权独立与社会整体利益，为国家的政治稳定、经济发展、社会和谐提供了坚实的法律保障，推动着乌兹别克斯坦在法治轨道上不断前进，实现国家的繁荣和人民的幸福。

3. 乌兹别克斯坦的行政法律法规

行政法在乌兹别克斯坦的法律体系中占据着关键地位，广泛涉及国家行政管理的各个方面，是保障国家有序运行、维护社会稳定和促进经济发展的重要法律保障。乌兹别克斯坦的行政法涵盖了众多领域，包括行政权力的规范、行政责任的界定以及海关管理等，对国家的政治、经济和社会生活产生着深远影响。

行政法作为有关国家行政管理的法律和法规，分为一般行政法和特别行政法。一般行政法规定国家行政管理的基本原则、方针政策，涉及国家机关及其负责人的地位、职权和职责，以及国家机关工作人员的管理等方面；特别行政法则针对各专门行政职能部门的管理活动进行规范。行政法所调整的行政关系广泛，涵盖行政管理关系、行政法制监督关系、行政救济关系以及行政主体内部的各种关系。乌兹别克斯坦在独立后，为适应国家发展需求，制定了大量行政法律规范，这些规范不但数量众多，而且来源广泛，包括《行政责任法典》《宪法》、议会法令、总统指示和命令、内阁决定、各部委和其他中央管理机关的文件等。① 同其他国家的行政法律法规一样，为了克服法律的滞后性，乌兹别克斯坦的行政法律规范变动较为频繁。

---

① 参见占茂华编著：《走向法治的乌兹别克斯坦》，法律出版社 2017 年版，第 223—224 页。

《宪法》作为国家的根本大法，是乌兹别克斯坦行政法的重要渊源，为行政法奠定了坚实的基础。《宪法》中关于行政权力的规定明确了行政权力的来源和行使原则，强调人民是国家权力的唯一源泉，行政机关必须在《宪法》和法律的框架内行使权力。同时，《宪法》对行政机关的设立、权限和职责进行了清晰界定，明确了行政机关在国家机构中的法律地位和行政体制。此外，《宪法》中关于公民基本权利及其保障的规定，也对行政机关的行为形成了约束，确保行政权力的行使以保障公民权利为出发点和落脚点。在行政权力的具体行使方面，《宪法》规定行政机关的活动要遵循社会公正和法制原则，以造福于社会和全人类，这为行政机关的决策和执法活动提供了重要的指导原则。

1995 年颁布的《行政责任法典》是乌兹别克斯坦行政法的重要组成部分，它对行政违法与行政责任等方面做出了全面而细致的规定。法典共分 5 篇、31 章、348 条，涵盖了行政法的多个关键领域。总则部分明确了法典的组成，包括议会法令、总统令、内阁决定等多种法律文件，同时规定了行政责任的立法原则，如民主、法治、平等、公正等，这些原则贯穿于整个法典，确保了行政责任的认定和追究具有坚实的法律基础。在行政违法与行政责任部分，详细列举了各种行政违法行为，包括侵犯公民权利和自由、破坏自然资源、违反交通管理等多达 15 类 232 种具体行为，对每种行为的构成要件和相应的行政处分都做了明确规定。例如，对于侵犯公民权利和自由的行政违法责任，法典列举了诽谤、侮辱、侵犯公民住宅等行为，并规定了相应的处罚措施；在破坏自然环境的行政违法责任方面，涵盖了从土地使用不当到污染物排放超标等一系列行为及其对应的法律后果。这种详细的规定使得行政机关在执法过程中有明确的依据，能够准确地认定违法行为并给予相应的处罚。

在官员行政犯罪方面，《行政责任法典》对官员在履行职责过程中可能出现的违法犯罪行为进行了规范，明确了相关的法律责任和处理程序。这不仅有助于约束官员的行为，防止权力滥用，还有利于维护政府的公信力和行政秩序。对于行政犯罪案件，法典规定了从案件审理到上诉抗诉的一系列程序，确保了行政司法的公正性和合法性。在案件审理过程中，对证据的收集、评估以及当事人的权利保障都有明确规定，如规定了检察机关对行政犯罪案件的执法监督职责，确保案件审理的公正性；在上诉抗诉环节，明确了上诉的期限、程序以及裁决的方式等，保障了当事人的合法权益。在行政处分条例的执行与适用部分，法典对罚款、没收物品、剥夺特定行业权利等行政处分的执行程序和适用条件进行了详细规定，确保行政处分能够得到有效执行，维护法律的权威性。

1997年12月26日，乌兹别克斯坦通过了首部《海关法典》，该法典后续经历了多次修改，目前实行的是2006年修订的《海关法典》，共有11部分、19章、198条。[①]《海关法典》是乌兹别克斯坦规范海关管理的重要法律，它对海关的任务、职责、关税制度、海关申报及监管等方面做出了全面规定。海关作为执行进出口监督管理的国家行政机关，其主要任务是维护国家主权与经济安全，监管进出口货物、物品和运输工具，打击走私等违法犯罪行为，同时征收关税和其他税捐，促进对外经济关系的发展。乌兹别克斯坦海关属军事建制，直属于国家海关委员会，该委员会负责管理进出口货物通关，在海关政策制定、关税征收、国际合作等方面发挥着重要作用。在关税、其他税收及优惠制度方面，《海关法典》规定了详细的进出口关税税率，根据商品种类和出口国的不同，实行不同的税率政策。对部分独联体国家进口的货物免征进口关税，对特定的外资企业进口物资也给予免税优惠；同时，对一些商品征收消费税和增值税等其他税费，并针对不同情况规定了相应的免税政策。这些规定既考虑了国家的经济利益，又有助于吸引外资和促进贸易发展。

在海关申报及出入境规定方面，乌兹别克斯坦海关法制定了严格的申报手续，对禁止进出境的商品、需授权机构出具许可证的商品以及货币现金的携带等都作出了明确规定。禁止携带麻醉品、精神类药物及其前体等物品进出境，对武器、弹药等特殊物品需要授权机构的许可证；对于货币现金的携带，区分了长期和非长期居民，并规定了不同的申报标准和限额。海关监管制度是《海关法典》的重要内容，海关对进出口货物、行李物品等进行全面监管，监管区域包括报关点、海关机关所在地等，监管形式包括检查必需的文件、海关检查和身体检查等。在监管过程中，明确了货物和运输工具责任人的权利和义务，同时规定了海关在特定情况下可以在责任人不在场时进行检查的情形。此外，《海关法典》还规定了对外国机构及其人员的海关优惠制度，以及违反海关规则的法律责任，包括违法行为的种类和相应的处罚措施，从行政责任到刑事责任，形成了一套完整的法律约束机制，确保海关管理的有效性和权威性。

乌兹别克斯坦的行政法通过《宪法》《行政责任法典》《海关法典》等一系列法律法规，构建了一个全面、系统的行政管理法律体系。这些法律法规在规范行政权力运行、保障公民权利、维护社会秩序、促进经济发展等方面发挥着不可替代的作用，为乌兹别克斯坦的法治建设和国家发展提供了坚实

---

① 参见叶芳芳：《中亚五国海关法律概论》，知识产权出版社2015年版，第200—249页。

的法律保障。随着国家的不断发展和社会的进步，乌兹别克斯坦的行政法也将不断完善和发展，以适应新的形势和需求。

（三）乌兹别克斯坦《民法典》及知识产权法规

1. 乌兹别克斯坦的民事立法

乌兹别克斯坦的民事立法在其法律体系中占据着重要地位，它以民法典为核心，对各类民事法律关系进行了全面而细致的规范，涵盖了从民事主体到物权、债权、知识产权、继承以及国际私法规范等多个领域，为保障公民和法人的民事权益、维护市场经济秩序提供了坚实的法律基础。

乌兹别克斯坦的民法法典化进程始于20世纪90年代中期，1997年3月1日正式实施的《民法典》深受苏联法律体系的影响。在法典的体系构建层面，由于受到传统苏联体制的影响，乌兹别克斯坦在法典架构上大体借鉴了俄罗斯民法典与示范民法典的六编制模式。这六编分别为总则、所有权及其他物权（物权）、债、继承、知识产权以及国际私法（涵盖国际私法规范在民事法律关系中的应用部分），整部法典总共包含71章，条文数量达1199条。在法典的内容方面，通过《俄罗斯民法典》和《示范民法典》的中介作用，原苏联加盟共和国中的多数国家民法典的具体内容或多或少地承袭了苏式法律遗产。基于这一原因，乌兹别克斯坦《民法典》又被称为“俄式民法典”。[①]

《民法典》的总则部分共12章163条，是整个民事立法的基础和核心，规定了民法的基本原则、民事权利和义务的产生及保护等重要内容。在民事立法的基本原则方面，强调民事法律关系的平等、自愿、公平、诚信等原则，并贯穿于整个民事活动中，保障民事主体的合法权益和平等地位。在自然人与法人的规定中，明确了自然人的法律资格、行为能力、财产责任等，以及法人的概念、分类、产生、重组、破产和清算等相关内容，清晰界定了不同民事主体的权利和义务范围。此外，还对国家作为民事法律关系参与者的情况进行了规定，明确了国家在民事活动中的地位和责任。例如，规定了国家参与民事法律关系时与法人的责任区分，确保了国家在民事活动中的行为规范和责任承担。在交易和时效方面，对交易的概念、分类、形式以及时效的计算、开始、终止等进行了详细规定，为民事交易活动提供了明确的规则和时间限制，保障了交易的安全和稳定。

物权部分共7章70条，对所有权和其他物权进行了全面规范。在物权的一般规定中，明确了所有权的概念、形式、客体以及非所有权人的权利内容

---

① 参见魏磊杰：《后苏联时代的法律移植与民法典编纂》，载《比较法研究》2008年第5期。

等，强调了所有权的神圣不可侵犯性。同时，对土地和自然资源中的物的所有权和其他权利、房产权和房产中的其他物权等进行了具体规定，保障了权利人对各类财产的合法权益。在所有权的取得与终止方面，详细列举了多种取得方式，包括交易、继承、征收等，以及所有权终止的各种情形，如权利人财产的剥夺、国有化、征用、没收等，明确了所有权变动的法律依据和程序。此外，还对私人财产、国家财产和共同财产的相关权利和规定进行了区分和阐述，确保了不同类型财产的法律保护和规范管理。例如，在私人财产方面，规定了私人所有权的主体、客体以及房产权产生的程序等；在共同财产方面，明确了共同所有权的概念、产生基础以及股权财产的处置、占有、使用和分割等规则。

债这一部分内容丰富，共 39 章 797 条，分为“关于债的一般规定”和“关于合同的一般规定”两个分编。在债的一般规定中，对债的概念、当事人、履行、担保、转移和终止等方面进行了系统阐述。债的履行是债的关系的核心，规定了债务人应当按照约定全面履行自己的义务，同时债权人也享有相应的权利。债务履行的担保方式包括违约金、抵押、留置、保证、定金等，这些担保方式为债权的实现提供了有力保障。在合同的一般规定中，涵盖了合同的签订、变更、解除以及各类具体合同的相关规定。从买卖合同、赠与合同到运输合同、保险合同等，对各种合同的成立要件、双方的权利义务、合同的变更和解除条件等进行了详细规定，为市场经济活动中的各类交易提供了明确的法律依据。例如，在买卖合同中，规定了买卖双方的权利和义务，包括标的物的交付、价款的支付、质量保证等；在保险合同中，明确了保险人与被保险人的权利义务关系，以及保险责任、理赔程序等重要内容。

知识产权部分共 7 章 81 条，对知识产权相关内容进行了规范。在知识产权的一般规定中，明确了知识产权的客体、权利保护、财产权和非财产权、排他权等基本概念和原则。同时，对知识产权保护的作品范围进行了界定，包括科学、文学、艺术及其他创造活动成果等，并对作品作者的权利、作品的使用和保护等方面进行了详细规定。此外，还涉及联合制作权、工业产权（发明、应用模型、工业样品）、植物新品种和动物新物种的权利、非法使用信息的保密性保护以及公民商务、商品、工程和服务的个体化手段（如公司名称、商标和商品产地名称）等内容，全面构建了乌兹别克斯坦的知识产权保护体系。

继承部分共 4 章 46 条，对继承相关的法律关系进行了明确规范。在继承的一般规定中，确定了继承的基础、构成要件、开始时间和地点等基本要素，同时规定了继承人的范围以及排除不值得继承遗产的继承人的情形。遗嘱继承和法定继承是继承的两种主要方式，在遗嘱继承方面，对遗嘱继承的条件、指定继承人、遗嘱形式、撤销和修改、执行等进行了详细规定，充分尊重了被继承人的意愿；在法定继承方面，明确了法定第一顺序到第五顺序的优先继承人，以及代位继承、继承权的强制分享、配偶的继承权等相关内容，保障了继承人的合法权益。此外，还对继承接受的相关问题进行了规定，如继承权的证明、拒绝继承权的限制、企业继承等，确保了继承过程的合法性和公正性。

国际私法规范在民事法律关系中的应用部分共 2 章 42 条，主要涉及涉外民事法律关系中适用法律的确定、法律特征、反致、法律规避的后果、互惠、公共政策例外等内容。在涉外民事法律关系中，当涉及多个国家的法律时，如何确定适用的法律是关键问题。该部分规定了一系列规则来解决这一问题，如根据当事人的属人法、行为地法、合同缔结地法等确定适用法律，同时考虑国际条约和国际惯例的规定。例如，在自然人的属人法方面，规定了乌兹别克斯坦公民在境外民事行为的确认、对外国机构出具的民事身份证明文件的确认等规则；在物权方面，规定了物权适用法的一般原则、物权的产生与终止、转让方式及应在国家登记的其他财产等内容，为涉外民事法律关系的处理提供了明确的法律依据，促进了国际民事交往的顺利进行。

乌兹别克斯坦的民事立法通过民法典及相关法律法规，构建了一个全面、系统、层次分明的民事法律体系。从民事主体的基本规范到物权、债权、知识产权、继承以及涉外民事法律关系等各个方面，都进行了详细而明确的规定。这一体系不仅为乌兹别克斯坦的公民和法人在日常生活和经济活动中提供了行为准则和权利保障，也为司法机关处理民事纠纷提供了准确的法律依据，有力地促进了乌兹别克斯坦市场经济的发展和社会秩序的稳定。

2. 乌兹别克斯坦知识产权法律法规

（1）乌兹别克斯坦知识产权法律制度概述

除了《民法典》中的规定外，乌兹别克斯坦对知识产权方面做了较为详尽的规定。乌兹别克斯坦知识产权制度包含三个层次：第一层次是由立法机构颁布的核心立法，主要有《动植物新品种培育法》（2002 年）、《厂商名称法》（2006 年）及《版权和邻接权法》（2006 年）；第二层次是知识产权相关法律，包括由立法机构颁布的 16 个知识产权相关法律，以及由行政部门颁布的相关知识产权法，以上两个层次构成乌兹别克斯坦知识产权法律体系的主体；第三层次是实施细则，用以确保知识产权法律的有效实施。以上三个层次构成乌兹别克斯坦知识产权法律体系的总体构架。

乌兹别克斯坦涉及知识产权保护的法律、法规主要有：《发明、外观设计及工业品外观设计法》《商标、服务标志及商品原产地名称法》《计算机程序及信息库法律保护法》《微型集成电路拓扑学法律保护法》及《育种成果法》等。这些法律法规规定了乌兹别克斯坦的知识产权法律保护及使用方面的关系、专利权申请、鉴定及证书发放程序、专利保护及利用等方面的问题。

(2) 乌兹别克斯坦知识产权法律制度的主要内容

在具体权利规定方面，对各类知识产权进行了细致划分。从知识产权的一般规定，到涉及文学艺术创作的知识产权，以及工业产权、动植物新品种权利等，都明确了相应的权利范围、主体客体、使用与保护规则。例如在知识产权中，详细说明了作品的范畴、作者权利以及权利限制等；工业产权方面，对发明、应用模型等的法律保护和使用做出规定。

在专利和商标申请方面，乌兹别克斯坦知识产权法律法规规定了清晰的流程和要求。专利申请由专利局管理，申请需提交专利申请书、发明描述、发明公式等文件，并附上专利税缴纳证明。不同类型专利申请程序存在差异，具体的要求可登录专利局网站查询。商标注册方面，外国法人和自然人享有与本国公民同等或互惠的权利，申请时需按规定提交文件，并可通过特定渠道获取专利局的相关信息。同时明确了专利局的地点、联系方式及网站等信息。

在管理机构与执法机制方面，乌兹别克斯坦的专利局负责专利申请、审查及授权，海关部门则依据《知识产权海关保护条例》打击跨境侵权行为。[①]对于知识产权侵权行为，乌兹别克斯坦依据《行政责任法》和《民法》进行处理，明确的处罚措施对侵权行为起到了威慑作用，保障了知识产权所有者的合法权益。如《行政责任法》第 177 条规定，侵权时对责任人和领导人分别处以 1—3 倍及 3—5 倍最低工资（约 21 美元）的罚款。

在国际公约层面上，乌兹别克斯坦是《保护工业产权巴黎公约》《马德里议定书》、专利合作条约（PCT）成员国，但目前尚未加入欧亚专利公约（已递交申请，目前尚未获批）。此外，世界知识产权组织（WIPO）的数据库收录了乌国主要立法[②]，包含了五部主要的知识产权法以及 104 本具体的法律法规，为跨国企业提供了法律参考依据。

1999 年中乌双方签订的《中华人民共和国政府和乌兹别克斯坦政府知识

---

① 参见中华人民共和国商务部全球法规网，http：//policy. mofcom. gov. cn/page/nation/Uzbekistan. html，2025 年 2 月 28 日访问。

② 参见世界知识产权组织网，https：//www. wipo. int/wipolex/zh/legislation/results？countryOrgs = UZ&last = true&countryOrgs = UZ&last = true&countryOrgs = UZ&last = true&countryOrgs = UZ&last = true，2025 年 2 月 28 日访问。

产权保护合作协定》，双方在知识产权领域的合作包括：①协商与知识产权保护有关的问题，并促进两国相应机构之间在这些领域，诸如版权和邻接权保护以及工业产权保护方面签订具体的知识产权保护合作协议；②交流有关知识产权保护领域的法律信息；③交流在知识产权领域采取措施所取得的经验；④交流在知识产权领域人员培训的教材、方法和有关材料，并交流这方面的经验；⑤交流国际合作的经验和各自参加的有关保护知识产权多边国际条约的信息及其执行情况；⑥就有关知识产权保护问题组织展览会、研讨会及其他会议；⑦双方商定的其他合作形式。

但是，需要注意的是，中国与乌兹别克斯坦在知识产权保护方面存在差异和风险，包括：相互之间知识产权申请程序复杂，因两国程序差异大且需世界知识产权组织审批，耗费大量资源，不利于成果转化与经贸合作；知识产权立法差异大，因政治、经济、文化等不同导致法律制度不同，易产生摩擦，阻碍经贸合作；统一的知识产权保护与合作协调组织缺位，影响合作效率，不利交流合作；跨境维权困难，源于立法差异致不熟知对方法律，且语言和法律障碍及经济成本高。针对这些风险，可以通过防范措施予以规避：加强知识产权领域区域合作，拟定合作条约，解决立法不一致问题，减少贸易摩擦；成立专门知识产权合作组织，依托上海合作组织等既有平台，突出合作重点，扩大双边合作；建立有效的知识产权申请新机制，简化跨境申请程序，使申请人在本国获权后在区域内同时享有；创建知识产权联合执法新模式，成立联合执法部门，打击侵权，促进执法队伍交流；构建有效的海外知识产权纠纷解决机制，参照 WTO 机制，成立争端解决机构，调解纠纷；加强两国在知识产权保护方面的交流与对话，政府通过正式对话、高层互访交流，民间举办论坛、互派考察团，高校和科研机构增进技术交流。

乌兹别克斯坦的知识产权法律体系经过多年的发展已较为完善，其国内制定了多部相关法律，但是在知识产权保护方面仍面临诸多问题，首先，在执法效率上，一方面，侵权行为的认定和处理程序较为复杂，导致侵权案件的解决时间较长；另一方面，执法资源有限，难以全面覆盖各类侵权行为。此外，部分执法部门之间的协调机制不够顺畅，也影响了执法效率。其次，在技术更新方面，随着互联网和数字技术的快速发展，乌兹别克斯坦在应对在线盗版、数字权利管理等新兴问题时面临较大挑战。例如，网络平台上的未经授权的内容传播、数字作品的非法复制和分发等问题日益突出。虽然乌兹别克斯坦已修订版权法律以加强对网络版权的保护，但相关技术手段和监管措施仍需进一步完善，以适应快速变化的技术环境。在知识产权管理能力上，近年来，乌兹别克斯坦通过一系列措施逐步提升知识产权管理能力。一方面，该国不断修订和完善国内法律，以更好地与国际标准接轨，例如，2021年乌兹别克斯坦对版权法律进行了修订，延长了版权保护期限；另一方面，乌兹别克斯坦积极参与欧亚经济联盟等区域合作，通过与其他国家的合作交流，学习先进经验，提升自身知识产权管理水平。

鉴于此，在对乌兹别克斯坦进行投资和贸易的过程中，为有效保护自身知识产权，建议采取以下措施：一是及时注册知识产权。虽然乌兹别克斯坦的法律并不要求强制登记才能获得版权保护，但注册工作在执法和解决争议过程中具有重要作用。因此，建议及时在乌兹别克斯坦知识产权局进行相关知识产权的注册。二是签订明确的技术转让合同。在涉及技术转让的交易中，应签订详细明确的合同，明确规定技术的使用范围、期限、费用等内容，以避免后续可能出现的纠纷。三是利用司法部数据库监控侵权风险。乌兹别克斯坦司法部网站提供了知识产权相关数据库，投资者和贸易商可以通过该数据库及时了解知识产权的注册和侵权情况，提前发现并防范侵权风险。四是通过行政诉讼或者国际仲裁维护权益。如果发现侵权行为，可先向乌兹别克斯坦相关执法部门进行行政投诉。若协商或投诉未果，还可以依据双方签订的合同或相关国际协议，选择通过国际仲裁机构进行仲裁。乌兹别克斯坦是《承认及执行外国仲裁裁决公约》的成员国，国际仲裁裁决在该国具有法律效力。

（四）乌兹别克斯坦的刑事法律法规

1. 乌兹别克斯坦刑事立法概述

乌兹别克斯坦的刑事法律体系以宪法为基础，通过《刑法典》及修正案细化犯罪构成与刑罚标准。乌兹别克斯坦独立前，其法律制度深受苏联影响，刑法也不例外。独立后，乌兹别克斯坦于1994年9月22日颁布了刑法典。在刑事立法方面，乌兹别克斯坦秉承尊重和保护人权的宗旨，严守罪刑法定和无罪推定原则，保护犯罪人的权益，并采取了一系列措施。

主要的措施包括：第一，改善剥夺自由和流放等惩罚方式的条件，使被判监禁的犯人中流放比例从1990年的7%上升到2010年的21%。第二，通过增加假释权条款，进一步缩小在押人数。从在押犯人占全国总人口的比例来看，乌兹别克斯坦在独联体国家中是最小的，每10万人中仅有34人被关押。第三，重新界定犯罪分类，扩大非严重犯罪和未造成严重社会危害犯罪的范围。众多犯有此类罪行的人未入狱，而是通过支付物质赔偿的方式承担责任，支付金额超过110亿苏姆。第四，引入调解机制作为一种司法管理方式。执行调解已免除了2600多名犯人的债务。[①] 这些举措充分表明乌兹别克斯坦致力于实现刑事诉讼程序和监禁系统的宽大化，逐步缩小死刑的适用范围。在过去10年里，被处死刑的罪犯人数从33人锐减到2人，且仅涉及情节严重的有预谋杀人罪和实施恐怖活动罪。乌兹别克斯坦2023年通过《宪法》修订逐步废除死刑，并禁止酷刑，强调生命权与隐私权保护。不过，死刑废除后仍面临民意争议，部分恶性犯罪频发时民众呼吁恢复传统刑罚，司法体系需平衡法治原则与社会诉求。

2. 乌兹别克斯坦刑事立法的主要内容

乌兹别克斯坦《刑法典》由总则和分则两大部分组成。其中，总则有7个部分、共17章、96个条款；分则有7个部分、共24章、206个条款。总则介绍了刑法的宗旨、基本原则、基本原理和基本概念。刑法的基本宗旨为：以乌兹别克斯坦《宪法》和《国际法》为基础，旨在保障公民个人的权利与自由及公共的和国家的利益，维护人类自然环境及人类的和平与安全。刑法的基本原则包括法制、法律面前人人平等、民主参与、人道主义、正义、罪责自负等。刑法的基本概念包括犯罪、刑事责任人、犯罪未遂、共犯、累犯、无罪、正当防卫、罚金、劳动改造、撤职、拘留、监禁、违纪、有期徒刑、死刑等。此外，总则中对减轻处罚、免予处罚及未成年人犯罪的刑事责任、医疗性强制措施等作了较为明确的规定。

乌兹别克斯坦《刑法典》总则第1章第4—10条规定了刑法的基本原则。例如，《刑法典》第4条规定："任何犯罪行为及其所造成的后果都应当根据乌兹别克斯坦刑法典来决定。在法院没有判决之前，任何人都是无罪的。任何人犯罪都享有法律所规定的权利和承担法律所规定的责任。"总则第一部分第2章第11—13条对刑法典的时间效力和空间效力作出了明确的规定。空间效力上，对乌兹别克斯坦境内外公民犯罪的法律适用情况作出详细规定；时间效力上，一般情况下刑法无溯及力，但如果按照刑法不认为是犯罪、从轻处罚或能改善犯罪人状况，则为例外。关于犯罪的概念，《刑法典》第14条将其界定为："本法典以刑罚相威胁所禁止的，对社会具有危险性的行为（作为或不作为），被认为是犯罪。"第15条规定了犯罪的种类，依据性质与社会危害性程度的不同，将犯罪分为轻微犯罪、一般犯罪、严重犯罪和特别严重的犯罪4类。

乌兹别克斯坦《刑法典》的罪名专门规定在特别法部分，即分则部分。该部分根据罪名的不同分列为以下7个部分：涉及公民个体的犯罪；危害和

---

① 参见王胜华：《乌兹别克斯坦废除死刑政策研究》，新疆大学2010年硕士学位论文。

平与安全罪；经济犯罪；危害环境安全的犯罪；违反当局、行政机关和公共团体治理秩序的犯罪；违反公共安全和秩序的犯罪；违反服兵役秩序罪。

在中国企业和公民“走出去”的过程中，要特别注意关于经济犯罪以及关于危害环境的犯罪的有关规定。乌兹别克斯坦《刑法典》第十二章是关于经济犯罪的规定，内容涉及违背国家利益的交易、制作并销售假币、消费税券或证券、非法购买或出售外币、隐藏外币、虚假创业、虚假破产、隐藏破产、违反海关立法、违反反垄断法、税收或其他支付逃税、违反财政纪律、违反贵金属或宝石移交规定、违反采购和财力使用并销售有色金属及其废料和废弃物的规定等，在法典的 175 至 185 条予以体现。第十三章规定的是与执行经济行为相关的犯罪，具体内容包括生产并销售有损健康的商品、非法制造或分配酒精及烟草制品、非法交易或中介活动、违反贸易或服务提供规则、未经授权的经济活动、非法搜集、泄露或使用信息、贬低竞争对手共计 7 条。同时，因为乌兹别克斯坦的矿产资源丰富，在与矿产资源的开采等相关的投资与企业活动中，需要注意乌兹别克斯坦刑事立法中关于危害环境安全的犯罪的规定。《刑法典》第十四章用 12 个条文对危害环境安全的犯罪做出了规定，具体包括违反环境安全的要求和规则；故意隐藏或歪曲有关环境污染方面的信息；不采取措施消除环境污染所造成的后果；污染自然环境；违反对土地和矿产资源使用和保护的要求；损伤和破坏农作物、森林和其他植物；违反植物农药控制要求；违反畜产或兽医规定；违反化学有害物品安全处理规定；违反动植物资源使用程序；违反水资源或水库使用要求；违反自然环境特殊保护区的情况等。

近年来，乌兹别克斯坦通过刑法修正案强化对新兴犯罪的打击，除了传统的刑事法律规定之外，乌兹别克斯坦的刑事立法中还包含了一些具备时代性的内容。例如，2021 年修订的《隐私法案》将非法收集、传输个人数据（如护照信息）定为刑事犯罪，最高可判处监禁或高额罚款，以应对金融传销和非法信贷协议等案件。① 经济犯罪方面，违反《会计法》导致信息失实或泄密的行为可能面临两年惩教劳动或罚款（最高 300 万索姆）。《刑法典》第 244 条第 4 款规定：“非法进口、销售、取得、存储或者使用无人飞行器、零部件和备件的，判处三年以下有期徒刑。”并且结合实际的情况，通过颁布法律修正案的方式予以调整。综上，乌兹别克斯坦的刑事法律体系兼具传统性与现代性，通过动态调整应对新兴犯罪挑战，同时以司法独立和人权保障为

---

① 参见《乌兹别克斯坦更新隐私法案》，载 SCA 安全通信联盟，https：//www. smart-alliance. com/zh-cn/news_ ms_ 5309. html，2025 年 3 月 1 日访问。

核心改革方向。

（五）环境保护与自然资源法律法规

乌兹别克斯坦是中亚五国中矿产资源和能源资源十分丰富的国家。全国现已发现的矿产达 93 种，产地 2450 多处。在能源资源中，乌兹别克斯坦的石油和天然气储量也非常丰富。也正是如此，乌兹别克斯坦对于资源开采和环境保护法律法规的需求也较高，建立了较为完备的法律法规体系，涵盖了资源开发利用与生态保护的多个层面，致力于实现经济发展与环境保护的协调共进。这些法律法规不仅明确了各方的权利和义务，还规范了资源管理和环境保护的各项活动。

1. 环境保护相关立法

（1）环境保护立法概述

乌兹别克斯坦涉及环保的法律有 28 部，其中有《自然保护法》《辐射安全法》《水及水利用法》《自然区特别保护法》《森林法》《动物世界保护及利用法》《合理利用能源法》《土地法典》《生态鉴定法》《植物世界保护及利用法》《生态监督法》《大气保护法》《危险生产项目工业安全法》等。2006 年 2 月 6 日乌兹别克斯坦内阁第 15 号决议规定了排放工业废料、燃烧排放污染以及向水体及山地排放污染物的赔偿标准，进一步完善了环境保护的法律制度，加强了对环境污染行为的约束和管理。这些法律规范从不同的领域和角度为环境保护提供了法律依据。

根据《宪法》，土地、底土、水域、动植物群和其他自然资源是国家财富，应当合理利用，并受国家保护。乌兹别克斯坦实行一般和特殊的自然管理。乌兹别克斯坦国家生态和环保委员会（以下简称环保委员会）是环保评估的主管部门。环保委员会由 9 个局、7 个独立处组成。

（2）《自然保护法》

1990 年 12 月 10 日乌兹别克斯坦最高苏维埃主席团批准的《国家环境保护委员会条例》和 1992 年 12 月乌兹别克斯坦议会通过的《自然保护法》是乌兹别克斯坦环境保护的法律基础。《自然保护法》共 11 部分，53 条；该法为保护自然环境条件和合理利用自然资源奠定了法律、经济和组织基础，旨在确保人与自然关系的平衡和谐发展，保护生态系统、自然综合体和个体对象，保障公民享有良好环境的权利。

在自然资源使用方面，公民能够免费运用自然资源来满足自身生命需求，无需将自然资源分配至个人用户，也无须获取相应许可证。乌兹别克斯坦居民在自然保护领域既拥有权利，也承担义务。居民有权联合组建保护自然的公共组织，有权要求获取并知悉环境状况以及保护环境所采取的措施等信息。同时也有义务合理利用自然资源，爱护自然财富，严格遵守环境要求。而企业、机构、组织和公民若要依据特殊自然管理程序，通过特殊许可获取、使用或租赁自然资源以开展生产及其他活动，则需缴纳一定费用。

《自然保护法》的立法逻辑清晰明了，按照主体、内容、争议解决的逻辑结构进行编排。具体包含管理主体、保护对象、政府权力、权利内容、环境质量监管体系、自然资源利用、环境评估、环境监控、自然保护的经济措施、环境突发事件处理、经济活动和其他活动的环境要求以及争议解决等方面。以经济活动和其他活动的环境要求来说，明确规定企业、构筑物和其他设施的安置、设计、施工、改建、扩建及技术改造、运营和清算等环节，都必须符合环境安全要求，并采取相应的环境保护措施。企业、机构、组织和个人在生产、储存、运输、使用和处置放射性和化学物质时，有义务遵守环境要求、既定标准和规则，采取措施预防和消除使用这些物质带来的有害后果，一旦出现超过标准的情况，需立即通知辐射供应主管部门并关注化学安全性。此外，还需保护自然免受噪声、振动、电磁场和其他有害物理效应的影响，防止自然遭受废物污染，并进行环境认证。

《自然保护法》的保护对象较为全面，涵盖土地、矿产、水、动植物群以及大气，防止其遭受污染、腐坏、损坏、枯竭、破坏和不合理使用。同时，自然保护区范围得到扩大，涵盖国家保护区、综合（景观）保护区、自然公园、国家自然遗迹、用于保护、繁殖和恢复个别自然物体和综合体的领地、受保护景观、管理个别自然资源的领地、国家生物圈保护区以及国家公园州际自然保护区。

《自然保护法》与其他相关立法相互协调，以确保法律法规的一致性。比如在自然资源利用的规定上，对土壤、矿物资源、水域及水库、大气、野生生物体的利用以及废物管理都分别作出了详细规范，其中废物管理的规定与《废物法》相互关联。在环境评估方面，该法规定相对笼统，但明确指出此部分未规定的内容以《环境专业知识法》为准，既避免了法律条文的繁杂，又维持了相关立法之间的一致性。

2. 自然资源相关立法

(1)《矿产资源法》

乌兹别克斯坦《矿产资源法》共 10 部分，51 条。该法体例清晰，内容全面，以规范底土及矿产资源使用处置为目标，为促进矿业发展以及兼顾环境保护提供法律支持。其一方面鼓励发现、勘查矿床；另一方面规范矿产开采，并提高在矿产开采过程中的环境保护要求。

其一，明确中央与地方政府在矿业管理方面的权限划分。乌兹别克斯坦矿业关系的行政管理由总统、内阁、地方当局以及特别授权的国家机构执行，采矿分配由工业安全和采矿管理局提供。中央政府权限涵盖规划、相关工程核算、信息使用、勘查监测等实体权力，以及确定土地使用款项收取程序和条件、外商投资相关程序性权力等；地方政府则仅对辖区内矿产保护与分配、资源开发利用、使用和保护的控制与监督负责。其二，鼓励个人与法人实体进行矿床发现、勘查工作。矿床发现者有权获得报酬，支付报酬程序由内阁决定，能发现以前未知具有工业价值的矿床，或在已知矿床中发现额外矿床、新矿物原料并显著增加工业价值的人被认定为发现者。其三，对矿产开发的工业发展进行规范。规定只有已勘查且矿床储量按既定程序核准的矿床或其区域，才可转让用于工业发展，对于尚未制定有效富集和加工技术方案、供水和废弃物储存问题未解决的已勘探矿床应予以养护，暂不转移到工业发展上。其四，注重兼顾环境保护。在定居点、郊区绿化区、工业设施、运输、通信、地下水取水口及其缓冲区以及其他特别保护区的既定边界内，某些矿产土地的使用可能受到限制或禁止。开采矿物和加工矿物原料的企业以及与开采矿物无关的地下构筑物的设计，需依据核准储量和对拟议建筑地点底土的研究进行，同时需要考虑技术安全和地区生态状况，只有在具备地质、工程地质、水文地质等资料证明可进行处置的情况下，才允许设计与处置有害物质、放射性废弃物和工业废料有关的地下构筑物。

（2）《地下资源法》①

①矿业管理机构：国家层面的管理机构是乌兹别克斯坦国家地质和矿产资源委员会，负责开展地下资源地质研究、制定相关政策、实施国家管理、编制规范标准、进行国家监督、建立数据库、保障行业协同、制定战略建议并进行国家核算、登记和统计等工作。地方管理机构负责土地分配审批、参与原料基地开发等计划的制定实施及管理、地下资源利用和保护的管理监督，在特定情况下有权中止地下资源使用工作。

②矿业权类型及期限：矿业权包括矿产资源地质研究许可证和开采许可证。地质研究许可证有效期为 5 年，持有者可进行普查、评价和勘探；开采许可证期限由可行性研究报告确定，持有者可进行开采和加工。资源使用者满足条件可申请延期，获得地质研究许可证并投入勘探工作的主体有获得开采许可证的特权。

---

① 参见陈超、陈正、金玺：《乌兹别克斯坦主要矿产资源及其矿业投资环境》，载《中国矿业》2012 年第 5 期。

③许可证授予方式：根据乌兹别克斯坦《地下资源法》与《关于地下资源区块使用权授予程序与条件的条例》的规定，矿业权是在公开招标或者直接谈判的基础上授予的。通过直接谈判的方式发放许可证则由乌兹别克斯坦地质和矿产资源委员会根据自然人和法人的申请办理。贵金属等特定矿产资源许可证由委员会提交议案至内阁，油气资源许可证需委员会与国家石油天然气股份公司共同提交议案至内阁，获内阁同意后通过公开招标发放。

④相关费用及对外国投资者的税收优惠：资源使用者需支付资源使用税、超利润税和红利。资源使用税针对所有自然资源开采企业，不同矿种税率不同，部分矿产资源税曾有降低调整。超利润税对所有纳税人均为50%，但不同矿产品纳税基数不同。红利是一次性固定费用，数额依资源开发合同而定，商业发现还需缴纳商业发现红利，为所开采资源总价值的0.1%。

⑤环境保护要求：根据《地下资源法》规定：与地下资源使用和矿物原料加工有关的工作项目需要进行国家环境检查，无须进行国家生态检查的行为将由国家自然保护委员会确定。要对矿床进行保护，避免因土地利用、污染、洪水、灌溉、大火和其他因素而降低矿产质量和矿床的工业价值，或使其开发复杂化；在进行与地下资源利用有关的工作时，特别是在进行石油、天然气和其他矿产和物质的储藏期间，或在有害物质、放射性和工业垃圾的埋藏期间要防止地下资源的污染；要遵守采矿项目和与采矿无关的地下建筑的清理和保护的规定程序；要防止在用于工业用水和淡水供应的蓄水点和地下水体区堆积工业和民用垃圾；要预防与地下资源利用有关的工作对矿床的保护、采矿工程的开发和保存以及钻孔或地下建筑物产生有害影响；要保证工人和居民的安全，防止环境受到与地下资源利用有关活动的有害影响。[①]

(3)《油气法》

乌兹别克斯坦《油气法》共计26条，内容涉及石油的概念、主管部门、石油勘探和开发许可证、石油协议、承包商的权利和义务、石油税费等方面，对该国石油作业及相关事务进行规范。主要内容如下：

①基本概念与管理机构："石油"指原油和凝析油，属乌兹别克斯坦专有财产，拥有者由石油协议确定，享有销售等专有权。石油管理局负责石油作业管理，其管运机构是由政府内阁任命的3人委员会，成员每6年一换，最多任两届，重要决策多数票通过。管理局通过多种收费自筹资金，承担信息管理、许可证授予与修订、法规执行、作业检查、保密等职责。同时，委员会成员和职员不得在其他带薪岗位任职，不得持有石油协议或许可证股份，

---

① 参见宋国明、胡建辉：《乌兹别克矿业管理与政策》，载《世界有色金属》2013年第9期。

保障管理公正独立。

②主体权利与许可证制度：国家石油天然气工业总公司履行石油协议并获得许可证后，可单独或联合开展石油作业。在特定情形下，如已钻勘探井、有正常产油井、经营或在建管道及地下储存设施等，可自动获得相应许可证，若活动对国家有利还可能获得额外的特权。持有石油协议的承包商有权获取许可证进行作业，同一区域不冲突作业可获许可，无证不得作业。申请人需按法规详细阐述作业计划及自身能力信息。国家授权石油管理局为许可证持有人提供必要许可和授权，许可证可转让、联合或更新，但需管理局批准。许可证持有人不遵守该许可证的条款或条件，不履行许可证条款，也不按照要求作出解释，或者被宣告破产或不能作业，石油管理局均可以吊销其许可证，且并不免除其先前义务

③石油协议与承包商权益：《油气法》第 16 条规定，国家（通过部长内阁委派的代表）有权与任何本国或外国法人签订石油协议。国家根据投标人资料对合同区域设公开招标程序，招标失败可直接谈判签订石油协议。承包商权益层面，承包商进口石油作业物资免关税，但在质量和成本相似的情况下，应优先选用乌兹别克斯坦生产的机器、设备和材料；承包商有依据生产许可证开发和生产现有油气田的专有权，或依据勘探和生产许可证开发商业发现的专有权；承包商有权运输和销售自己拥有的石油（包括这部分石油的出口权）；同时享有居住权和出入对应区域的自由。

④费用与税收规定：在相关费用方面，《油气法》第 18 条规定，承包商在提出区块申请之前，国家授权的代表在石油协议中提出由承包商支付的最小定金额、租金或产量分成额。国家愿意以原油支付时，原油的实际交货地点超出合同区域中的指定交货地点的，国家将支付管道关税。获得产量分成的一方应缴纳地下资源使用税和所有其他的税赋。销售给非承包商关联公司的原油，其价格应是所售原油的实际收益；而销售给承包商关联公司的原油，其价格应是以合同区内指定交货地点原油离岸价格（FOB）为准的“公平市场价”。支付的所有定金和租金以及全部的以现金支付的产量分成都纳入国家预算。在税收方面，承包商按签订协议时税收法规缴纳利润税及其他税费，地下资源使用税按合同区域和总产量百分比支付，特定支付方式下可免其他税赋。应税利润按规定扣除相关成本确定，亏损可结转不超 10 年。联合许可证中承包商按份额纳税，兼营不同业务利润分别计算纳税，承包商可用外币支付利润税并保管账簿。

⑤纠纷处理与法律责任：纠纷处理层面，石油管理局与承包商争议，涉及乌兹别克斯坦公民或法人按国内法律解决；涉及外国人或外国法人、合资

企业，按国际协议和解决投资纠纷合约通过国际仲裁解决。法律责任的承担方面，违反石油立法的承包商或许可证持有人将受到处罚，违规协议和许可证将被废除，特权收回。

（六）乌兹别克斯坦劳动和社会保障法律法规

1. 乌兹别克斯坦劳动法律法规概述

乌兹别克斯坦的劳动法律法规体系以《劳动保护法》为核心，适用于所有在乌兹别克斯坦境内的劳动者，包括外国在乌兹别克斯坦工作的公民。除了专门的《劳动保护法》之外，乌兹别克斯坦还制定了《居民就业法修订和补充法》《政府关于进一步完善出国从事劳动活动的公民登记的命令》《政府关于在布哈拉市建立安排居民出国就业地区管理局的命令》《居民就业法》《关于〈在乌兹别克斯坦招收和使用外国劳动力条例〉适用程序的指导》，以及乌兹别克斯坦劳动和居民社会保障部关于乌兹别克斯坦公民出国从事劳务活动许可费率和法人招收和使用外国劳动力在乌兹别克斯坦从事劳务活动的许可费率的指示等劳动相关法律规范，旨在平衡劳动者、雇主与国家的利益，保障劳动权益并促进社会经济发展。

乌兹别克斯坦在调整劳动保护领域的基础立法方面已经比较完善，在劳务移民方面的立法也在逐步完善。乌兹别克斯坦属劳务输出国，每年有 250 万人出国务工，因此十分重视对于劳务移民的保护。乌兹别克斯坦政府通过立法保障劳动者在外务工的基本权利。乌兹别克斯坦劳务移民领域的基本立法内容主要涉及劳动法、一般劳动和就业法；教育、职业指导与培训；职业安全与健康；社会保障；经济和社会政策等方面。2018 年 7 月 5 日，乌兹别克斯坦总统令第 3839 号颁布实施《关于进一步完善乌兹别克斯坦涉外劳务移民制度补充措施的决定》，为了进一步完善劳务移民制度，乌兹别克斯坦政府扩大组织形式，确保前往境外工作的公民的劳动和社会权利，帮助从国外返回的公民就业。2020 年 9 月 15 日，乌兹别克斯坦总统令第 4829 号颁布实施《关于安全、有序、合法劳务移民制度的决定》，决定在劳务移民方面建立新的制度，设立支持和保护出国务工公民的权益基金，引入劳动移民的生命健康保险制度，建立家庭抵押贷款制度，完善对出国务工公民的支持力度，确保劳务移民回国人员重新融入社会，为出国劳务移民回国创业创造有利条件，对国外工作人员进行必要的专业培训，保护其在乌兹别克斯坦居留期间的权利。

2.《劳动保护法》

乌兹别克斯坦《劳动保护法》共 36 条，于 1995 年 12 月 21 日颁布实施，并于 1999 年 6 月 1 日对该法进行了修改和补充。该法主要从立法目的和原则，适用范围，基本概念，国家劳动保护政策及劳动保护管理，乌兹别克斯坦内阁、特别授权国家机构、卫生部、经济管理机构、地方政府机关在劳动保护方面的职权，本组织的劳动保护处，劳动保护服务市场的专业参与者，工作场所的工作条件认证，劳动者的培训、保护、权利、义务、福利、强制性体检，劳动器材的维护，国家方面的监督，工会及其他劳动者保护机构的保护，争议解决与违法责任等方面进行了介绍和规定，坚持禁止歧视和禁止强迫劳动的原则，充分考虑劳动者、业主、国家的利益，在保障公正合理、安全可靠的劳动条件的同时保证劳动市场的有效职能。本法最鲜明的特征是没有具体的体系划分但内容清晰详尽，该法的制定有利于调整劳动保护领域的关系，更好地调整劳动者与雇主的权利义务，保护劳动者的合法权益。[①] 在 2016 年对该法的修订中，进一步明确了工作场所安全认证、工伤与职业病处理、个人防护设备使用等规定，要求雇主承担安全培训、定期体检及工伤赔偿责任。

（1）劳动关系的订立和登记

乌兹别克斯坦劳动法涵盖多个关键方面。在劳动合同方面，合同类型包含无固定期限和最长不超过 5 年的固定期限合同，且需签订书面合同。如果采取电子雇佣合同的形式，则要在“统一国家劳动系统”登记，由雇主起草、双方通过电子数字签名线上签署。试用期最长 3 个月，其间双方均可提前 3 日书面通知终止合同。关于解聘规定，劳动者自愿解除合同需提前两周书面通知；用人单位主动解除要有正当理由，提前两周至两个月通知，包括技术变革、员工资质不符等情况，且要支付离职津贴，固定期限合同到期若雇佣关系延续且一周内无异议，则转为无固定期限合同。同时，乌兹别克斯坦公民就业需出示含就职资料及工龄信息的个人劳动薄，现改用电子劳动簿，由用人单位和劳动者通过电子系统登记。

（2）工作时间和工资标准

工作时间上，正常为 40 小时/周，加班需劳动者同意，特殊岗位和情况不允许加班，连续两天累计加班不超 4 小时，1 年累计不超 120 小时，加班工资不低于正常工资两倍。休假制度包括基本带薪年假 15 个工作日，部分人员可延长至 30 个工作日，女职工产假 126 天（难产或多胞胎为 140 天），之后可申请育婴假至婴幼儿两周岁，还可申请无薪假至 3 周岁。工资标准方面，最低工资不得低于政府规定标准，雇主需为员工缴纳工资额 40%的社保基金费。劳动者有履行工作职责、遵守纪律等义务。对于外国人在乌工作，受相

---

① 参见马凌、薛小花编：《乌兹别克斯坦共和国法律法规选编》，法律出版社 2023 年版，第 22 页。

关法规约束，涉及劳动许可申请、签证办理、税赋负担等事宜。

（3）劳动者的权利

劳动者在劳动保护方面享有诸多权利，如要求符合安全标准的工作场所、获取工作条件信息、获得防护用品等；同时也有遵守相关规定、及时报告危险情况等义务。雇主则有义务确保工作场所安全、提供防护用品、组织培训等。此外，该法对工伤事故和职业病的调查登记、劳动保护关系调整、监督管理以及违反责任等方面都做出了全面且细致的规定。例如，在工作场所方面，要求达到一定规模的组织需设立劳动保护服务处或聘请专业人员，工作条件需进行认证，且至少每 5 年一次。同时，劳动保护经费来源多样，包括国家预算拨款、雇主自有资金、劳动保护基金等，且不得挪作他用。

（4）适用范围以及与国际劳工组织公约的关系

乌兹别克斯坦《劳动保护法》不仅适用乌兹别克斯坦公民，并适用于所有在乌兹别克斯坦境内工作的外国公民和无国籍人，适用于乌兹别克斯坦境内的所有企业，不管企业资产全部或部分属于外国法人还是自然人。乌兹别克斯坦《劳动保护法》规定，如果国际劳工组织公约与乌兹别克斯坦《劳动保护法》相比较，确定国际劳工组织公约对劳动者具有更优惠的规定，应采纳国际劳工组织公约。

3. 外国人在乌兹别克斯坦工作的相关规定

为提高本国居民就业率，乌兹别克斯坦近年来加强了规范管理，外国人在乌兹别克斯坦的工作审批更为严格。乌兹别克斯坦法律规定，按照所签合同和协议为来乌兹别克斯坦工作的外国公民办理超过 3 个月的签证时，必须首先办理由乌兹别克斯坦劳动部门颁发的劳动许可，之后持该许可办理签证和居留手续。用工企业应首先获得乌兹别克斯坦劳动部门关于同意聘用外国劳务的批准，之后为每位外国员工办理个人劳动许可，有效期均不超过 1 年。按照有关规定，要求来乌兹别克斯坦工作的外国公民出示其在本国单位的身份、职业及文凭证明；在规定的时间内必须在乌兹别克斯坦所在地内务事务部门进行登记。外国公民获得劳动许可后，为其办理工作签证的种类主要为 S-3 技术服务签证和 E 工作签证两种，有效期均不超过 1 年。

2019 年 3 月 25 日，乌兹别克斯坦总理阿里波夫签署《关于吸引和使用外国劳动力的规定》内阁令，对外国劳动力在乌兹别克斯坦工作进行了严格规定。根据上述规定，可以在乌兹别克斯坦境内工作的外国公民包括：乌兹别克斯坦总统 2018 年 11 月 7 日第 4008 号总统令中规定的需吸引的相关专业领域人才，外国政府驻乌兹别克斯坦使节、国际组织和外国政府驻乌兹别克斯坦代表及具有外交官地位的人员，乌兹别克斯坦旅游部聘请的专家（3 个月有效期)，在建或已经营的外资企业和合资机构人员（最长为 3 个月)，根据国际条约在乌兹别克斯坦实施科学和文化工作的人员，在乌兹别克斯坦学习并在大学期间从事生产实践的外国大学生，在外交部注册的外国记者，在乌兹别克斯坦司法部注册的非政府组织以及外国非政府组织驻乌兹别克斯坦代表处和分支机构人员，总统学校和乌兹别克斯坦高等院校聘请的教师和专家，在乌兹别克斯坦获得居留许可的外国公民，乌兹别克斯坦签署的国际条约中规定的其他人员。

4. 社会保障法

在社会保障法律制度方面，乌兹别克斯坦政府制定了一系列相关的社会保障制度法律规范[①]，如乌兹别克斯坦总统《关于劳动与居民社会保障结构措施的命令》、乌兹别克斯坦《关于提高就业率和完善劳动与居民社会保障部活动的命令》、乌兹别克斯坦政府《关于批准〈对违反居民就业和残疾人社会保障的组织实行金融制裁以及中止违反劳动保护法的组织活动条例〉的命令》和关于《完善需要就业但是未就业居民的登记方法的命令》等。

实行强有力的社会保障政策，是乌兹别克斯坦领导人卡里莫夫提出的改革五项原则之一，也是根据本国的特点选择社会发展模式的一个实际体现。独立前后的乌兹别克斯坦，社会保障超前，社会保障领域的支出占国民生产总值的 45%左右。一些主要社会保障指标能达到中等发达国家水平。但独立后，由于经济发展滞后，企业结构改革和技术改造需大量资金，导致居民基本生活需求难以满足。加之不少企业因失去销售市场和廉价原料来源，长期拖欠职工工资，食品价格上涨后，农村社会保护近乎失效。而且社会保障部门的人员流失极为严重，维持原有的社会保障体系已经不具备现实基础。

面对人、财、物短缺，乌兹别克斯坦领导人针对过渡时期社会现实，采取了一系列循序渐进的改革措施，包括保证食品供应、扶持国民教育，为居民提供卫生服务、保护低收入阶层利益，增加小企业数量以创造就业机会、提高居民物质生活水平，发展科教文卫事业、营造良好生活环境，收缩社会领域开支、减轻财政负担，有重点地进行社会保护、促使居民从被动接受国家帮助转变为通过劳动主动增收等。这些改革措施促使国家经济形势好转，为后续社会保障制度改革奠定了经济基础。

---

① 参见占茂华编著：《走向法治的乌兹别克斯坦》，法律出版社 2017 年版，第 280—281 页。

（七）乌兹别克斯坦商事和经济立法

1. 乌兹别克斯坦企业法律法规

（1）乌兹别克斯坦企业法律法规概述

企业法，是指调整企业在设立、组织形式、管理和运行过程中发生的经济关系的法律规范的总称。这里的企业是一个广义的概念，既包括按企业资产组织形式划分的公司、合伙企业和独资企业，也包括按所有制形式所划分的国有企业和私营企业，同时还包括按有无涉外因素划分的内资企业和外商投资企业等。

自20世纪90年代起，乌兹别克斯坦为促进包括中小企业在内的各类企业的发展，进一步推进经济改革，在企业法律法规方面制定并颁布了一系列完备的企业法律法规。这些法律法规主要有《企业法》《所有制法》《商业公司和合伙企业法》《租让法》《关于股份公司和股东权利保护法》《合作社法》《非国有化和私有化法》《私有企业法》《家庭企业法》《合资股票公司和股东权利保护法》《企业经营主体国家注册、办理登记及办理许可文件程序条例》《关于鼓励和刺激私有企业家经营活动法》《私有企业家经营活动条例》《关于畜牧业进一步私有化和扶持私有企业家活动的决议》《关于加快国有企业股份化和完善有价证券市场的法令》《关于把国有企业改造成为开放型股份公司组织措施的决议》《关于建立扶持私有企业和企业基金会的法令》《关于建立私有企业和小企业保险机构的法令》《关于实施破产法的决议》《关于对外经济活动进一步自由化的法令》《关于建立外国投资办事机构的法令》《保障经营自由法》《企业、公司及组织纳税法》《企业、联合公司和团体纳税法》《外国投资法》等。①

除了上述企业法律法规之外，乌兹别克斯坦还发布了涉及企业活动的总统令，主要包括：《关于进一步深化经济改革、保障私有制和发展企业经营活动总统令》（1994年1月21日）、《关于鼓励发展私有企业经营活动》（1995年1月5日）、《关于对出口产品生产企业提供补充鼓励措施》（1996年3月20日）、《关于进一步放宽和完善对外经济活动的措施》（1996年3月20日）、《给予外商投资企业优惠及鼓励的总统令》（1996年11月30日）、《关于对1996年11月30日〈给予外商投资企业优惠及鼓励的总统令〉的部分更改的总统令》（1998年3月）、《关于鼓励吸引私人外商直接投资的补充措施的总统令》（2005年4月11日）和《关于支持和发展经营活动的措施》（2009年

---

① 参见郭学兰：《中亚五国企业法律概论》，知识产权出版社2013年版，第141—155页。

5月15日）等。

（2）乌兹别克斯坦企业法的主要内容

企业法律的基本内容丰富多样。企业法人依据不同标准可分为多种类型，各类企业法人享有平等的经营自主权。根据财产的组织形式和所承担的法律责任划分，可以分为个人独资企业、合伙企业和公司企业；根据企业法人的所有制形式划分，可以分为国有企业、集体企业、合作社企业、私有企业、个体企业、外资企业和含有外资的企业及其他企业。

在企业法人的注册登记方面，有着明确的受理机构和严格程序。乌兹别克斯坦受理企业注册登记的机构有乌兹别克斯坦司法部、卡国司法部和各州司法局和区（市）政府所属企业经营主体注册检查局。乌兹别克斯坦企业法人注册的主要程序有：①准备注册文件（可由乌兹别克斯坦工商会或咨询公司提供协助），主要包括注册申请、缴税凭证、企业印章及印记草图等；②将注册文件提交给注册机构；③注册机构对提交的注册文件进行审核并作出是否同意企业注册的决议，对于同意企业注册的决议同时交税务局和统计局办理登记，并在内务部获取刻制企业印章和印记许可；④注册机构发放企业经营主体注册证及内务部关于刻制企业印章和印记的许可证。

法人权利能力的范围是由法律直接规定的，企业法人只能在其组织章程规定的范围内从事经营活动。根据乌兹别克斯坦的法律，法人享有自己独立的财产，能以自己的名义和自己的财产对外承担法律责任，同时享有处置自己财产的权利能力和诉讼权利能力。如果法人超越其组织章程规定的范围从事经营范围以外的活动，即构成法律上的越权行为，在法律上是无效的。在报税手续方面，报税时间、手续、渠道和资料都有章可循，税期为1年，报税期为1个季度，企业需按时向当地税务机关提交税务报表，可自行或通过代理人报税。

自1991年独立后，为了保障和发展私有企业，促进经济的进一步发展，乌兹别克斯坦逐步对国有企业进行私有化和非国有化改造，并出台了一系列鼓励和扶持私有企业发展的法律和法令等政策规定。乌兹别克斯坦法律规定：准许私人企业主根据劳动合同雇用工人，在物资供应、信贷、税收和信息等方面提供优惠条件。此外，国家还为私有企业参加对外经济活动提供方便条件，如为它们生产的产品参加国际展销会提供保障，采取投标竞争方式把国家需要的基本食品进口业务交给非国有外贸公司经营等。在扶持政策方面，乌兹别克斯坦政府专门出台了简化手续、提供资金扶持、减轻税负、减少行政干预等十大扶持措施。

（3）《有限责任公司和补充责任公司法》

《有限责任公司和补充责任公司法》自2001年12月6日起施行，共55

条。该法总体上分为 7 部分，第一部分为总则，主要对该法的立法目的，有限责任公司与补充责任公司的概念、法律地位、名称、公司成员、公司成员的权利与义务进行了介绍和规定；第二部分为公司的设立，对公司设立的程序、公司章程、章程大纲进行了介绍和规定；第三部分为公司的注册资本，主要对公司注册资本的构成、不同类型的增资和减资程序、股份转让、股份质押、公司利润在公司股东之间的分配和限制、公司储备基金、公司债券的发行和配售等相关内容进行了介绍和规定；第四部分为公司管理，主要对公司管理机构，公司股东大会的权力，公司股东普通大会、特别大会，公司股东大会的召集和召开程序，公司股东大会会议记录、决议和投票方式，监事会的权力和组成人员，公司唯一执行机构和公司合议执行机构成员的责任进行了介绍和规定；第五部分主要对公司在交易中的利益和重大交易两部分进行介绍和规定；第六部分为公司活动的监管，主要对公司的审计部门、内部审计部门、公司审计机构进行了介绍和规定；第七部分为公司的重组和清算，主要对公司的重组、合并、隶属关系、分立、分拆、转型和清算进行了规定。

该法最突出的特色为内容翔实、体系框架鲜明，对于乌兹别克斯坦有限责任公司和补充责任公司进行了从设立到清算的详细介绍与规定。总体而言，此法的设立有利于规范有限责任公司和补充责任公司的创立、经营、重组和清算方面的关系。①

乌兹别克斯坦公司形式多样，包括了公司形式有股份公司、有限或补充责任公司、无限或合伙公司、单一制企业、私营企业、生产合作社、农场、法人形式的农户以及其他商业单位。其中，股份公司规模一般较大，股东人数众多且不受限制，公司上市后，其股权能够在二级金融市场交易变现。有限或补充责任公司则由一人或多人设立，股东人数有限，股东依据认缴的出资额按比例承担公司活动的盈利与亏损。需要注意的是，乌兹别克斯坦对股份公司或有限责任形式的公司在某些行业中的股份比例仍有限制，如外资在金融、保险类公司中的股份比例不得超出 50%，在传媒领域合资企业的外资比例不得超出 15%。乌兹别克斯坦可以注册无限或合伙公司，无限或合伙公司就是共同出资、共同经营、共同收益和共担风险，并对企业的债务承担无限连带责任，此形式的公司无其他特殊要求。关于注册私营企业、生产合作社、农场、法人形式的农户及其他商业单位等形式的商业主体，乌兹别克斯坦公司法对这些公司形式没有过多的注册限制。

---

① 参见马凌、薛小花编：《乌兹别克斯坦共和国法律法规选编》，法律出版社 2023 年版，第 56 页。

（4）《私营企业法》[①]

《私营企业法》于 2003 年 12 月 11 日起施行，共 30 条。该法主要包括 6 章，第一章为总则，主要对该法的立法目的，私营企业立法，私营企业品牌名称、银行账户、印章、邮票和信笺进行了介绍与规定；第二章为私营企业的设立及其国家登记，主要对创建私营企业的程序，私营企业的章程、国家登记、授权资本和授权资本的增减变动进行了介绍与规定；第三章为私营企业管理，主要包括私营企业的独立经营，私营企业所有者的权利与义务，私营企业的临时管理等内容；第四章为私营企业的雇佣关系，主要对私营企业的雇佣者和雇员之间的关系，私营企业劳动报酬，私营企业雇员的社会保护等进行了介绍与规定；第五章为保障私营企业的经营自由，主要对私营企业的活动自由、福利、优惠和保障进行了介绍与规定；第六章为最后条款对私营企业合并、转让、重组、清算、违法责任和争议解决进行了介绍与规定。本法最鲜明的特色是篇幅较短但内容精练全面，总体上内容明晰、较为完整，其制定有利于规范私营企业的创立、经营、重组和清算关系。

（5）《股份公司与股东权益保护法》

《股份公司与股东权益保护法》于 1996 年 4 月 26 日施行，规定了股份公司的建立、经营和清算以及保护股东权益的关系，共计 118 个条文，第一节总则，规定了股份公司的法律地位、公司名称及注册地、公司责任、股份公司的形式、公司类型、公司分支机构与代表处、子公司及附属经济公司、股份公司的设立、公司注册资本股份债券及其他证券、公司回购股份的限制、股份合并与拆分等作出了规定。

该法将股份公司的类型分为开放式股份公司和封闭式股份公司，对于开放式股份公司，该法界定为“股份公司的参加者可以不经其他股东同意转让股份，该公司应被认定为开放式股份公司”。相反，封闭式股份公司被界定为“股份仅在创始人或预定范围内分配的股份公司被认定为封闭式股份公司”。同时，规定了封闭型公司的股东人数不得超过 50 人。如果超过规定限额，则应在其人数超过封闭式股份公司股东最高限额的人员在股东登记册上登记之日起 6 个月内将其转变为开放式股份公司，并在此期限届满后通过司法程序进行清算。

另外，对于子公司和附属经济公司作出了详细规定，有权向附属经济公司下达有约束力指令的主公司，应与附属经济公司对后者为履行该指令而达成的交易承担连带责任。只有在与附属经济实体签订的合同或附属经济实体

---

① 参见马凌、薛小花编：《乌兹别克斯坦共和国法律法规选编》，法律出版社 2023 年版，第 57 页。

的章程中规定母公司有权向附属经济实体发出具有约束力的指示时，母公司才应被视为有权向附属经济实体发出具有约束力的指示。对于附属经济公司，规定了“如果另一家参与公司拥有超过20%的有表决权股份，则该公司被认定为附属经济公司”。

如果子公司因主营公司的过错而破产，主营公司应对子公司的债务承担责任。只有当母公司在明知会导致附属经济公司资不抵债（破产）的情况下，利用特定的权利和（或）机会由附属经济公司实施某种行为时，附属经济公司的资不抵债（破产）才会被视为因母公司的过错而发生。子公司股东有权要求母公司赔偿因其过错给子公司造成的损失。只有当母公司在明知子公司会因此遭受损失的情况下，仍利用其现有权利和（或）机会实施子公司的行为时，损失才被视为因母公司的过错造成的。

此外，针对股份的种类，该法也规定了公司有权配售普通股以及多种类型的优先股。配售的优先股面值不得超过公司注册资本的20%。而公司注册资本额规定了相对严格的标准，即开放式股份公司的最低章程资本不得低于最低工资的500倍，封闭式股份公司的最低章程资本不得低于公司注册之日法律规定的最低工资的200倍。若法定最低工资标准调整，其注册资本金应在一年内按照确定的数额进行调整。另外，对于注册资本金的减少也作出了严格的规定：①对于注册资本金减少的方式，规定了可以通过降低股份面值或者减少股份进行，公司章程也可以规定通过收购和赎回部分股份来减少公司注册资本。②若减少注册资本低于法定注册资本金，应当在公司章程修订案登记之日确定，否则无权减少注册资本金。

该法对于股东名册也作出了详细规定，发行人有义务按照国家授权的证券市场监管和协调机构规定的格式保存股东名册。公司股东名册的持有者可以是配售股票的公司，也可以是专门的登记机构。拥有500名或以上持有普通股的股东的公司有义务根据协议委托专门登记机构（登记处）保管和储存股东名册。委托专门登记处保管登记簿的公司不得免除保管和储存登记簿的责任。作为同一股份公司股东的个人和法律实体，如果拥有在证券市场从事任何其他活动的许可证，则不得担任股东名册的持有人。从事证券所有者登记册保管活动的登记员（发行人本身除外）不得进行证券交易。股东或股份名义持有人提出添加股东名册记录的请求后，名册保管机构须在提交法律规定的文件之日起3日内完成添加。除法律规定的情况外，不得拒绝在公司股东名册上登记如果拒绝在公司股东名册中登记，上述股东名册的持有人应在提出在公司股东名册中登记的请求后5日内，向请求在公司股东名册中登记的人发出拒绝登记的合理通知。可就拒绝在公司股东名册中登记一事向法院提出上诉。因登记册持有人的作为或不作为而对股东造成损害的，登记官不承担责任，但有义务作出赔偿。

从乌兹别克斯坦《股份公司与股东权益保护法》的立法来看，首先，乌兹别克斯坦国将股份公司分为开放式股份公司和封闭式股份公司。开放式股份公司允许股东自由转让股份，而封闭式股份公司股份仅在特定范围内分配且股东人数不得超过50人，超过限额需转变为开放式股份公司或清算。我国公司法中并无开放式和封闭式股份公司的直接划分，而是将公司分为有限责任公司和股份有限公司。有限责任公司具有人合性特点，股东转让股权受到一定限制，且股东人数上限为50人，与封闭式股份公司有相似之处，但我国有限责任公司并非完全禁止股权对外转让，只是规定了其他股东的优先购买权等程序。股份有限公司则更注重资合性，股权可以相对自由地转让，类似于开放式股份公司，但在股东人数等方面没有像该法中开放式股份公司与封闭式股份公司那样明确的限制与转变机制。其次，《股份公司与股东权益保护法》对子公司和附属经济公司有详细规定，如母公司对附属经济公司履行其指令而达成交易承担连带责任，以及子公司破产时母公司过错责任的认定等。我国公司法也强调了母公司与子公司之间的关系，子公司具有独立法人资格，依法独立承担民事责任。母公司对子公司的控制主要是通过股权关系实现的，一般情况下，母公司不直接对子公司的债务承担责任，除非存在滥用股东权利等导致子公司人格混同等特殊情况。对于附属经济公司这种表述在我国《公司法》中并不常见，我国更侧重于从股权控制、公司治理结构等方面来规范母子公司之间的权利义务关系，而不是像该法那样对附属经济公司有专门的认定标准和责任划分。再者，《股份公司与股东权益保护法》规定了公司有权配售普通股和多种优先股，且优先股面值有明确比例限制，同时对开放式和封闭式股份公司的最低章程资本有严格规定，并要求注册资本金随法定最低工资标准调整而调整，对注册资本金减少的方式和条件也进行了详细规定。我国《公司法》规定股份有限公司可以发行普通股和优先股，但优先股的发行有专门的法律法规进行规范，其面值等规定与该法有所不同。我国股份有限公司的注册资本最低限额在2013年《公司法》修订后，已取消了最低注册资本限制，将发起设立的股份公司改为认缴登记制，更注重股东的出资承诺和公司的实际运营情况，然而2024年修订《公司法》又将所有类型的股份公司修改为实缴制。对于注册资本的减少，我国公司法也有严格程序要求，如需编制资产负债表、通知债权人等，但并没有像该法那样对注册资本减少方式和与法定注册资本金的比较作出如此细致的规定。最后，《股份公司与股东权益保护法》对股东名册的保存、持有人资格、登记程序及责任承担等作出了详细规定，包括发行人有义务按特定格式保存股东名册，特定情况下需委托专门登记机构保管，对登记员的证券交易限制，以及登记拒绝的上诉和赔偿责任等。我国《公司法》也规定了股东名册的重要性，有限责任公司应当置备股东名册，股份有限公司的股东名册由证券登记结算机构管理。我国对股东名册的登记程序相对简化，主要依据公司章程和相关法律法规进行，对于登记机构的责任承担，我国更侧重于通过民事赔偿等途径来保障股东权益，而不是像该法那样对登记官的责任和赔偿义务作出明确区分。

总体而言，《股份公司与股东权益保护法》在公司类型划分、子公司与附属经济公司关系、股份种类及注册资本规定、股东名册等方面有其独特之处，与我国《公司法》在立法理念、具体制度设计和规范侧重点上存在诸多差异。我国《公司法》在不断修订和完善过程中，更加注重适应我国市场经济发展的实际情况，强调公司自治与国家干预的平衡，以及股东权益保护与公司治理效率的协调，同时也在借鉴国际先进经验的基础上，逐步构建符合我国国情的公司法律制度体系。

2. 乌兹别克斯坦金融法律法规

乌兹别克斯坦的金融法体系相对完善，经历了初创、构建、完善多个阶段，直至今日仍处于持续发展的进程之中。乌兹别克斯坦的金融法渊源涉及多个部门法领域，相互交织配合共同构成了规模庞大且复杂的金融法律体系。从法律的效力层次来看，乌兹别克斯坦金融法体系的渊源涵盖了宪法、法典、法律、总统令、政府令以及部门规章等多个层面。而从体系结构来看，其金融法的范畴颇为广泛，包含银行、货币、保险、证券、基金、金融安全保障、金融监管体制、金融投资、金融违法责任等诸多方面。在乌兹别克斯坦的金融领域中，银行业占据着核心地位，在整个金融服务业中银行业服务所占份额最高，具有举足轻重的作用。银行业系统所承担的职能不仅是为整个国民经济的运行和社会的发展提供全面的金融服务支持，同时还深度参与到其他金融部门的投资与经营活动之中，在金融生态中扮演着关键角色。

（1）乌兹别克斯坦银行法律法规

乌兹别克斯坦独立后，对银行相关法律进行了多次修订与完善。1995 年 12 月 21 日通过的《中央银行法》以及 1996 年 4 月 25 日通过的新版《银行和银行活动法》，明确了央行和商业银行的职能与权利。此外，乌兹别克斯坦制定的有关银行方面的法律规范还有《银行活动法》《微型金融法》《小额贷款组织法》《存款保护法》《私营银行保护法》《自动化银行信息保护法》《电子支付法》《银行秘密法》《公民在银行的存款保障法》《金融租赁法》《货币监管法》《消费贷款法》和《反洗钱和资助恐怖主义法》。现行银行体系便是在上述法律基础上建立和规范的。

乌兹别克斯坦现行的银行体系由中央银行、商业银行和非银行金融机构组成。中央银行作为货币金融领域的国家管理机构，承担着制定货币和金融政策、管理货币发行、统一结算体系、调节金融市场活动、监督商业银行活动和金融市场秩序等重要职责。它与政府互不隶属，向总统汇报工作，总统经议会同意有权任免央行行长，由董事会进行管理，并需每年向议会提交年度报告接受审计。中央银行的中央机关涵盖秘书处、信息分析司等多个部门，分支机构包括 14 个区域总局，下属组织和企业有贵金属署、发展金融部门署等。

商业银行则是依法律程序组建的营利性商业组织。截至 2024 年底，乌兹别克斯坦共有 35 家商业银行，其中国有银行 10 家，股份制商业银行 22 家，外资参股银行 6 家，外资银行 2 家，私人银行 5 家。该国前五大商业银行分别是国家银行、工业建设银行、农业银行、阿萨卡银行和人民银行。国有银行在资产、贷款和存款方面占据较大比例，例如，国有银行占据 67.4%的资产（437 万亿苏姆）、70.1%的贷款（331.2 万亿苏姆）和 50.7%的存款（120.6 万亿苏姆）。从资产数据来看，截至 2024 年 3 月，乌兹别克斯坦商业银行总资产为 648.6 万亿苏姆。2024 年 11 月，总存款为 23116.550 万美元。此外，乌兹别克斯坦的资本充足率在 2024 年 12 月达到 17.4%，较 2024 年 9 月的 17.0%有所增长，显示出银行体系的资本充足、情况良好。乌兹别克斯坦的银行业在资本充足率、流动资金等方面表现良好，不存在流动性紧缺问题。2024 年四季度末，商业银行流动性覆盖率为 154.73%，净稳定资金比例为 128.02%，流动性比例为 76.74%，人民币超额备付金率为 1.20%，存贷款比例（人民币境内口径）为 80.35%。这些指标表明乌兹别克斯坦的银行体系整体稳健。

此外，乌兹别克斯坦还有包括证券、保险、典当、信贷、基金等公司企业在内的非银行金融机构。截至 2024 年 6 月，乌兹别克斯坦共有 35 家保险公司，较 2023 年减少 6 家，其中 4 家保险公司从事人寿保险业务。

在货币政策上，自 1995 年起，乌兹别克斯坦奉行渐进改革政策，货币政策目标主要是保证货币稳定、促进经济稳定增长、控制通货膨胀。央行通过维护本币稳定，在满足外汇需求时控制本币贬值速度，防控外部经济对国内经济的负面影响；执行“基准利率水平高于通胀水平”原则控制货币流量，通过高利率吸引储蓄增加信贷规模，随着通胀率下降又调低基准利率和存款利率以满足市场融资需求；在增加银行规模的同时逐步降低金融准入门槛，允许更多机构从事金融业务，例如，在支付领域，银行更新和引进设备设施，提高信息传送速度和服务效率，缩短服务时间；乌兹别克斯坦政府还发行主要由银行和企业购买的国债，用于弥补赤字。

独立初期银行结算以纸质方式为主，1994年通过《完善银行体系和稳定货币信贷关系的若干措施》，决定启动电子支付系统，并于1996年基本完成，实现金融信息通信服务和电子访问。乌兹别克斯坦的支付体系实行账户和支付结算分割管理，2003年前以“地区”为中心，之后以“央行总部”为中心，取消央行地方分部环节，提高了结算效率。为了促进银行体制的改革和发展，乌兹别克斯坦政府于2005年4月15日发布了《关于进一步改革和开放银行体制的若干措施》政府令，提出了包括加强货币流通监管、提高银行经营稳定性、完善银行的信贷工具、落实银行私有化工作等六项金融改革的主要任务。2023年，为保障商业银行稳定经营，高效优质提供金融服务，提高公众对银行的信任度，乌兹别克斯坦最高会议参议院第三十九次全体会议日前审议并通过了《银行和银行业务法》修正案。[①] 该法将逐步提高商业银行注册资本最低限额，取消外国人、在离岸国注册的法人、合伙人（股东）直接或间接持有乌兹别克斯坦银行股份的限制。同时鼓励存款及满足市场信贷需求，进一步提升银行资本化水平，扩大银行资产规模，提高其经济结构转型进程参与度，吸引外国战略投资者加入。

（2）乌兹别克斯坦证券法律法规

乌兹别克斯坦于1994年1月颁布了《关于进一步深化经济改革、保障私有产权和发展工商业的若干措施》的总统令，并于1994年4月成立“塔什干证券市场”。1996年在国有资产管理国家委员会之下设置了负责监督和管理乌兹别克斯坦证券市场、证券发行和证券交易的“证券市场协调和监督中心”。为了保护证券市场投资者的权利，乌兹别克斯坦议会于2001年8月通过了《保护有价证券市场投资者权利法》，同年9月19日生效。2008年7月22日，乌兹别克斯坦颁布了《有价证券市场法》。

从乌兹别克斯坦有价证券市场的分类上来看，可以分为国家有价证券市场和非国家有价证券市场。国家有价证券产品包括解决国家预算赤字工具的有价证券和作为货币政策工具的有价证券；非国家有价证券市场包括货币市场、公司股票和债券市场、回购市场和衍生品市场。非国家有价证券市场交易的对象包括股票、债券、房产证和银行存单以及衍生有价证券。

国家有价证券具体分为短期国债和中期国债两个种类。短期国债根据乌

---

① 参见《外国人将可以直接或间接持有乌兹别克斯坦银行股份》，载驻乌兹别克斯坦大使馆经济商务处，https://uz.mofcom.gov.cn/jmxw/art/2023/art_c9d668f8f7674d17a76ef168064afbe4.html，2025年3月3日访问。

兹别克斯坦内阁1996年3月26日第119号《关于发行短期乌兹别克斯坦国债》的命令发行，其期限一般为3个月。中期国债根据乌兹别克斯坦内阁2004年1月10日第11号《关于发行中期乌兹别克斯坦国债》的命令发行，其期限一般为1—5年。发行国债旨在解决国家预算不足的问题，以乌兹别克斯坦本国的商业银行和居民为对象，国债利息分为固定和可变两种类型，本息由中央银行以乌兹别克斯坦财政部的名义用国家预算资金偿还。

从乌兹别克斯坦有价证券市场的具体情况来看，该国的有价证券市场是以金融业为主导的市场。近年来金融业有价证券在流通中占比上升，其中银行的份额在逐年提高，其他金融部门的份额则有所下降。除了金融部门外，乌兹别克斯坦的有价证券发行部门还包括工业、农业、交通运输业、建筑业、通信业、社会领域和其他部门。

从证券市场的参与人来看，乌兹别克斯坦《有价证券市场法》规定：乌兹别克斯坦的证券交易市场参与人包括有价证券市场交易的组织者、寄存人、投资中介人、投资资产信托人、结算清算机构、投资基金、场外交易组织者、投资咨询机构和转移代理人等。该国有价证券包括：国家有价证券、股票、票据、债券、公司债券、存单、有价证券期货和衍生证券以及公司股票和公司债券。在一级市场上发行和流通的有价证券包括；国家有价证券、票据、存单等。在二级有价证券市场发行和流通的有国家有价证券以及公司股票和公司债券。据证券市场协调和监督中心统计，截至2024年，乌兹别克斯坦证券市场共有200家证券企业，上市公司数量约为105家。

从有价证券的种类来看，根据2008年7月22日《有价证券市场法》的规定，该国有价证券包括：国家有价证券、股票、票据、债券、公司债券、存单、有价证券期货和衍生证券以及公司股票和公司债券。在一级市场上发行和流通的有价证券包括；国家有价证券、票据、存单等。在二级有价证券市场发行和流通的有国家有价证券以及公司股票和公司债券。

（3）乌兹别克斯坦保险法律法规

乌兹别克斯坦作为中亚保险业比较发达的国家，自独立后保险立法就不断完善，为保险业发展奠定坚实法律基础。1993年乌兹别克斯坦颁布第一部《保险法》，规定了保险业发展和保险市场组织的法律基础及保险业在共和国社会经济发展中的作用和地位，该法回应和保障了公民和法人对保险服务的需求，推动了保险业和保险市场发展。

为了增加外资的流入，乌兹别克斯坦总统于1994年1月签署了“进一步深化经济改革，保护私人所有制和发展企业经营的措施”的命令。依据这一总统令，同年，乌兹别克斯坦部长会议通过了“保障乌兹别克斯坦境内保险投资的措施”的决议，并决定吸收外资再建立一个国营保险公司。由此，乌兹别克斯坦政府同美国最大的保险集团——美洲国际集团合资，建立了西乌兹别克保险公司。1998 年，乌兹别克斯坦成立国家保险监督管理委员会。其主要任务是监督参加保险各方遵守义务和权益的情况、办理公司的登记注册并发放经营许可证、进行保险统计等，即监管乌兹别克斯坦境内保险机构的活动，以维护保险关系各方的合法权益。这一监督的特点在于其既维护投保人的权益，又维护保险公司的权益。

在 2002 年之前，乌兹别克斯坦的保险及保险关系均由《民法典》和 1993 年 5 月颁布的《保险法》调节。2002 年，乌兹别克斯坦颁布了乌兹别克斯坦《保险业务法》和《促进保险市场进一步自由化和发展措施》。新颁布的《保险业务法》对 1993 年的《保险法》中的诸多条款进行了大幅度的修订。随着《保险业务法》的施行，保险市场开始遵循新的运作准则，同时也明确了保险公司办理许可证的相关办法。这些立法举措，为乌兹别克斯坦在独立发展阶段保险行业及保险业市场体制的构建，奠定了坚实的法律基础。同年 4 月 5 日，乌兹别克斯坦又出台了《保险活动法》。这部法律的核心作用在于调整保险领域内的各种关系，涵盖了多个方面的问题，如保险部门和保险类别的划分、保险活动主体的权利和义务、保险市场从业人员的设立与国家登记流程、保险人的设立条件、资本和名称的相关要求、组织形式以及改组和解散的规定等内容保险人的会计核算规范、对保险活动垄断的禁止规定、外国保险组织进入乌兹别克斯坦保险市场的具体条件、保险活动相关纠纷的解决途径以及违反保险法所应承担的责任等。此外，乌兹别克斯坦的强制险由《雇主强制责任险法》和《航空、铁路和公路旅客运输强制人身险法》规定。

乌兹别克斯坦保险公司种类多样，发展态势各有不同。有国营保险公司，像原国家保险总局及其下属机构和与美国合资的西乌兹别克保险公司；非国有保险公司朝着组织国内有声望、专门化的大型公司发展，例如，东方阿斯克公司注重发展医疗保险；国外运输股份保险公司专为进出口业务服务；中亚铁路保险公司向经营铁路运输者提供保险服务；阿尔克保险集团股份保险公司在提供全套保险服务的同时，更加注重经营人身保险等。此外还有针对特殊领域成立的专门保险公司，乌兹别克斯坦政府还创办了一些大型的专门保险公司，从事特殊风险业务，如国家进出口保险公司（Uzbekinvest）、国家股份保险公司（Uzagrosugurta，农产品生产者风险）、保险公司（Madad，中小企业风险）、国家股份保险公司（Kafolat，综合保险）等。截至 2014 年，共有 32 家保险公司，其中环球保险公司、麦格投资保险公司和阿斯卡—东方保险公司 3 家保险公司提供再保险服务。

乌兹别克斯坦保险类别丰富，分类标准多元。[①] 政府确定了 17 类普通险和 4 类人寿险。17 类普通险包括：事故险、疾病险、地面交通工具险、火车险、航空险、海上险、路途中的财产险、火灾和自然灾害险、财产损失险、汽车民事责任险、航空责任险、海上责任险、一般民事责任险、信用险、担保险、财务风险保险和与法律保护有关的支出险；人寿险包括：生命和年金险、婚姻和生育险、长期生命险和健康险。普通险按保险目的可分为人身险、责任险和其他险类；按保险对象、财产、人寿、具体责任、行业等不同标准，又能划分出多种不同类别。这种多元分类方式满足了不同市场主体的多样化保险需求，促进了保险市场的细分和专业化发展。

乌兹别克斯坦的保险市场主要呈现出以下三个特点[②]：其一，保险费相对高度集中，国家保险在保险市场上居支配地位。乌兹别克斯坦约 76.1%的保险市场由国家保险公司系统控制，且保险费主要集中在几家保险公司，而这几家保险公司多数属国有企业。其二，外国资本在乌兹别克斯坦保险市场上发挥着重要的作用。从目前乌兹别克斯坦保险市场的发展趋势来看，乌兹别克斯坦保险公司资本总额明显少于外资保险公司，外国投资者对乌兹别克斯坦的保险市场充满了兴趣。其三，保险领域的国际合作在乌兹别克斯坦保险市场的形成和发展中占有重要的地位。乌兹别克斯坦在保险领域的国际合作主要表现在两个方面：一是培养保险人才。例如，在世界银行、国际结算银行等其他国际机构的协助下，乌兹别克斯坦正与这些机构协商在乌兹别克斯坦和国外培养保险人才。二是积极与世界各国保险公司发展合作。例如，乌兹别克斯坦国家进出口保险公司与伯尔尼投资信用保险公司积极合作，并成为伯尔尼协会布拉格俱乐部的成员。

3. 乌兹别克斯坦竞争法律法规

（1）乌兹别克斯坦竞争立法历程

乌兹别克斯坦竞争立法始于独立后的经济转型期，竞争法律制度的构建与经济制度改革同步进行。1992 年 7 月，乌兹别克斯坦颁布了《限制垄断行为法》，1996 年又颁布了《市场竞争与限制垄断法》取代了原有的《限制垄断行为法》，由此奠定了乌兹别克斯坦竞争法律制度的基础。但是在“渐进主义”的改革理念影响下，具体制度构建方面仍未摆脱计划经济模式的残余，政府对于市场仍保有大量的管制性权力。随着乌兹别克斯坦市场化改革的不

① 参见占茂华编著：《走向法治的乌兹别克斯坦》，法律出版社 2017 年版，第 275—276 页。

② 参见阿利舍尔·尤苏波夫：《乌兹别克斯坦保险市场的形成和发展》，载《俄罗斯中亚东欧市场》2007 年第 1 期。

断深化，管制性的竞争立法模式与不断推进的自由市场改革之间的矛盾日益突出。2008 年，乌国家反垄断委员会已着手按照国际标准制定新的《竞争法》，进一步完善反垄断法律规范和政策措施，并于 2011 年对竞争立法进行了大幅度的修订，并以共和国 2012 年第 1 号立法令的形式颁布了《竞争法》，于 2012 年正式实施。该法对商品市场和金融市场进行了统一监管规范。乌兹别克斯坦竞争法律制度的构建，一方面效仿俄罗斯的相关法律制度；另一方面还积极接受经合组织的建议，并将与欧盟竞争法的接轨纳入考量范围，坚持强调保持稳定和国家控制的方针，力图在竞争法律制度构建上实现一种平衡。

(2)《竞争法》的主要内容

《竞争法》实施的目的是调整产品和金融市场竞争关系，防止市场垄断行为。规制对象包括垄断行为和狭义不正当竞争行为，具体包括：滥用市场支配地位、限制竞争协议、行政性垄断、经营者集中及其他不正当竞争行为。①

在市场支配地位的认定标准方面，乌兹别克斯坦《竞争法》采用了以市场份额推定企业是否具有市场支配地位的模式。根据乌兹别克斯坦《竞争法》第 10 条的规定，市场支配地位的认定具有这样 3 个特点：一是将市场份额与证明责任相联系，即市场份额超过 50%（含 50%）的企业负有证明自己不具有市场支配地位的责任；二是当企业的市场份额在 35%至 50%时，证明其是否具有市场支配地位的责任在国家反垄断机构，国家反垄断机构根据企业在市场中的固定市场份额是否 1 年以上，其他竞争者拥有的相对市场份额，新竞争者进入该市场的机会，特定市场的界定标准等来具体推定；三是规定企业市场份额低于 35%时不能认定其具有市场支配地位。

限制竞争的协议（垄断协议）是指两个或两个以上的行为人以协议、决议或其他联合方式实施的限制竞争行为。乌兹别克斯坦《竞争法》列举了应予禁止的 11 种垄断协议：①确立或维持固定价格、收费、折扣、额外费用、附加费用或利润；②人为操纵价格涨落，为真正市场价格的确立制造障碍；③确立对生产、市场和资本投资的控制；④对商品生产量采取协调行为，人为改变商品供应量；⑤向合同相对方强加于合同标的无关的条件，包括对金融财产及其他财产或财产权的出让的不合理要求，旨在限制竞争；⑥提高、降低或维持拍卖、证券交易和其他招投标价格；⑦在合同中列入歧视性条款；⑧以地域原则、销售或购买的数量、产品的分类、买方或卖方的数量、范围及消费者为依据，对市场进行划分；⑨对市场进入的限制，或者对市场中作

① 参见马幸荣：《〈乌兹别克斯坦竞争法〉评析》，载《俄罗斯东欧中亚研究》2015 年第 5 期。

为特定商品销售者的其他企业或这些企业的购买者、消费者进行排除；⑩关于非竞争性企业间的协议（协同行为），当其中一个企业拥有优势地位，且协议的其他当事人是该企业的供应商或经销商时，若该协议（协同行为）将导致或可能导致限制竞争，则其应被禁止并宣布为全部或部分无效，它包括下列情形；⑪对特定地域范围内的买方或卖方的商品转售的独立决策进行限制，设置商品的转售价格；禁止企业销售竞争者生产的商品，该禁令不适用于经营者基于商标、商号或其他专属性知识产权实施的销售限制。

乌兹别克斯坦《竞争法》规制的行政垄断行为可分为两大类：第一类是政府和公权力机关所实施的排除、限制竞争行为；第二类是政府、公权力机关和行业协会实施的排除、限制竞争的协同行为。2012 年新修订的《竞争法》将反行政性垄断从商品市场扩展至了金融资本市场并用专门条款（乌兹别克斯坦《竞争法》第 12 条）列出了予以禁止的政府、公权力机关和行业协会的限制竞争行为。

为防止可能损害竞争机制的市场力量之形成，乌兹别克斯坦《竞争法》第 16 条明确规定，竞争执法机关须对经营者并购和创设关联企业这两种类型的经营者集中进行预先审核。在经营者集中预先审核申报标准方面，《竞争法》采取了绝对标准资产规模或销售收入与相对标准（市场份额）相结合的方式。在经营者集中预先审核程序方面，经营者或关联组织应先向竞争执法机关提出请求同意的申请，同时还要报送预先审核申请表、相关企业及自然人的信息、交易方的经营活动信息、最近两年的财务会计报告等文件。竞争执法机关在收到必要文件之时起 10 日内向申请人发出书面审核决定。如果竞争执法机构认为该集中有可能限制竞争时，可以延长审查期限，但一般不超过 1 个月。

除此之外，乌兹别克斯坦《竞争法》对其他不正当竞争行为也做了具体规定。《竞争法》第 13 条列举了 6 种不正当竞争行为，具体包括：发布错误、不准确或不完整信息，损害他人合法权益；非法使用智力成果等手段，对他人绩效产生消极影响；混淆商品生产特征和质量，误导消费者；虚假广告宣传；滥用商业信息和秘密；为新企业的商品和服务设置市场进入障碍。第 14 条对招投标和拍卖活动中的排除限制竞争行为进行规制，第 15 条对证券市场中的虚假陈述、价格操纵及其他限制竞争行为予以规制。

（3）乌兹别克斯坦竞争执法机制

乌兹别克斯坦竞争执法机关为国家私有化、反垄断与发展竞争委员会。它是独立的行政机构，向内阁负责，负责人由总统任免，下设地方分支机构，全面负责国家资产私有化和竞争法律制度、竞争政策的落实工作，专职推进私有化和维护市场竞争的业务，并领导地方分支机构开展工作。在乌兹别克斯坦竞争法专章规定了竞争执法机构的组成、任务、职能和权力等内容。该委员会主要职权包括制定竞争规则、认定市场支配地位、监督市场竞争行为、进行合规审查等多项内容。

（4）乌兹别克斯坦竞争法律责任

依据乌兹别克斯坦《竞争法》的规定，对于违反竞争法的经营者，除了要承担相应的民事赔偿责任外，竞争执法机关可以责令其限期停止竞争违法行为，并处以罚款。国家政府机关、地方政府部门及其工作人员违反竞争法的行为要承担行政责任乃至刑事责任外，并在第 26 条以专门条款规定了政府机关及其工作人员要承担“民事损害赔偿责任”并处以罚款。在罚款的金额方面，乌兹别克斯坦《竞争法》并未采取绝对数额的方式，而是以最低工资标准作为罚款金额的计算基础。在罚款的执行方面，行政罚款一般由法院执行，当违法的政府机关、地方权力机关以及经营者自愿缴纳罚款时，可以由竞争执法机关执行。

4. 乌兹别克斯坦税收法律法规

（1）乌兹别克斯坦税收立法概况

乌兹别克斯坦的税收法律体系由独立后的 3 部税法组成。1997 年 4 月最早的一部《税法》由乌兹别克斯坦议会颁布。该法规定了不同的税收程序及税率，同时规定乌兹别克斯坦国家税务委员会及其下属的地方税务部门为其监督和执行机关。

为了适应经济发展的需要，乌兹别克斯坦于 2006 年 1 月以总统令的方式对《税法》进行了修订，形成了《对〈乌兹别克斯坦税法〉的若干修订法》。次年，为了进一步稳定发展国内经济，减轻企业税负，乌兹别克斯坦政府于 2007 年 1 月 1 日对国内税收项目又进行了部分调整，并制定了新的征税税率。

乌兹别克斯坦于 2007 年 12 月通过了《税法典》，从 2008 年 1 月 1 日起正式实施，制定新的《税法典》的目的在于避免纳税人的某些逃税和隐瞒收入的行为，增加企业利润和促进纳税人的生产积极性。该法以 1997 年版税法为基础修订而成，包括总论和分论两大部分，共 21 篇、64 章、392 条。其主要内容包括了税法的调整对象、基本原则、税收法律关系、税费种类、税率及纳税期限、税收优惠、税收征管等内容。新税法调整了税收项目，实行新税率，体现出的一个总体趋势是：无论是企业与个人的所得税、统一社会性支出，还是小企业与农产品加工企业，其统一税率都在逐年降低。①

① 参见占茂华编著：《走向法治的乌兹别克斯坦》，法律出版社 2017 年版，第 302 页。

(2) 乌兹别克斯坦税法的主要内容

第一，税法的调整对象。

根据乌兹别克斯坦《税法典》第1条的规定，税法典调节与纳入国家预算和国家专项基金的税收及其他必须收费的确立、计算和上缴有关的关系，其调整对象是税收活动中国家、征税机关和纳税主体等各方之间产生的社会关系，即税收关系。①

第二，税法的基本原则。

乌兹别克斯坦税法的基本原则包括：①纳税义务性原则。根据《税法典》第6条的规定，每个人都有义务缴纳税法确定的税务和规费，任何人均无义务缴纳税法未确定或违背税法的税务和规费；②纳税确定性原则。根据《税法典》第7条的规定，纳税人缴纳的税务和其他规费应该是确定的。税法对每一个税种的纳税人、征税对象、税率、征税期间、纳税程序和期限、税收减免等都有明确的规定；③纳税公平性原则。根据《税法典》第8条的规定，课税应遍及社会上的每一个人；④税务体系完整性原则。根据《税法典》第9条的规定，税收体系在乌兹别克斯坦境内对所有纳税人都是统一的，不允许确定限制商品和资金自由流动的税务或规费；⑤税法的公开性原则。根据《税法典》第10条的规定，管理纳税问题的法规条文需在正式刊物发表才具法律效力；⑥纳税人的正义推定原则。根据《税法典》第11条的规定，税法中所有未排除的矛盾和含糊之处应向纳税人解释；⑦国际法优于国内法原则。根据《税法典》第4条的规定，凡是乌兹别克斯坦税法和与其签订的国际条约有冲突的，则适用国际条约的规定。

第三，税收法律关系。

乌兹别克斯坦的税收法律关系由主体、客体和内容三要素组成。主体是指税收法律关系中权利的享有者和义务的承担者，包括纳税人和授权机关。纳税人指有义务缴纳税金和其他规费的自然人、法人及其独立分支机构，授权机关是根据国家授权实施征缴税收和规费的机关或机构。客体是指课税对象，即纳税人纳税义务所针对的对象，又称纳税标的物，包括特定的产品、实物和行为。内容指税务主体的权利和义务，具体指纳税人的权利义务和授权征税机关的权力义务。

根据乌兹别克斯坦《税法典》第31条，纳税人的权利具体包括：获得国家税务机关和其他授权机关关于履行其纳税义务的资料；从国家税务机关和其他授权机关获得有关现行税种、其他规费和税法变化的信息；亲自或通过

---

① 参见马幸荣：《中亚五国税收法律概论》，知识产权出版社2012年版，第183页。

自己的纳税代理在税收法律关系中代表自己的利益；抵消或退回多缴或被罚缴的税款、其他规费、罚金和罚款；阅览材料并获得税务检查条文；独立改正其在统计纳税对象、计算和缴纳税费时犯下的错误；根据乌兹别克斯坦《税法典》和乌兹别克斯坦其他法律条文规定的程序和条件延迟或分期缴纳税费；向进行税务检查的国家税务机关提交与执行税法有关问题的说明；按规定起诉国家税务机关和其他授权机关的决议及其官员的行为（不作为）；按规定要求对国家税务机关和其他授权机关的非法决议或其官员的非法行为造成的损失予以补偿；不执行国家税务机关、其他授权机关及其官员与乌兹别克斯坦税法和乌兹别克斯坦其他法律条文不符的法规和要求；根据乌兹别克斯坦《税法》、乌兹别克斯坦其他法律和总统决议规定享受税收和其他规费优惠；税法规定的其他权利。

《税法典》第32条纳税人的义务，具体包括根据税法进行会计统计，编制财务和税务报表；及时足额履行税务义务；向国家税务机关和其他授权机关提交证明享受优惠权利的文件；在税务检查期间向国家税务机关提交与计算、缴纳税费有关的文件和情况；完成国家税务机关和其他授权机关及其官员的合法要求，不阻碍上述机关及其官员的合法活动；依据法律承担的其他义务。

授权征税机关的权力包括税款征收权、税收管理权、委托代征权、税收检查权、获取信息和协助权、征税强制权、税收处罚权和争议裁决权。授权征税机关的主要义务包括实施国家的税收法律和政策、及时办理纳税人登记、编制税收收入报告、依法对纳税人进行税收审计、依照税法规定采取相应的方法确保纳税义务的履行和向纳税人征收欠税、依照《税法典》和其他税收法律的规定适用税收制裁措施并及时收取罚金和利息、承担税法规定的其他职责等。纳税人在纳税期结束后的5年内，税务部门有权附加或重新审查税金和规费，纳税人也有权要求扣除或者返还多缴纳的税金和规费。

第四，税种、税率及纳税期限。

乌兹别克斯坦的主要税种分为普通国家税（包括规费）和地方税（包括规费）。普通国家税包括法人所得税（利润税）、自然人所得税、增值税、消费税、资源使用税和专门收费、水资源使用税（包括地表水资源使用税和地下水资源使用税）、社会基金规费（包括统一社会税、公民预算外退休基金保险费和预算外退休基金必须留成）、共和国道路基金规费（包括共和国道路基金留成和共和国道路基金收费）、国税和海关收费；地方税包括财产税、土地税、广告税、交通工具转卖税、自然人车辆汽油、柴油和天然气消费税、法人及从事经营活动的自然人登记费、车辆停放费、公共基础设施费、个别商品零售和提供个别服务权费。

乌兹别克斯坦《税法典》第 27 条规定，税率由乌兹别克斯坦总统决议确定，除非税法有特别规定。乌兹别克斯坦主要税种及税率包括：①目前乌所得税基本税率为 15%。外国个人及法人实体所得税税率较高，外国投资在投资基金中所占比重越大或投资数额越大，缴纳利润税率越低[①]；②居民纳税人一般税率为 12%，乌兹别克斯坦居民纳税人需要就其全球所得缴纳个人所得税[②]；③增值税税率为 12%；④消费税主要针对应缴纳消费税的商品的生产及进出口商品，生产应缴纳消费税商品的企业，无论何种性质企业，均须缴纳消费税。生产的产品根据产品的不同按 5%—50%缴纳消费税，进口的商品根据商品的不同按 10%—40%税率不等缴纳消费税；⑤资源使用税主要指对各种自然资源的开采应征收的税种，根据自然资源的不同及开采量的大小税率从 1%—30%不等。除此之外还有环保税（1%）、公共事业和社会基础设施发展税（8%）、不动产税（3.5%）[③] 等。

根据乌兹别克斯坦《税法典》第 29 条的规定，税收期为一段时间期限，在税收期结束后确定征税基数并计算税费金额。税收期可以分成若干个报告期，根据报告结论产生提供结算单和支付累计的税费的义务。

第五，税收优惠。

根据乌兹别克斯坦《税法典》第 30 条的规定，乌兹别克斯坦的税收和其他规费优惠是根据税法、其他法律和总统决议规定向个别纳税群体提供的，相对于其他纳税人的优惠，包括完全不缴纳税和其他规费或仅缴纳较小金额。纳税人有权自整个税收期内相应法律依据产生之时起享用税费优惠。税法规定，地方国家政权机关根据规定程序可提供财产税、土地税、统一土地税、公共事业和发展社会基础设施税的优惠。乌兹别克斯坦中央银行，其在卡国、各州和塔什干市的总局，以及乌兹别克斯坦央行的机构免缴税法规定的税费（统一社会税除外）。

在对外资的税收优惠方面，乌兹别克斯坦出台多部法律法规，包括《向外资企业提供激励和优惠的补充决议》《鼓励吸引外国私人直接投资的补充措施的决议》《保护私有财产和保证所有人权益法》《保证企业经营自由法》

---

① 参见乌兹别克斯坦大使馆经济商务处：《乌兹别克斯坦将维持现行所得税和增值税税率至 2028 年》，载中华人民共和国商务部，https：//uz. mofcom. gov. cn/jmxw/art/2025/art_ 32ccba5083cb4fd8a3583ea537c8c1b5. html，2024 年 3 月 10 日访问。

② 参见《乌兹别克斯坦企业税收》，载环俄网，https：//www. huanenet. com/wsbkst/1447. html，2024 年 3 月 10 日访问。

③ 参见刘建、潘星：《走向“一带一路”沿线国家税收政策早知道 · 中亚篇》，载四川经济日报 2017 年 2 月 19 日，http：//epaper. scjjrb. com/Article/index/aid/2021371. html，2024 年 3 月 10 日访问。

(新版)、《关于促进吸引外国直接投资补充措施的总统令》等，向外资提供了减税、免税的优惠政策框架，给予在偏远地区投资设厂的外资企业3年、5年和7年不等的税收优惠待遇。对于在塔什干市和塔什干州以外地区的，外资注册比重超过30%，投入的是可自由兑换货币或新型技术工艺设备、优惠收入50%以上用于再投资等的外国直接投资企业，乌兹别克斯坦政府给予各种税收优惠政策，如免缴法人利润税、法人财产税等。同时，乌兹别克斯坦对外投资比例不低于33%的外资企业入境财产、签订劳务合同的外国公民的入境财产、投资额超过5000万美元的法人入境产品及乌国法律批准入境的工艺设备和配件等免除关税。

(八) 乌兹别克斯坦投资与贸易法律法规

1. 乌兹别克斯坦投资法律法规概述

为使乌兹别克斯坦融入世界经济体系，促进乌经济的发展，乌兹别克斯坦不断改善其投资环境，采取各种措施吸引外资，为了保障及保护外商投资，制定了一系列外商投资方面的法律，对外商投资规定了较为完善的保护措施，其基本的外商投资法律体系可以分为以下三个基本层次①：

其一，关于外商投资的基本法律。为了吸引外国资本投资，乌兹别克斯坦在1991年就通过了乌兹别克斯坦《外国投资法》，1992年又通过了对《乌兹别克斯坦外国投资法修改和补充的规定》。1994年颁布了《外国投资与外国投资活动保障法》。目前乌兹别克斯坦外商投资方面的基本法律主要有《外国投资法》《刺激对外经济活动和吸收与保护外资法》《投资和投资活动法》《对外经济活动法》《吸引外资创办合资企业的补充措施》《企业、公司及组织纳税法》《车辆和交通工具税法》《土地法典》等。这些法律基本确立了乌兹别克斯坦关于外国投资者的权利、义务，为乌兹别克斯坦吸引、利用外资的法律依据和基础。

其二，关于外商投资的总统令。主要包括：《给予外商投资企业优惠及鼓励的总统令》《关于刺激外国投资并向其提供优惠补充规定的总统令》《关于鼓励创建外资企业的补充措施的总统令》《关于深化经济改革、保护私有财产和发展企业经营活动的总统令》《关于鼓励生产企业出口产品的补充措施的总统令》《关于刺激和鼓励私营经济的总统令》等总统令，以及《2017—2021年乌兹别克斯坦五大优先发展领域行动战略》《2016—2020年水电发展纲要》

① 参见《乌兹别克斯坦投资法律制度》，载西北政法大学中国——中亚法律查明与研究中心，https://www.nwupl.edu.cn/wgfczx/zefl/116257.htm，2025年3月10日访问。

等法令文件，都是外国投资者进行投资活动、分析投资风险的重要依据。

其三，关于外商投资的内阁规定。主要包括：《关于进口关税制度的规定》《关于进一步完善和放宽对外经济活动的规定》《关于国家扶植轻工业和地方工业的措施的规定》。

2. 外国投资法律法规的主要内容

（1）投资主管部门

投资主管部门为乌兹别克斯坦对外经济联系、投资与贸易部、经济发展和减贫部、财政部①。对外经济联系、投资与贸易部的主要职责是制定和实施国家在对外经济活动、促进出口、吸引外资等领域中的统一政策；与国际主要金融机构、外国政府金融组织合作，制定并协调执行统一的国家在外贸和国际经济合作领域的政策；制定和实施有利于发展和提高国家经济竞争力以及融入世界经济体系能力的有效措施，发展出口潜力，保障本国从事对外经济活动的企业的利益；为吸引外资创造良好的投资环境，调查和研究引资项目中存在的问题，为外国投资者提供必要的信息。经济和减贫部负责参与制定有利于改善乌投资环境的计划和措施，包括改善促进投资活动和吸引外国投资者的优惠条件；根据领土和各领域发展计划，确定吸引投资的主要方向，参与制定和执行国家发展方案和投资方案，以确保国家经济在中长期内保持可持续发展。财政部负责协调外国投资者在乌境内投资活动中的金融及税务环节，研究建立良好金融环境吸引外资注入本国经济；参与拟定文件，审核本国政府吸引外国贷款，核算并监督本国政府接受外国贷款进账情况。

大型引资项目经上述三个部门共同审核，审核通过后，还需要报乌兹别克斯坦内阁批准；而私人一般性外国投资项目则可由乌兹别克斯坦外经贸部全权办理。

（2）投资方式的规定

在外商投资的形式方面，可以参与与乌兹别克斯坦法人及（或）自然人共同设立的商业公司及合伙企业、银行、保险机构及其他企业的法定资本和其他财产的份额；设立并发展完全属于外国投资者的商业公司及合伙企业、银行、保险机构及其他企业；获取财产、股票及其他有价证券，包括由乌兹别克斯坦居民发行的债务义务；投入知识产权相关权利，包括著作权、专利、商标、实用新型、工业设计、商号及专有技术，以及商业信誉（商誉）；获取特许权，包括勘探、开发、开采或利用自然资源的特许权；取得商业和服务

① 参见《乌兹别克斯坦投资法律制度》，载西北政法大学中国——中亚法律查明与研究中心，https：//www.nwupl.edu.cn/wgfczx/zefl/116257.htm，2025年3月10日访问。

设施的所有权、连同所在地块在内的住宅所有权，以及土地（包括基于租赁）和自然资源的占有权与使用权，还可以以不违反乌兹别克斯坦现行立法的其他形式在乌兹别克斯坦境内进行投资。

在股权规定方面，外国投资者可以设立合资企业、100%外资企业、获取私有企业部分或全部股份。符合以下条件的外国投资企业可视为再投资：企业注册资本不少于 4 亿苏姆（4 万美元）；外资份额不少于企业注册资本的 15%。在出资方式方面，外国直接投资的方式可以是物质及非物质财富及其权益，包括知识产权；外国投资者向企业经营及其他经营方式标的投入外资的任何形式。

在外资并购方面，根据乌兹别克斯坦国有资产交易国家委员会的相关法规，外国投资者可以通过以下 3 种方式并购乌兹别克斯坦企业或国有资产：通过竞标方式获得企业的部分或全部股份；通过塔什干交易所购买企业股票；通过建立合资企业持有企业股份。在出资取得乌兹别克斯坦企业资产（股份）的同时，乌政府要求外国投资者必须承诺在一定的期限内保证投入承诺的资金或先进的工艺设备。有时乌方会将破产或停产的企业以零价格出售给外国投资者，但投资者必须作出相应的投资承诺。

（3）对外国投资者的税收优惠和鼓励政策

1996 年乌兹别克斯坦颁布了《乌兹别克斯坦给予外商投资企业优惠及鼓励》的总统令规定：外资企业法定注册资本 30 万美元以上者，外资占比高于 30%的企业才能享受外资企业的优惠待遇。1998 年乌兹别克斯坦政府为了鼓励创办中小型外商投资企业，大幅度降低对外资法定资本的要求，将注册资本从 30 万美元降低至不低于 15 万美元，企业投资一方必须是外国法人，外国投资比例不低于法定资本的 30%，否则不被列入外商投资企业的范畴，该政策沿用至今。即依据乌兹别克斯坦的法律规定给予外国投资者各种税收优惠和鼓励政策，但是对外资占比和注册资本予以限制。乌兹别克斯坦政府给予在塔什干市和塔什干州以外地区的外国直接投资企业各种税收优惠政策，如免缴法人财产税、统一税费等。

2012 年 4 月乌兹别克斯坦总统颁布法令（No. YI-4434）《关于吸引外国直接投资的措施》，包含以下主要条款：一是外国投资者出资不少于 500 万美元的新企业，自登记之日起 10 年内可获得税收优惠；二是投资大于 5000 万美元且外资占比不低于 50%的项目，所需基础设施的建设由国家预算承担；三是除了首都塔什干外所有地区的 19 个重点行业（无线电电子制造业、建筑材料的生产，食品行业，生产肉类、牛奶、医药、化工、石化等行业），从 2012 年第二季度开始外国投资企业按照 2005 年总统投资法令执行税收优惠，包括全面免征企业所得税、财产税、社会基础设施税和道路税，根据投资金额的不同，豁免期限为3—7年，根据乌兹别克斯坦的法律“外国投资企业”是指营业资本不低于15万美元，且外国投资者所占份额不低于30%的企业。

根据乌兹别克斯坦2012年10月签署的《关于促进外资吸引补充措施》的总统令：“外国投资进入特定生产领域可减免财产税、社会基础设施营建税、法人利润税、小微企业统一税以及道路基金缴费。”① 这些优先发展领域包括煤炭工业、化学工业、可再生能源利用、电脑配件、轻工业丝绸制品、无线电电子、建材、禽肉及蛋类生产食品工业、鱼产品加工、医疗、兽医检疫、制药、五金制品、机械制造、金属加工机床制造、包装材料、玻璃、陶瓷业、微生物产业、玩具制造业等。上述领域的直接外国投资可以享受优惠政策期限为：①投资额从30万美元到300万美元的，期限为3年；②投资额从300万美元到1000万美元的，期限为5年；③投资额超过1000万美元的，期限为7年。

另外，根据法律规定，外国投资者还享有以下税收优惠：对向实施石油和天然气勘察勘探工程的外资企业供应材料、实施工程和提供服务的乌兹别克斯坦企业和组织，免征增值税；对在乌兹别克斯坦实施石油和天然气勘察勘探工程的外资企业，以及由其聘请参与上述工程的外国承包和分包组织，在其开展地质勘探工程期间，免征在乌兹别克斯坦境内实行的各项税收、提成和费用；对外资企业参与实施石油和天然气勘察勘探工程的开采石油和天然气的合资企业，自其开采出石油和天然气的7年内免征利润税。期限届满后，按上述合资企业的利润税按现行税率减半计征，且外国投资者的财产税和所得税按其在合资企业中的投资比例减半计征。

除此之外，乌兹别克斯坦政府将自由经济区视为招商引资的重要平台，大力发展各类自由经济区，在自由经济区内投资的企业，可享受各类优惠政策。截至2019年5月，乌兹别克斯坦政府共建立22个自由经济区，其中9个工业自由经济区、8个制药自由经济区、2个农业自由经济区、1个旅游自由经济区、1个物流运输自由经济区和1个运动产品生产自由经济区。此外还建立了80多个小工业特区。

---

① 参见商务部对外投资和经济合作司等编：《对外投资合作国别（地区）指南：乌兹别克斯坦》（2024年版），第34页，载商务部“走出去”公共服务平台，http://fec.mofcom.gov.cn/article/gbdqzn/，2025年2月28日访问。商务部：《对外投资合作国别（地区）指南：乌兹别克斯坦》，中国商务出版社2017年版。

（4）投资领域的相关规定①

①限制外商投资行业

国家垄断行业，诸如能源及重点矿产品（如铀）开发等领域有股权限制，外资所占股份一般不超过50%；航空、铁路等领域则完全由国家垄断。2018年以来，乌招商引资力度进一步加大，对外资进入相关行业的限制逐步减少。目前，电力、石油天然气领域上游发电和油气开采对外资开放；国家输电网、国内天然气输气管网由乌国有企业垄断，不对外资开放。

②鼓励外商投资行业

对无线电电子、电脑配件、轻工业、丝绸制品、建材、禽肉及蛋类生产、食品工业、肉乳业、渔产品加工、化学工业、石化、医疗、兽医检疫、制药、包装材料、可再生能源利用、煤炭工业、五金制品、机械制造、金属加工、机床制造、玻璃陶瓷业、微生物产业、玩具制造等行业持鼓励支持态度，并给予免除法人利润税、财产税、社会基础设施营建税、共和国道路基金强制扣款及小微企业统一税等优惠政策。

③部分行业具体限制

第一，农业：外资仅可获得经营耕种权，不能取得农业耕地所有权，鼓励外资进入农业领域，特别是鼓励对农业领域的种植、养殖、加工、包装、仓储、运输、出口贸易等全产业链投资，以期引进外国先进技术和管理理念，促进本国农业产业发展。

按照用地时间的长短，征地方式分为临时征地和永久征地。临时征地：最长为3年。实际征地过程中，征地时间为1年，到期后办理延期。外国投资者可通过签署合同的方式取得土地使用权。使用土地的法人组织应按照合同向土地所有者支付费用。永久征地：用地时间为3—10年。10年之后需办理延期，办理方法同临时征地。不同的是，使用土地的法人组织应按规定向税务部门纳税，并到有关国家机关登记注册。

在办理征地过程中，经常发生土地补偿费用之外的费用，土地所有人或农场主有时会索要更多的费用。如果所征用的土地处在城市，也会发生一些问题，如难以达成一致，则需签署补偿合同，得到政府部门审批。

第二，林业：乌政府不允许外资获得林地所有权，但可获得承包经营权，鼓励林业领域投资合作，2017年专门成立了国家林业委员会，主要负责合理利用森林资源、推广林业领域科技成果、积极吸引外资投资、发展生态旅游

---

① 参见《乌兹别克斯坦的贸易法律制度》，载西北政法大学中国——中亚法律查明与研究中心，https：//www.nwupl.edu.cn/wgfczx/zefl/116256.htm，2025年3月10日访问。

等。购买或租赁经营期限、附加条件可参照农业耕地。

第三，金融业：乌允许外资对本国金融业进行投资，但不允许外资建立独资银行和保险公司，与当地金融公司建立合资企业所占股比不得超过50%，合资企业高管和管理层可由外籍员工担任，但所占比例亦不得超过50%。

第四，数字产业：关于数字经济，乌兹别克斯坦出台了《电子政务法》和《电子商务法》。《电子商务法》中要求电子政务平台应保证：提供完整可靠的信息；在符合技术法规领域相关法律法规的基础上收集、存储、处理、传输和交换信息；根据批准的电子政府服务法规提供服务；确保申请人安全访问涉及处理个人数据的服务；确保申请人能够向电子政务服务发送请求和接收结果。同时规定，民众有权：及时接收电子政务服务；接收通过各种交互方式（包括官网、电话、邮件等方式）获取电子政府服务进度；申诉提供电子政务服务的政府机构的决定，对相关官员按规定形式向法院上诉。

关于信息安全，《电子政务法》中规定，提供电子政务服务的国家机构有义务保证用于电子政务服务的信息系统和信息资源的安全。提供电子政务服务的国家机关应采取必要技术措施，避免个人数据、国家机密以及其他机密信息被非法访问。储存在提供电子政务服务的国家机关信息系统和信息资源的个人信息的处理、传输和获取需征得申请人的同意。

根据《电子商务法》有关规定，电子商务参与者有权将用于电子商务的报价放入信息资源中；通过电子商务合同买卖商品（工程、服务）；将电子文档和电子消息储存在信息中介中。卖方有义务在销售商品（工程、服务）时，遵守竞争相关法律并保护消费者的权益；依法储存电子文件和电子消息；遵守电子商务领域的标准、规则和规定。

关于信息安全，《电子商务法》中规定，除非双方协议和法律另有规定，禁止将个人数据用于电子商务合同以外的目的，转交给第三方。

第五，文化传媒相关产业。根据乌《投资和投资活动法》，外资可以进入教育、广播电视、网络媒体等领域投资。根据《大众传媒法》，外资企业允许在乌开办报纸、杂志、新闻社、电视台、电台、网站等，但不得以独资企业形式存在，传媒领域合资企业外资占比不得超过15%。

（5）外国投资者的权利和义务

外国投资者可在乌兹别克斯坦境内设立外资企业，并享有乌兹别克斯坦立法赋予的所有权利、保障和优惠。在乌兹别克斯坦境内，外资企业系指外国投资占股份（份额、股金）或法定资本比例不低于30%的企业。此类企业可采用不违反乌兹别克斯坦立法的任何组织形式开展活动。《外国投资法》不仅规定了国内法的调整，也规定了国外法的调整，即外国投资的法律制度，不得低于对乌兹别克斯坦法人和自然人投资适用的相应制度。乌兹别克斯坦立法可依照国际法普遍准则，在特定经济领域和活动类型中设定对外国投资的限制或禁止，以保护乌兹别克斯坦国家安全利益。恢复外国投资者被侵犯的、受乌兹别克斯坦法律保障的权利与利益，应依据包括乌兹别克斯坦国际条约在内的立法进行调整。

此外，为了吸引外国投资者，该法也规定了大量的外国投资者权利保护的条款。同时也鼓励外国员工进入乌兹别克斯坦境内务工，也规定了外籍工人的劳动报酬、休假、养老金和退休福利问题应在与他们签订的雇用合同中加以解决。并且工人的工资和其他合法赚取的收入在缴纳税款和法律规定的强制性付款后，可以不受限制地转移到其他国家。同时也规定了外国投资者、外商投资企业将为外籍工人支付的社会保险和社会保障费用转入工人非永久性居住国的相关基金。

外国投资者的义务包括：遵守乌兹别克斯坦境内的现行法律；交付税金及乌兹别克斯坦依法规定的其他税款；得到国家对投资方案的鉴定，其中包括遵守卫生防疫、生态及乌兹别克斯坦其他法律规定的要求。企业社会保险、员工退休金等由乌法律调整。企业外汇收支、税收、结算等有明确规定，企业可自主出口产品、进口所需物品，同时需接受相关部门检查并保障商业秘密。外资企业可依法自主改组和停办，停办时资产按规定征税和分配，员工权益受保障。

(6) 投资保护

根据乌兹别克斯坦《外国投资法》第 9 条规定，外国投资者在其境内进行投资和从事经营活动的一切权利和权益都受到乌兹别克斯坦法律的保护和保障，外国投资者在其境内的投资安全都会受到平等、公正的法律制度保证。

在法律变更风险避免方面，根据乌兹别克斯坦《外国投资者权益保障及保护措施法》第 3 条规定，如果未来出台的法律加重了外国投资者的负担，外国投资者自投资之日起 10 年内可以选择遵循投资时实行的法律，外国投资者还有权选择适用投资条件更加优越的新法规范（但不包括出于保障国家安全、国防、社会秩序以及环境保护目的而进行的法律变更）。

在国有化征收和补偿方面，乌兹别克斯坦《外国投资法》第 12 条和《外国投资者权益保障和保护措施法》第 5 条规定，原则上对外国投资和外国投资者的资产不实行国有化或征用，除非发生自然灾害、意外事故、重大传染病疫情等紧急状况，对因紧急状况下的国有化和征用造成的外国投资者的损失，乌兹别克斯坦会进行相应的补偿。

在国有化和汇兑方面，乌兹别克斯坦的法律规定，除发生自然灾害、流行病、兽疫等经济情况外，原则上乌兹别克斯坦政府不对外国投资实行国有化，在特定情况下，只有乌兹别克斯坦内阁有权作出征收决定，并应对被征收财产给予补偿。外国投资者在乌兹别克斯坦境内所得利润可以用作再投资亦可无限制地兑换成外币汇出境外。外国投资者可以在乌兹别克斯坦的银行开立任何货币账户，也可用其账户上的乌兹别克斯坦货币，在乌兹别克斯坦货币市场上购得外币。

在投资争端解决方面，乌兹别克斯坦《外国投资法》规定，除条约另有约定，外国投资者与乌兹别克斯坦政府间发生的投资争议，由乌兹别克斯坦宪法法院审理。外国投资者与乌兹别克斯坦国内企业、自然人之间的投资争议，或外资企业相互之间就其经营活动发生争议，均由乌兹别克斯坦经济法院审理。如与乌兹别克斯坦签订的投资协定约定，投资争端可提交国际仲裁，也可依据投资协定，通过国际仲裁程序予以解决。如果乌兹别克斯坦签署的国际条约和协定有别于乌兹别克斯坦关于外资的法律规定，则以国际条约和协议为准。

3. 外资企业设立法律法规

（1）注册外资企业的有关规定及程序

依照乌兹别克斯坦的法律法规，外国法人和个人可在乌兹别克斯坦境内成立外资企业。乌兹别克斯坦司法部和外经贸部是外资企业的主管部门。根据2003年8月20日乌内阁令，乌司法部负责注册按总统令和政府令建立的股份公司（含国有股份公司和控股公司）以及外资企业、塔什干市税务咨询公司及其他依法成立的组织机构。乌地州司法局负责各州外资企业的登记注册。各市、区政府下辖注册局负责登记注册除上述企业外的其他企业。但是在注册前，外国投资者需要先到司法部、外经贸部、内务部、税务局、统计局、退休基金会、银行、保险基金会等部门办理有关手续。

①注册外资企业的有关规定

根据1996年11月30日《关于为外资企业提供补充鼓励和优惠措施》的总统令，符合如下标准的重新建立外资企业应在乌司法部登记注册：①企业注册资金不少于15万美元；②企业合伙人中必须有一名外国法人；③外资比重不应少于企业注册资金的30%。若重新建立外资企业不符合上述标准，则应在企业所在市和区政府进行登记注册。企业注册登记费用应为最低工资额的5倍，外资企业注册登记费为500美元。企业若在注册部门注册登记，注册登记费用由乌内阁确定。

注册时，企业需按要求提交由2006年5月24日第357号总统令确定的申请表格及一系列文件，具体包括企业成立文件，银行完税支付账单，企业名称中央储备库中可以检索到该企业名称的唯一用户名和密码，两份企业公章样本，经过乌领事部门公证过的关于企业成立方经营活动的文件（若没有该文件，则需到外企来源国外交部或该国驻乌外交机构做公证，并到乌外交部领事司办理公证事宜）。企业成立文件应包括法人名称、所在地、法人信息，向贷款机构提交关于证明每个企业股东缴纳各自30%股份的文件。外资企业登记注册后，企业在银行开立账户需要提交关于开立何种账户的申请、企业注册登记证明复印件、企业负责人和会计的签字样本以及两份圆形公章印鉴、企业成立文件复印件，外企还需提交成立文件公证件四类文件。根据2006年5月24日《关于企业注册登记》的总统令，企业注册登记证明应在企业提交注册登记申请及相关文件后两个工作日内予以发放。

在乌兹别克斯坦，外国投资企业可注册的企业形式丰富多样，包含股份公司、有限或补充责任公司、无限或合伙公司、单一制企业、私营企业、农场、法人形式的农户、生产合作社以及其他商业单位。根据乌兹别克斯坦相关法律规定，外资企业依法可以在乌兹别克斯坦境内设立下属公司，有法人权利的分支机构，不具法人权利的代表机构和其他一些独立分部，也可以在乌兹别克斯坦境外设立分支机构、代表机构及其他一些独立分部。外资企业还可以在自愿基础上在乌兹别克斯坦境内建立经济集团、康采恩、财团及其他联合体。①

外国公司可在乌设立代表处，企业代表处的注册登记由乌对外经济联络、投资与贸易部负责（以下称注册机构）。外国公司代表处的注册按照2000年10月23日内阁令的相关规定执行。除国外航空公司代表处，其余外企代表处均不是法人代表，不从事商业活动。外国航空公司代表处为常设机构。有意向设立代表处的外国公司需向注册机构提交申请。若部分上述文件根据外企来源国法律无法提供，则需出示来源国关于确认该企业在乌成立外企的文件。上述文件均需乌俄两种文字公证件，若文件中已有许可字样，则不需认证。

②注册外资企业的程序

第一，在司法部办理登记注册。办理登记注册手续之前，外国投资者首先应在乌兹别克斯坦银行开设乌兹别克斯坦货币（苏姆）和外汇账户，并至少在银行账户上存入10万美元，银行据此给外国投资者开具开户证明。外国投资者凭借银行开具的银行账户开户证明或海关出具的相关投资物资证明，可以到司法部办理有关外资企业登记注册手续。在司法部进行登记注册时外国投资者需要提交包括注册申请书、创办文件、创办方大会协议、银行证明、

---

① 参见占茂华编著：《走向法治的乌兹别克斯坦》，法律出版社2017年版，第290页。

资信证明等在内的六项文件。登记注册费用包括相当于乌兹别克斯坦最低工资的 5 倍（用苏姆支付）注册费及 500 美元的其他费用。如果外国企业在乌兹别克斯坦注册的是独资企业，外国投资者则应缴纳 2000 美元的注册费。第二，进行税务登记。外资企业进行税务登记的机关是乌兹别克斯坦税务局。税务登记时需要提交企业的创立文件、司法部开具的证明、由经济部和统计委员会开具的其他证明三类文件。第三，到统计部门进行登记。第四，到外经贸部进行登记。

除此之外，外国公司在乌注册外资企业时应当提供的材料包括：（a）外国投资者名称全称；（b）外国投资者所在国家的名称；（c）外国投资者最初的注册日期；（d）外国投资者最近登记注册的日期、地点和注册号；（e）外国投资者的所有制形式，说明其是私有制、国有制还是股份制；（f）外国投资者的法定地址；（g）外国投资者的资本规模；（h）外国投资者的开户行；（i）外国投资者的主要营业地址；（j）外国投资者的联系方式，包括外国投资者的电话、传真、电子邮箱和网址等；（k）外国投资者的机构设置；（l）外国投资者的驻国外代表处（相关国家和地区的名称及代表处的数量）；（m）外国投资者的隶属单位，主要是指其母公司、主要股东及其简要介绍材料；（n）外国投资者领导的姓名、职务及简历及员工人数；（o）外国投资者的主要业务范围、经营的主要国家和地区、生产的产品目录及售后服务情况、近年经营销售情况、产品销售种类、产品出口所占的比重；（p）外国投资者自身的发展概况及其他情况介绍，主要包括外国投资者的主要发展阶段、商标及所具有的先进技术、现有生产机构及不动产状况、与各大公司间的关系等。①

（2）设立外资企业的风险及其应对

在乌兹别克斯坦投资设立外资企业面临多方面的风险。从投资环境来看，尽管乌兹别克斯坦近年来在经济改革和开放方面取得了一定进展，但政治风险仍然较高。乌兹别克斯坦总统权力较大，政治斗争可能对议会制度产生一定影响，党派、民族和宗教势力之间的斗争仍然存在，局部地区恐怖主义活动虽有所遏制但仍时有发生。法律体系方面，乌兹别克斯坦的法律体系仍在不断完善中，部分法律法规的透明度和可操作性有待提高，法律执行过程中存在官员腐败和权力寻租现象。基础设施方面，乌兹别克斯坦的交通、通信和互联网基础设施相对落后，部分地区交通不便，物流成本较高，公共服务环境也有待改善。此外，国际经济形势的变化使乌兹别克斯坦的投资环境面

---

① 参见中国商务部欧洲司综合处：《乌兹别克斯坦主要经贸法律法规》，载《俄罗斯中亚东欧市场》2007 年第 8 期。

临不确定性，对外资企业的管控在某些时期可能会加强。中国对乌投资政策也存在一些不足，如政府服务职能有待进一步完善、缺乏专门针对乌兹别克斯坦的财政政策、风险防范机制不够健全等。中国企业在乌的贸易式投资模式也不够合理，面临嵌入当地产业体系不深、利用当地资源能力不足、市场竞争优势减弱等问题。

针对这些风险，中国政府层面可以采取多种措施。例如，为重要投资项目提供资金支持，鼓励投资带动的进出口贸易，提升新疆在对乌投资和贸易中的地位，加强金融机构对企业的支持，鼓励企业利用境外金融资源，保证人民币回流通畅，构建风险防范机制，加强政策性风险补偿机制建设，加强与乌兹别克斯坦在投资保护和地区安全方面的合作等。企业层面也应积极应对，包括做好投资前的环境调研和风险评估，确定合适的产业和区位选择，丰富和创新投资模式，将援助项目与商业项目相结合，提高企业本土化程度并处理好与当地的关系等。①

2012 年，中国人民银行会同财政部、商务部、海关总署、国家税务总局和原银监会等有关部门联合发布了《关于出口货物贸易人民币结算企业管理有关问题的通知》，该通知中明确规定，具有进出口经营资格的企业可按照《跨境贸易人民币结算试点管理办法》，开展出口货物贸易人民币结算业务，将人民币跨境结算推广至所有进出口企业。这一规定将改变企业长期以来使用美元结算的传统形态，促使人民币在乌兹别克斯坦旅行购物、对外援助、涉外采购的使用，减少中方客商及出口企业的汇率风险损失。②

近年来，中乌经济合作不断深化，人民币在乌兹别克斯坦的使用范围和接受度也在逐步提高。2018 年，乌兹别克斯坦央行宣布将人民币纳入其外汇储备货币，并允许在中乌双边贸易中使用人民币进行结算。这一举措进一步推动了人民币在乌兹别克斯坦的使用，为中乌贸易和投资提供了更加稳定和便利的金融支持。

2023 年，中乌两国签署了《关于进一步深化全面战略伙伴关系的联合声明》，其中强调了加强金融合作的重要性，包括推动人民币在双边贸易和投资中的使用。随着中乌两国在“一带一路”倡议下的合作不断深化，人民币在乌兹别克斯坦的使用场景也在不断拓展，涵盖了贸易结算、投资、旅游等多个领域。

---

① 参见李悦、杨殿中：《中国对中亚五国直接投资的现状、存在的问题及对策建议》，载《经济研究参考》2014 年第 21 期。

② 参见中国国际贸易促进委员会法律事务部、中国经济信息社编著：《“一带一路”国别法律研究（第三辑）：乌兹别克斯坦》，新华出版社 2018 年版，第 118 页。

人民币跨境结算的推广，不仅有助于减少中方企业因汇率波动带来的风险损失，还能降低对美元的依赖，增强中乌双边贸易的稳定性。此外，人民币的使用也为乌兹别克斯坦企业提供了更多的融资渠道和投资机会，促进了两国经济的共同发展。

4. 乌兹别克斯坦外汇法律法规

（1）外汇法律制度立法概况

在卡里莫夫总统执政期间，乌兹别克斯坦实行较严格的外汇管制。尽管外资企业可以在当地设立外汇账户，法律规定外汇可自由汇进汇出，但企业利润汇出时需缴10%的所得税。乌兹别克斯坦政府维持“强行结汇”制度，即对入账的外汇仅允许50%提现，另50%必须卖给国家（换成苏姆），且不得随意提取。外国人出境时携带外汇数额不能超过其入境时申报的数额，否则，一经查出，全部没收。外国人入境时，若携带美元数超过5000，则除填报关单外，还需单独填报海关工作人员提供的单据。2012年5月1日起，乌兹别克斯坦中央银行出台新规，要求乌兹别克斯坦各家商业银行一律停止个人提取外汇汇款业务，银行需将外汇汇款按照央行汇率兑换成苏姆后发放给收款人；自境外返乌的本国公民须在入境时将所携带的外币按央行汇率兑换成苏姆。

2016年乌兹别克斯坦新总统米尔济约耶夫上任。外汇管理方面，米尔济约耶夫2017年9月签署了《乌货币政策自由化首要实施细则》总统令，自2017年9月5日起，乌兹别克斯坦全境内将取消外汇兑换管制政策，所有法人和自然人均可自由兑换外币。但外汇兑换比价等具体细节尚未明确。根据该总统令，如果用于支付国际商业行为（包括商品和服务进口费用、跨国劳务、利润返还、贷款偿还、差旅费支出及其他非贸易性质兑换），乌境内所有法人均可在被授权商业银行自由兑换外币，且不受数额限制。乌兹别克斯坦境内所有自然人均可在官方认可的外币兑换网点或被授权商业银行换汇办公室按照有关规定自由兑换外币，需将上述兑换的外币存入具有国际支付功能的银行卡，然后才可在国外不受任何限制地使用。对于未注册法人的个体经营者，在支付国际商品贸易货款时，适用针对自然人的有关规定。

根据乌兹别克斯坦《外汇监管法》的相关规定，外汇交易的主体主要分为居民和非居民。从企业商事交易角度看，居民包括注册在乌兹别克斯坦的法律实体，其他商事机构则为非居民，而居民仅能在经乌兹别克斯坦中央银行批准后开立离岸账户。原则上，除法律规定的偿还外币贷款、外汇存款、开立外币保函、跨境代理、证券交易、保险业务等，在乌兹别克斯坦境内发生的支付行为不得使用外币而仅允许使用法定货币——乌兹别克斯坦苏姆，且应当通过乌兹别克斯坦央行批准的商业银行从事外币业务。《外汇监管法》和《投资和投资活动法》规定，在妥善履行税务等其他财产性债务后，外国投资人有权将经营所得自由兑换为外币并汇出乌兹别克斯坦，但是乌兹别克斯坦央行等主管机关有权在外商投资公司出现破产、刑事案件或未履行完毕的裁决或判决时，暂停办理投资汇返等业务。[①]

（2）外汇法律制度法律风险

①乌兹别克斯坦外资企业外汇风险

乌兹别克斯坦外汇结售汇制度的实行，使得外资企业调汇困难。近几年虽有所改善，但在购汇及汇出方面仍存在一定的困难。根据乌兹别克斯坦法律的规定，2020 年 9 月 1 日起，居民和非居民个人携带超过等值 7000 万苏姆（约合 5550 美元）现钞出入境须向海关申报。居民个人购汇提取现钞在 100 美元及以下，无须提供个人身份证明。个人资金存入外币账户不受限制，并可转账到个人海外账户，每次转账金额不超过等值 1 亿苏姆（约合 7915 美元）。非居民工资中的外汇部分可以直接支付到其国外的账户上，工资转账须向银行提交证明文件。外汇兑换的自由度仍有待提高。

乌兹别克斯坦的贸易主要使用美元进行计价，苏姆（乌兹别克斯坦货币）对美元的汇率是该国的基准汇率。自 2021 年 2 月 15 日起，乌兹别克斯坦中央银行会根据前一天的货币交易加权平均汇率来确定苏姆对美元的官方汇率，这个汇率的有效期为一天。苏姆对其他货币的汇率，则是根据路孚特系统或彭博在每日下午 3 时公布的美元对其他货币的平均汇率，通过交叉汇率计算得出。对于中资企业而言，这就造成了货币兑换带来的交易成本风险增加。米尔济约耶夫的这一新政给乌兹别克斯坦带来一定冲击，使苏姆大幅贬值，人民币与美元、苏姆与美元、人民币与苏姆之间的汇率处于不断变化之中，增加了因货币兑换造成损失的可能性。乌兹别克斯坦企业在和中方企业的交易中看好人民币结算，并希望借此规避汇率波动带来的风险，但是因为企业资质及其他条件不成熟而被迫放弃。

②外资企业外汇风险防范建议

对中资企业来说，防范乌兹别克斯坦外汇风险的最重要的措施就是完善双方的货币互换机制。[②] 具体而言可以采取以下措施：其一，中国人民银行、外汇管理局等，应采取措施，促进和鼓励商业银行开展边贸本币结算的积极

① 参见田文静等：《“带路”俄语国家法律 ABC——乌兹别克斯坦篇》，载贸法通，https://www.ctils.com/articles/1304，2025 年 3 月 11 日访问。

② 参见中国国际贸易促进委员会法律事务部、中国经济信息社编著：《“一带一路”国别法律研究（第三辑）：乌兹别克斯坦》，新华出版社 2018 年版，第 134 页。

性。促进商业银行开展边贸本币结算，引导新疆地区商业银行加挂货币比价并自主确定汇率。其二，建立本外币交易和调剂市场，正确引导和规范民间外汇资金流动，并将其纳入监管范畴。① 其三，加强人民币在乌兹别克斯坦的流动性，保障人民币回流国内的渠道畅通。一方面允许乌兹别克斯坦的企业和个人在我国境内的银行直接开立人民币账户，直接存取人民币，也可接受境外人民币汇款，从而使人民币通过银行渠道回流国内；另一方面鼓励商业银行在考虑资金安全的基础上，尝试对乌兹别克斯坦境内部分规模较大和信誉良好的贸易机构提供一定数量的人民币商业贷款，鼓励其在边贸结算业务中使用人民币。

5. 乌兹别克斯坦土地法律法规

乌兹别克斯坦土地使用的主管部门是地质部门。根据乌兹别克斯坦《关于授予地下资源使用权的条件和程序》的总统令，无论是国内投资者还是外国投资者使用乌兹别克斯坦土地，都需要申请办理土地使用许可。按照乌兹别克斯坦 282 号内阁令，土地使用许可由地质部门组成委员会进行审查，由内阁批准。取得土地使用许可后，用地单位应与土地所有者签订合同，并向当地政府申请批准。当地政府以决议方式进行批准，双方按要求签署文件，支付费用即可。按照乌兹别克斯坦 736 号内阁令，使用合同签署后，用地单位应到地质部门办理土地使用注册手续；即任何人使用乌兹别克斯坦土地，都需要申请办理土地使用许可，该许可由地质部门组成委员会进行审查，由内阁批准。在取得许可后，还需要履行签署合同、支付费用、办理土地使用注册等手续。

在土地征用方面，按照用地时间的长短，征地方式分为临时征地和永久征地。临时征地期限最长为 3 年，实际操作中多为 1 年，到期后可办理延期。外国投资者可通过与土地所有者签署合同的方式获取土地使用权，使用土地的法人组织必须按照合同约定向土地所有者支付相应费用。永久征地的用地时间为 3—10 年，10 年后如需继续使用，办理延期的方法与临时征地相同。不过，使用土地的法人组织除了要按合同支付费用外，还需按照内阁令规定向税务部门纳税，并且要到有关国家机关进行登记注册，以确保永久征地的合法性和规范性。但是在办理征地过程中，经常发生土地补偿费用之外的费用。同时，为了保障本国农业和林业的稳定发展，维护国家土地资源安全，乌兹别克斯坦明确禁止外资获得农业耕地和林地的所有权和承包经营权。

---

① 参见玉素甫·阿布来提：《人民币与中亚五国对外贸易中计价结算问题的研究》，载《俄罗斯研究》2008 年第 1 期。

除此之外，外国投资者也应当注意乌兹别克斯坦土地使用过程中存在的土壤次生盐渍化普遍、过度放牧严重、土壤侵蚀突出等问题，并予以事前应对。

6. 乌兹别克斯坦贸易法律法规

（1）贸易主管部门及贸易法规体系

乌兹别克斯坦对外经济联系、投资及贸易部（简称乌兹别克斯坦外经贸部），是该国贸易主管部门。其职能广泛，主要包括制定国家对外经济活动战略建议并参与政策发展战略的制定；代表乌兹别克斯坦与外国、国际经济组织、金融机构及其他国际法主体开展合作；分析研究外国政治经济状况、经济发展纲要、可靠性及业务信誉度等；制定吸引外资政策，保障国家对外经济安全和经济利益；为签订国际协定准备专业建议并参与谈判；协调国外援助事务；领导和协调驻外使馆经商机构活动。此外，该部门下属四大进出口公司，专营棉花、机械设备等进出口业务。

乌兹别克斯坦构建了较为完善的贸易法规体系，主要包含《对外经济活动法》《出口监督法》《保护措施、反倾销及补偿关税法》以及《海关法》等。这些法规从不同方面规范贸易行为，在保障贸易公平、促进贸易发展等方面发挥着重要作用，为贸易活动的有序开展提供坚实的法律基础。

（2）贸易管理的相关规定

①进口关税

1998 年生效的乌兹别克斯坦《关税税率法》规定，乌兹别克斯坦采取从价关税、从量关税、复合关税 3 种税率。2018 年 6 月，乌兹别克斯坦总统米尔济约耶夫签署《关于进一步整顿对外经济活动和改善乌关税制度的措施》，对《关税税率法》进行补充，取消过去给予的大范围进口关税优惠，鼓励吸引外资，在国内创造有竞争力的生产环境，鼓励高附加值产品出口。在现行税率中进口关税税率分 5 级：0、5%、10%、20%和 30%。①

按照世贸组织的分级标准，乌税率制度可归入“开放”类。乌兹别克斯坦《关税税率法》规定，对与乌兹别克斯坦签订最惠国待遇协定的国家的进口商品关税税率的最高水平由法律确定，对未与乌兹别克斯坦签订该协定的国家进口商品或无原产地证明的进口商品，进口关税税率增加一倍。乌兹别克斯坦共与 45 个国家签订了最惠国待遇协定。乌兹别克斯坦与白俄罗斯、格鲁吉亚、哈萨克斯坦、吉尔吉斯斯坦、摩尔多瓦、俄罗斯、土库曼斯坦（按

① 参见《乌兹别克斯坦的贸易法律制度》，载西北政法大学中国——中亚法律查明与研究中心，https：//www. nwupl. edu. cn/wgfczx/zefl/116256. htm，2025 年 3 月 10 日访问。

照双边协议相互商定清单的商品）、乌克兰、塔吉克斯坦、阿塞拜疆均签订了《关于设立自由贸易区的协议》，对产于这些国家的进口商品不征收进口关税。此外，乌兹别克斯坦不采用世贸组织运用的特惠税率体制。

②禁止进口

1997 年 10 月 10 日第 УП-1871 号总统令第 5 号附件规定了禁止进口的商品清单。其中有印刷品、手稿、印版、图画、照片、胶卷、底片、电影、电视及音频产品、录音唱片、声音材料，旨用于：①破坏国家及社会秩序；②破坏国家领土完整、政治独立及国家主权；③宣传战争、恐怖主义、暴力；④民族特殊性；⑤宗教仇根、种族主义及其各种变体（反犹太主义、法西斯主义），还包括含有色情内容的材料。1998 年 5 月 15 日乌兹别克斯坦第 213 号内阁决议禁止乙醇进口或过境。[①]

此外，乌兹别克斯坦政府会根据本国经济发展形势和需要颁发政府令，禁止进口个别商品。例如，2020 年 4 月乌政府颁发命令，决定自 2020 年 5 月 1 日起至 12 月 31 日禁止进口白水泥和其他硅酸盐水泥，主要原因是受疫情影响，内需萎缩，为保护本国水泥行业，临时禁止水泥进口。因国内企业反对，5 月下旬乌政府又宣布恢复水泥产品进口。2017 年以来，乌兹别克斯坦国际收支进一步恶化，为减少进口节约外汇资源，乌兹别克斯坦总统要求对本国可以生产的产品、材料等不允许进口，如出现进口已实现本土化生产的产品和材料的行为，将严肃问责，问题严重的就地免职。

③进口配额

乌兹别克斯坦不采用进口配额，但按照《蒙特利尔破坏臭氧层物质议定书》，2005—2030 年期间破坏臭氧层物质进入乌需要配额。同时，根据《对外经济活动法》，乌兹别克斯坦内阁可对个别种类进出口商品确定数量限制（配额）。配额通过招标方式进行分配，个别种类商品进出口应获得许可证及配额。许可证及配额分配程序由内阁确定。

④出口许可制度

根据乌兹别克斯坦总统令，商品（工程及服务）出口许可制自 1997 年 11 月 1 日起废止，特殊商品（军备及军事技术、生产武器装备的专门配套制品；贵重金属、合金及其制品、矿石、精矿、贵重金属废料及副产品、天然宝石及其制品、天然宝石副产品及粉末、珍珠及其制品、琥珀及其制品；铀及其他放射性物质、铀及其他放射性物质制品、放射性物质副产品；放射性物质

---

① 参见中国国际贸易促进委员会法律事务部、中国经济信息社编著：《“一带一路”国别法律研究（第三辑）：乌兹别克斯坦》，新华出版社 2018 年版，第 43 页。

使用仪器及设备）除外。上述商品的出口合同须先在乌兹别克斯坦投资和外贸部登记。乌兹别克斯坦内阁 1998 年 3 月 31 日第 137 号决议列出了特殊商品（工程及服务）清单，所列商品须具有乌兹别克斯坦主管机关发放的许可才可实施进出口。

⑤禁止出口制度

乌兹别克斯坦总统 1997 年 10 月 10 日批准禁止出口清单，后进行了数次修改。2017 年 1 月，乌兹别克斯坦总统签署命令，取消了部分谷物、肉类、奶制品、糖、植物油、皮革和丝绸原料等在内的一些产品的出口禁令。根据该命令，乌将可以出口谷物产品、面粉和面制品、牛肉和鸡肉、肉奶制品、糖、植物油、皮革、毛皮（包括卡拉库里羔皮）、羊毛、古董家具、有色金属、蚕茧和丝绸、丝绸原料、塑料包装。2018 年 10 月 30 日，乌兹别克斯坦总统签署《关于进一步促进贸易自由化和发展竞争商品市场的措施》总统令，决定自 2019 年 1 月 1 日起取消猪肉、家禽、其他肉类和食物副产品、猪油和家禽油脂、植物油、糖、面包产品、钨矿石和丝绸废料的出口限制。[①]

（3）进出口商品检验检疫制度

①主管部门

根据乌兹别克斯坦《产品及服务品质检验法》，乌标准化、计量及认证署（以下简称乌标准化署）是国家标准化、计量和认证管理机关，实施国家产品抽查和质量检验制度，实施认证制度，推行管理体系认证。代表国家参加相应的国际组织。乌兹别克斯坦强制检验商品清单包含 61 个大类商品，主要为民生产品，如肉、鱼、蔬菜等。

2021 年 6 月 2 日，乌兹别克斯坦总统签署命令，在标准化署基础上成立技术监督署，隶属于投资和外贸部。

②基本要求

在签订向乌兹别克斯坦提供被列入强制检验的商品合同中，应具备证明该产品符合乌政府公布或承认的条件的产品品质合格证及合格标志。乌兹别克斯坦承认的其他国家的品质合格证及合格标志由申请人（供货人）随同货物海关报关单一同提交给海关查验机关，并成为该产品获准进入乌境内的必需单证。

在入境产品没有证明其安全性单证的情况下海关查验机关将该情况通报乌标准化署，并禁止该产品入境，直到该产品依据国家品质检验制度进行品

---

① 参见《乌兹别克斯坦的贸易法律制度》，载西北政法大学中国——中亚法律查明与研究中心，https：//www. nwupl. edu. cn/wgfczx/zefl/116256. htm，2025 年 3 月 10 日访问。

质检验或国外品质证书得到承认为止。

根据乌兹别克斯坦内阁决议，对货值超过 1 万美元的下列商品：肉及肉类副产品、奶制品、油料籽及果实、含酒精及不含酒精饮料、烟草制品、部分设备及机械装置、电机及设备在实施强制卸货前检验的条件下予以办理海关手续，除非法律另有规定。卸货前检验不适用于下列情况：第一，合同总值不超过 1 万美元的商品供货；第二，按照乌投资与外贸部发放的许可证实施的特殊商品的进口货物。为加强在植物检疫领域的工作，根据乌总统米尔济约耶夫 2017 年 8 月 30 日签署的总统令，在内阁成立乌国家植物检验检疫局，该机构是负责制定、执行和协调植物检疫措施，以及在生产、采购、运输、存储、加工、销售和使用过程监督植物检疫标准执行的国家机关；主要任务是防止有害生物进入乌境内并扩散，同时为乌产植物和水果出口创造有利条件。目前，进口至乌的外国植物商品需获得该部门或其所属机构颁发的检疫许可。

（4）海关管理规章制度和经济特区法规

乌兹别克斯坦海关管理方面的法律法规主要包括：《海关法》《国家海关服务法》《关于加入〈简化和统一海关程序国际公约〉法案》《对外经济活动法》等法律法规。依据乌兹别克斯坦《关税法》第 24—31 章规定，乌兹别克斯坦原产地规则整体符合世界贸易组织关于原产地的规定。根据《海关关税法》第 12 章规定，海关货值用于对从价关税税率、海关手续费和消费税进行综合计价及外贸统计。根据规定，在向海关部门申请办理海关手续时，须提交必要的认证证书、发票、合同及货物报关单。

乌兹别克斯坦于 2019 年 12 月通过了《经济特区法》，并于 2020 年 5 月生效。该法共 11 章、48 条，包括了该法的立法目的、构成与基本概念，组织经济特区的运作和发展方面的国家规定，经济特区类型及其组织措施等内容。根据该法律，特殊经济区指的是具有明确边界和特殊法律制度、为吸引本国和外国投资、高科技和管理经验从而加快相应地区经济社会发展专门划拨的区域。乌特殊经济区的类型包括 5 种：自由经济区、特殊科技区、旅游休闲区、自由贸易区和特别工业区。特殊经济区内可设置专门的海关、税收、公民出入境和居留制度、实行特殊劳动关系。

乌兹别克斯坦关于经济特区的法规和命令还有：《自由经济区法》《总统关于建立纳沃伊自由工业经济特区的命令》《纳沃伊自由工业经济特区地位法》《总统关于建立吉扎克工业特区的命令》《总统关于建立安格连工业特区的命令》《关于采取补充措施扩大自由经济区活动的总统令》《关于在布哈拉州吉日杜万、撒马尔罕州乌尔古特、费尔干纳州浩罕和花剌子模州哈扎拉普斯建立经济特区的总统令》《关于建立锡尔河自由经济区的总统令》等。①

7. 乌兹别克斯坦保障措施、反倾销及补偿关税法

乌兹别克斯坦将贸易救济制度中的“两反一保”放到了一部法中，即《乌兹别克斯坦保障措施、反倾销及补偿关税法》，该法共4部分、30条。保障措施方面，该法律规定当进口产品数量的急剧增长而给本国产业造成严重损害或严重损害威胁时，可采取临时性的紧急救济措施，即保障措施。保障措施的发起、适用以及终结与《关税与贸易总协定》第19条和世界贸易组织（World Trade Organization，WTO）《保障措施协定》一致。反倾销方面，倾销的认定包括倾销价格、倾销对产业的损害或损害威胁以及因果关系。在确定倾销价格时，以产品出口价与正常价值的差额而定。正常价值的确定方法分为出口国国内市场价格、对第三国出口价格和结构价格，反倾销程序包括初裁与终裁两个阶段。其规定与《关税与贸易总协定》第6条和WTO《反倾销协定》一致。反补贴方面，规定较为简单，该法禁止出口补贴，并以列举的方式规范了被禁止的财政资助。其规定与《关税与贸易总协定》第6条和第16条以及《补贴与反补贴措施协定》一致。②

该法从立法技术角度来看较为简单，将WTO所授权成员方面临他方的不当贸易措施而采取的贸易救济措施，即“两反一保”以及调查程序放在同一部立法中进行规范，并且几乎所有法条照搬自WTO相关规定。

（九）国际条约法

1. 乌兹别克斯坦国际条约法主要内容

乌兹别克斯坦《国际条约法》内容全面且系统，涵盖多个关键方面，对该国国际条约事务进行了细致规范。该法全文共6章、56条，包括总则，国际条约的缔结程序，国际条约的发布、登记和保存，国际条约的执行，国际条约的失效、中止或终止以及国际条约的解释、新旧条约冲突解决条款、条约的保留在内的最后条款。

根据该法规定，宪法的效力高于国际条约，国际条约的效力高于法律、行政法规，对于与国际条约不相符的行政法规由内阁负责删除或修改。国内法与国际条约关系适用二元论，国际条约的适用分为直接适用与转化制，在投资等商事领域国际条约优先，对于本国国内法尚未规定的事项，直接适用条约。外交部负责国际条约的缔结、解释以及监督执行。除外交部之外，总

① 参见马凌、薛小花编：《乌兹别克斯坦共和国法律法规选编》，法律出版社2023年版，第59—60页。

② 参见马凌、薛小花编：《乌兹别克斯坦共和国法律法规选编》，法律出版社2023年版，第127页。

统与相关行政部门亦有权缔结条约。

在国际条约的缔结程序方面，规定国家拥有缔结国际条约的权利，具体分为国家间条约、政府间协定和部门间协议三种形式。从对国际条约草案的专家研究倡议提案开始，历经解释性说明、专家研究、法律审查等多个环节，各环节分工明确，涉及多个国家机构的协同合作。之后，依据不同情况作出谈判和签署决定，并明确了同意接受国际条约约束的多种表示方式，以及不同类型国际条约的批准、生效、保留、修正、延长等相关规定。

国际条约的发布、登记和保存也有详细规定。国际条约生效后需在国家立法数据库等官方来源发布，外交部或相关国家机构负责在国际组织进行登记工作。乌兹别克斯坦设有国际条约国家登记册，由外交部管辖，负责条约的登记、核算和保存，同时明确了不同类型条约原件和副本的保存及送交要求，以及在特定条件下外交部和相关国家机构履行保存人职能的规定。

在国际条约的执行上，乌兹别克斯坦强调依据国际法准则严格执行国际条约。总统、内阁、主管国家机构等各自承担相应职责，共同确保国际条约的执行，包括制定执行法律、监督执行情况、协调多机构职权范围内的条约执行事务等。此外，还规定了适用国际条约的程序、监督执行情况的具体措施以及针对其他参与者违反条约时应采取的措施。

关于国际条约的失效、中止或终止，乌兹别克斯坦国际条约法依据国际法准则判定条约无效情况。同时明确了条约中止、终止、退出或撤销的多种情形，以及新旧条约冲突的解决方式。不同类型条约的相关决定由相应机构作出，并规定了这些情况产生的后果以及正式声明的公布方式。

《乌兹别克斯坦国际条约法》较为完整，体例基本参照《维也纳条约法公约》。首先，条约用语明确，明晰了签约主体以及签约各环节中涉及的法律行为，为日后权利义务的确定作出规范。根据该法规定，乌国确认的国际条约包含国家间、政府间以及政府部门间三类条约。其次，该法对加入条约的前期论证有诸多规定，包括提案、说明以及专家论证。其他有关签订程序以及条约的保留、推出等规定与《维也纳条约法公约》基本一致。整体来说，该法中规中矩，与国际通行做法一致。

2. 中乌之间经贸方面协定

中国是乌兹别克斯坦的第一大贸易国、第一大债权国，双方在经贸方面有诸多合作，并且在此方面也签订了若干协定，包括《关于鼓励和相互保护投资协定》（1992 年）、《关于促进和保护投资的协定》（2011 年修订）、《关于对所得避免双重征税和防止偷漏税的协定》（1996 年）、《关于修订 1996 年 7 月 3 日签订的〈中华人民共和国政府和乌兹别克斯坦政府关于对所得避免双重征税和防止偷漏税的协定〉的议定书》(2011 年)、《经济贸易协定》(1992 年)、《关于建立中乌政府间经贸合作委员会的协定》(1992 年)、《关于扩大经贸、投资和金融合作的备忘录》(2004 年)、《政府间非资源和高科技领域合作规划》(2010 年)、《关于成立中乌政府间合作委员会的协定》(2011 年)、《中国商务部与乌兹别克斯坦外经贸部关于投资合作的谅解备忘录》(2016 年)、《中国商务部与乌兹别克斯坦外经贸部关于大宗商品贸易合作的谅解备忘录》(2016 年)、《中国商务部与乌兹别克斯坦国家投资委员会关于加强基础设施建设合作的谅解备忘录》(2017 年)、《中国商务部与乌兹别克斯坦对外贸易部关于促进中小企业合作的谅解备忘录》(2017 年)、《中国商务部与乌兹别克斯坦投资和外贸部关于电子商务合作的谅解备忘录》(2019 年)、《中国商务部与乌兹别克斯坦投资和外贸部关于建立投资合作工作组的谅解备忘录》(2019 年)等。[①]

(十) 乌兹别克斯坦的司法机构和争议解决制度

1. 乌兹别克斯坦司法机构

乌兹别克斯坦的司法机构由法院和检察院组成，在国家的法治体系中扮演着关键角色。宪法规定，各级法院和检察机关只服从宪法和法律，独立行使职责，不受其他任何人干扰。司法检察人员不能参加政党活动，不能从事经营活动，不得担任其他有酬职务。

(1) 法院系统

从法院的构成来看，依据《宪法》第 107 条的规定，乌兹别克斯坦完整的司法体系由宪法法院、最高法院、最高经济法院、卡拉卡尔帕克斯坦共和国最高法院和经济法院以及州、市、区法院和经济法院，以及跨区民事法院、军事法院共同组成。法院的组织与程序由法律调整，禁止成立特别法庭。

法官的选任层面，宪法法院法官需从政治学和法学领域的专家中选举产生。宪法法院院长、副院长和法官，最高法院院长和法官，最高经济法院院长和法官，均由总统提名并经议会通过产生。卡拉卡尔帕克斯坦共和国最高法院院长和法官、最高经济法院院长和法官，由该共和国最高人民代表会议选举产生。而各州、区和市法院院长和法官、经济法院院长和法官，则由相应的人民代表会议选举产生。州、区、市的法院和经济法院均任期 5 年。

法院的职能层面，宪法法院作为维护宪法的最高司法机关，主要负责审议立法权、行政权的命令是否合法，确定各类法律、法令、总统令、政府及

---

① 参见马凌、薛小花编:《乌兹别克斯坦共和国法律法规选编》, 法律出版社 2023 年版，第 2 页。

地方国家机关的决议，以及乌兹别克斯坦签订的条约义务等是否符合共和国宪法，同时对卡拉卡尔帕克斯坦共和国宪法和法律与乌兹别克斯坦宪法和法律的一致性进行审查并作出结论，还能对乌兹别克斯坦宪法和法律的准则进行权威解释。宪法法院只服从共和国宪法，其活动和组织程序受法律约束，判决为终审裁定，不得上诉。最高法院在国家民事、刑事和行政诉讼程序领域处于最高司法权力地位，其判决在乌兹别克斯坦境内必须执行，并且有权对卡拉卡尔帕克斯坦共和国最高法院、各州和塔什干市法院、各区和市法院的司法活动开展必要的司法监督。最高经济法院和地方经济法院则在各自职权范围内，对各种所有制形式的企业、组织、机构之间在经济活动以及经济管理过程中产生的经济纠纷进行审理和裁定。

此外，司法机关的决定对所有国家机关、社会团体、企业、机构、组织、公职人员和公民都具有约束力。各级法院坚持公开审理案件的原则，法官独立活动，仅服从法律，禁止任何对法官审判活动的干涉，违反者将被追究责任，其中宪法法院法官还享有不可侵犯权。

2025 年 3 月，乌兹别克斯坦总统米尔济约耶夫主持召开国家司法系统现代化会议，会议聚焦数字化、司法透明度等议题。2024 年乌兹别克斯坦法院审理超 300 万起案件，在已有 14 项司法服务电子化的基础上，总统强调要进一步推进司法系统数字化转型。乌兹别克斯坦将采取一系列创新举措，如引入法院判决结果预测系统、开发诉讼费用计算器、推出虚拟法律顾问、引入在线监控与缴纳法院罚款系统等，还计划全面取消纸质文件流转，设立信息技术中心，建立法院与企业的电子数据交换系统。乌兹别克斯坦总统米尔济约耶夫要求扩大司法系统数字化程度，实现执法机构与法院信息数据库互联，并定期提交多领域实际问题分析报告。①

（2）检察机关

乌兹别克斯坦检察机关系统由国家最高检察院、卡拉卡尔帕克斯坦共和国检察院、各州和塔什干市检察院、各区和市检察院组成，还包括国家军事检察院和国家交通检察院。国家总检察长由总统提名经议会批准产生，卡拉卡尔帕克斯坦共和国检察长由该共和国最高代表会议与总检察长协商任命，各州和塔什干市检察长、区和市检察长由总检察长任命；总检察长、卡拉卡尔帕克斯坦共和国检察长、各州和塔什干市检察长、各区和市检察长均任期 5 年。各级检察官在任职期间中止参加各政党和社会团体的活动。

---

① 参见韩蓓编译：《乌兹别克斯坦法院将引进人工智能系统》，https：//mp. weixin. qq. com/s/ESl05YqYwYgi-EVBovZqEQ，2025 年 3 月 10 日访问。

《宪法》第 118—121 条的规定，乌兹别克斯坦检察机关行使其职权独立于任何国家机关、社会团体和公职人员，仅仅服从法律。检察机关代表国家利益，依法定程序履行职责。总检察长对整个检察机关系统实行统一集中的领导，总检察长及其所属地方检察长负责对国家境内的法律执行情况进行全面检查监督。检察机关在维护法制、保护公民的权利和自由方面拥有完全独立的地位，其活动不受任何国家机关、社会团体和政府公职人员的支配，致力于确保法律在全国范围内准确且统一地执行。此外，乌兹别克斯坦禁止在境内成立独立行使侦查、调查和其他特有的反犯罪职能的私立和合作组织、社会团体及其分支机构等，以保障检察机关在法律监督方面的权威性和唯一性。

2. 乌兹别克斯坦争议解决制度

根据乌兹别克斯坦《外国投资法》《外国投资者权益保障及保护措施法》规定，在乌兹别克斯坦投资和经营引起的纠纷，先由双方协商解决，若协商未果，可提交乌经济法院解决，法院可依据乌兹别克斯坦参加的国际协定或协议规定的程序和原则仲裁解决。协议双方也可根据约定，选择和确定商务或投资合作纠纷的仲裁诉讼国家。企业在申请仲裁与在乌兹别克斯坦投资项目无关的纠纷时，也可依据乌兹别克斯坦法律法规，但双方已约定采用其他程序或依据国际规范解决的除外。

乌兹别克斯坦在 1996 年 2 月被批准成为《纽约公约》成员国，并在同年 5 月生效。乌兹别克斯坦对于《纽约公约》未声明任何保留条款。乌兹别克斯坦已签署一系列有关投资保护和仲裁的国际协议，包括华盛顿国际投资争议协调中心规则等，投资和贸易纠纷也可通过巴黎国际仲裁法院、斯德哥尔摩国际仲裁法院、Ad hoc 仲裁等国际仲裁解决。

在诉讼方面，遵循司法机构独立原则的前提下，不同类型的案件由对应的法院予以处理，外国人在民事诉讼中与乌兹别克斯坦公民地位对等。以仲裁方式解决投资争端，需以订立仲裁条款或仲裁协议为前提，仲裁条款或协议中应当选择明确的仲裁机构和应当使用的实体法。我国和乌兹别克斯坦同为《关于承认及执行外国仲裁裁决公约》的成员国，1997 年双方签署《中华人民共和国和乌兹别克斯坦关于民事和刑事司法协助的条约》，缔约双方应在各自境内承认该条约生效后在缔约另一方境内作出的法院的民事裁决，以及法院对刑事案件中有关损害赔偿作出的裁决和仲裁裁决。同时，我国与乌兹别克斯坦同为国际投资争端解决中心（ICSID）的缔约国，在投资过程中遇到的争端，可以通过提交国际投资争端解决中心（ICSID）仲裁裁决。

乌兹别克斯坦目前是 WTO 观察员，在 WTO 中的权利义务具有一定限制。

我国投资者与作为非 WTO 成员的乌兹别克斯坦之间的投资争端难以通过 WTO 的争端解决机制得到解决。但是，乌兹别克斯坦已经加入了上海合作组织、中西亚经济合作组织、中亚合作组织、欧亚经济共同体等区域性贸易组织，我国和乌兹别克斯坦之间发生的投资和贸易争端，也可以通过共同的国际组织协商解决。

中亚地区法律环境复杂，外贸法律法规变动频繁，法律实施环境不稳定，常以总统令、内阁文件等处理具体问题。因此，我国投资者在乌投资时，不应将东道国当地救济作为优先的争端解决方式，以期避免陷入被动。在民商事纠纷解决中，通过诉讼解决存在法律规定模糊、司法程序不公、执法和司法程序烦琐缓慢、判决执行难等问题；非诉讼方式从实际效果来看更适合处理中乌之间的民商事争议，其中仲裁和调解备受肯定。对于中乌之间的混合争议，即外国投资者与东道国政府间的投资争端，通过乌兹别克斯坦国内司法途径解决存在程序不透明、执法和司法不公等诸多问题，可以利用商事仲裁机构这一解决国际投资争端的新趋势予以应对。

阿米尔·帖木儿广场和乌兹别克斯坦酒店

独立广场（穆斯塔基利克广场）

第三章　乌兹别克斯坦营商环境评估概况

一、企业准入

乌兹别克斯坦的公司形式有股份公司、有限或补充责任公司、无限或合伙公司、单一制企业、私营企业、生产合作社、农场、法人形式的农户以及其他商业单位。股份公司是指规模一般较大、股东人数相对较多且不受限制，后期上市、股权还可以在二级金融市场上市交易变现的公司。有限或补充责任公司由一人或多人设立，股东人数受限，参与公司的股东以认缴的出资额为限，按比例承担与公司活动有关的盈利和亏损。乌兹别克斯坦对股份公司或有限责任公司在某些行业中的股份比例仍有限制，如外资在金融、保险类公司中的股份比例不得超出50%；在传媒领域合资企业的外资比例不得超出15%。乌兹别克斯坦可以注册无限或合伙公司，即共同出资、共同经营、共同收益和共担风险并对企业的债务承担无限连带责任的公司形式，乌兹别克斯坦法律法规对这一形式的公司无其他特殊的注册。对于注册私营企业、生产合作社、农场、法人形式的农户及其他商业单位等形式的商业主体，乌兹别克斯坦公司法没有过多的注册限制。

（一）监管框架

乌兹别克斯坦独立之后，为了促进包括中小企业在内的各类企业的发展，进一步推进经济改革，自20世纪90年代开始先后制定和颁布了一系列较为完备的企业法律法规。这些法律法规主要有《企业法》《所有制法》《商业公司和合伙企业法》《租让法》《合作社法》《非国有化和私有化法》《私营企业法》《家庭企业法》《合资股票公司和股东权利保护法》《有限责任公司和补充责任公司法》《对外经济活动法》《经济特区法》《投资和投资活动法》《企业经营主体国家注册、办理登记及办理许可文件程序条例》《关于鼓励和刺激私有企业家经营活动法》《私有企业家经营活动条例》《关于畜牧业进一步私有化和扶持私有企业家活动的决议》《关于加快国有企业股份化和完善有价证券市场的法令》《关于把国有企业改造成为开放型股份公司组织措施的决议》

《关于建立扶持私有企业和企业基金会的法令》《关于建立私有企业和小企业保险机构的法令》《关于实施破产法的决议》《关于对外经济活动进一步自由化的法令》《关于建立外国投资办事机构的法令》《保障经营自由法》《企业、公司及组织纳税法》《企业、联合公司和团体纳税法》等。

《有限责任公司和补充责任公司法》规定了有限责任公司和补充责任公司的设立、运营、管理等各方面规范，如有限责任公司或补充责任公司（以下简称公司）自其按照法律规定的方式在国家注册之时起即取得法人资格。公司有权以创始人的身份或以其他方式缴纳其他法人的注册资本，按照法律规定的方式创设代表机构和分支机构。公司的设立没有时间限制，除非其章程另有规定。公司有权拥有一个圆形印章，上面用国家语言印有公司全称并注明公司所在地，其中公司名称也可由公司选择采用其他语言。公司有权拥有印有自己公司名称、自己徽章的邮票和信笺，以及按规定方式注册的商标和采取其他有关民事周转、商品、工程和服务的参与者的个性化手段。公司拥有独立的财产，记录在其独立的资产负债表上，公司可以以自己的名义获得权利，承担义务，成为法庭上的原告和被告。公司可以开展法律不禁止的任何类型的活动。某些类型的活动的清单由法律确定，只有在有许可证的情况下才能进行。公司以其所有的财产承担责任，公司对自己的股东的债务承担责任，公司因股东的过失而破产时，如果公司的财产不足，该股东可以被委托对其义务承担补充责任。国家及其机构不对社会的义务负责，正如社会不对国家及其机构的义务负责一样。① 公司必须有一个完整的名称，并有权拥有一个用官方语言表述的公司名称缩写。公司自由选择的其他语言也须如此。有限责任公司的完整公司名称必须包含公司的全称和“有限责任”字样，公司名称缩写必须包含其全称或缩写和“有限责任”字样或缩写“MCHJ”。补充责任公司的完整公司名称必须包含公司全称和“补充责任”字样，公司名称缩写必须包含其全称或缩写和“补充责任”字样或缩写“QMJ”。公司名称不得包含反映其组织形式和法律形式的其他术语和缩写，包括借用外国语言的术语和缩写，法律另有规定的除外。外国参与设立的公司，其公司名称中可以注明其创始人的国籍。公司所在地即为国家注册的所在地，公司的章程可以确定公司所在地是其理事机构的永久所在地或者公司活动的主要地点。公司必须有与之通信的邮政地址，并必须将其变更情况通知对法人进行国家登记的机构。②

---

① 参见《有限责任公司和补充责任公司法》第5条。

② 参见《有限责任公司和补充责任公司法》第6条。

公司成员为法人和个人。法律可以禁止或限制某些类别的个人参与公司，国家权力和行政机构不能作为公司的股东，除非法律另有规定。公司可以由一人创建并成为公司唯一的股东，该公司随后可以成为有一个股东的公司；公司不能由另一个由一人组成的公司作为其唯一的股东，但其唯一的参与者是由一名股东组成的股份制公司的情况除外。公司成员人数不得超过 50 人。[①]

《私营企业法》明确私营企业的创立、经营、重组和清算等相关事宜，保障私营企业合法权益，规范其经营活动。例如，私营企业是由所有者创建的，所有者赋予企业适当的财产并批准其章程。私营企业的创建期限不受限，除非其章程另有规定。[②] 私营企业有权设立其他法律实体，以创办人的身份或者以其他方式参与其他法律实体的法定基金；有权按照法律规定的方式设立代表机构和分支机构。[③] 私营企业自其在国家登记之时起即取得法律实体地位，私营企业的国家登记按法律规定的方式进行。[④] 私营企业的注册资本不可分割且由所有者自行决定。对私营企业注册资本的出资可以是货币、证券、其他财产或财产权以及其他具有货币价值的可转让权利。企业所有人独立评估其向私营企业注册资本出资的财产。如果在形成私营企业注册资本时所有者将属于其家庭成员共同（共享或共有）的财产转让给企业，则须获得该财产共同所有人的公证同意。[⑤]

《对外经济活动法》确立了对外经济活动的基本原则、主体、管理等内容，是开展对外贸易、投资等经济活动的重要法律依据，旨在保障各类对外经济活动参与者的权益，推动乌兹别克斯坦经济融入世界经济体系。

一切对外经济活动的主体不论何种所有制形式和类型都有平等进行对外经济活动的权利，对外经济活动每个主体都可以在现行法律框架内独立决定参与对外经济关系的类型、形式和方向。根据既定程序，在合同或其他有偿或无偿的基础上，可以酌情吸收其从事对外经济活动所必需的法人和个人。根据乌兹别克斯坦法律，每个对外经济活动主体都有权拥有、使用和处置包括外币收入在内的对外经济活动成果，该所有权、使用权和处置权可以按照法律规定的方式转让或者委托给其他法人和个人，当事人在特定的权利转让中的关系由其以合同（协议）为基础进行规范[⑥]。

---

① 参见《有限责任公司和补充责任公司法》第 7 条。

② 参见《私营企业法》第 8 条。

③ 参见《私营企业法》第 9 条。

④ 参见《私营企业法》第 11 条。

⑤ 参见《私营企业法》第 12 条。

⑥ 参见《对外经济活动法》第 8 条。

对外经济活动主体必须履行以下义务：①遵守乌兹别克斯坦境内现行的立法和其他规范以及公认的规范及规则；②按照规定方式注册为对外经济关系的参与者并提交会计和统计报告；③就在国际合作框架内开展的工程、调查和项目是否符合卫生、环境和其他要求接受专家意见。

批准核发从事某些类型的对外经济活动的许可证名单由乌兹别克斯坦总统领导的内阁部长确定。[①]

《经济特区法》涵盖了经济特区的类型、投资项目要求、管理机构、优惠政策等，旨在规范经济特区的运行和发展，为吸引外资、促进经济发展提供特殊的制度安排。

投资申请由投资者向经济特区理事会提交，由乌兹别克斯坦内阁批准投资申请表。投资申请书后附有如下内容：①法人的章程副本和法人的国家登记证书（投资者为法人）；②身份证副本（投资者为个人）；③投资项目经营计划或者可行性研究报告；④投资协议草案。

投资申请应注明分配给该法人的纳税人识别号。对于外国法人，应根据有关外国的立法注明类似的纳税人识别号。

外国法人应提交该法第 26 条第 2 款第 2 项规定的合法文件，证明其是符合外国立法的法人并附有经公证的本国语言和英文译本。

在下列情况下不需要外国法人按规定提交合法化文件：①对第 26 条第 2 款第 2 项规定的文件作了增补；②乌兹别克斯坦的国际条约规定，由缔约方境内的机构或特别授权人员在其职权范围内按规定格式制作或核证的文件在其他缔约方境内均可被接受，且无须任何特别核证。[②]

《投资和投资活动法》内容上为吸引海外投资作出了全面的法律保障。全文包括 12 章、69 条，涉及与投资活动有关的方方面面，该法规范投资领域的关系以及外国和国内投资者进行的投资活动，除与集中投资有关的法律关系和特许经营活动领域的法律关系，生产分享协议签订、执行和终止，投资共同基金和风险基金，资本市场管理（包括证券交易），公私伙伴关系和经济特区等之外的投资活动皆为该法的调整对象。投资者、投资形式以及投资类型广泛，既包括直接投资，也包括间接投资；既包括政府投资，也包括私人投资；既可用货币、实物投资，也可用知识产权、权益等无形物投资；既包括外商投资，也包括本国商业投资。

该法的天平明显偏向海外投资者，体现在对海外投资者的权益保障、投

---

① 参见《对外经济活动法》第 9 条。

② 参见《经济特区法》第 26 条。

资便利化以及投资政策倾斜等方面。在投资者权益保护方面，为对抗对投资者不利的立法变更，该法规定，如果乌兹别克斯坦随后的立法使投资条件恶化，则投资之日生效的立法适用于投资之日起10年内的投资者，投资者有权酌情适用新立法中改善其投资条件的规定。另外，该法授权设立“保护企业家权利专员”，专门负责帮助投资者及投资企业与中央或地方政府机构沟通，为投资者提供法律、政策咨询等方面的帮助，维护其合法权益。在投资便利化方面，给予投资者及投资企业外汇自由且保证投资和其他资产不受国有化限制。设立“一个窗口”减轻行政程序负累、提高办事效率。在投资政策方面对外商有诸多倾斜，包括给予投资者税收抵免，享受投资补贴（如提供工程或通信条件等），发放投资签证，允许投资者在乌兹别克斯坦就业，投资者及家人与本国国民平等享受医疗、教育等服务，提供针对政治风险的投资保险等。在投资争端解决方面，先由合作方协商解决，若解决未果可提交乌兹别克斯坦经济法院裁决，法院可依据乌兹别克斯坦参加的国际协定或协议规定的程序和原则仲裁解决，也可以根据乌兹别克斯坦与他国签订的双边或多边投资协定中约定的投资争端解决条款申请国际仲裁。

虽然从文本上来看乌兹别克斯坦投资相关立法技术含量高、覆盖面广，但是由于乌兹别克斯坦法律朝令夕改、人治色彩严重且各地执法者对法律理解不同，优惠政策很难落地，加之工业配套基础设施建设落后，且有些地方政府为完成招商引资任务随意开空头支票，导致项目启动后多数难以落地，投资者往往因此遭受巨大的经济损失。

乌兹别克斯坦与世界193个国家和地区建立了贸易关系，给予包括中国在内的45个国家最惠国待遇，乌兹别克斯坦与白俄罗斯、格鲁吉亚、哈萨克斯坦、吉尔吉斯斯坦、摩尔多瓦、俄罗斯、土库曼斯坦、乌克兰、塔吉克斯坦、阿塞拜疆签订了《关于设立自由贸易区的协议》，对来自这些国家的商品不征收进口关税。2019年之前，乌兹别克斯坦三大主要贸易伙伴分别是中国、俄罗斯和哈萨克斯坦，中国主要对乌兹别克斯坦出口机电产品和化工产品，从乌兹别克斯坦进口天然气、服务、黑色和有色金属、食品、面纱等。乌兹别克斯坦将贸易救济制度中的“两反一保”放到了一部法律中，即《保障措施、反倾销及补偿关税法》。该法共4部分、30条，该法与世界贸易组织相关立法接轨，旨在规范进口商品的保障措施、反倾销税和反补贴税相关关系，明确调查程序、适用条件等，维护国内市场的公平竞争环境。乌兹别克斯坦目前是世界贸易组织的观察员之一，尚未正式加入，但其立法与世界贸易组织的现行相关立法一致，负责调查的主管机关为内阁。贸易救济分为实体与程序两部分，在保障措施方面，该法律规定，当进口产品数量急剧增长给本国产业造成严重损害或严重损害威胁时，可采取临时性的紧急救济措施。

除上述企业法律法规之外，乌兹别克斯坦还发布了涉及企业活动的总统令，主要有《关于进一步深化经济改革、保障私有制和发展企业经营活动总统令》（1994 年 1 月 21 日）、《关于鼓励发展私有企业经营活动》（1995 年 1 月 5 日）、《关于对出口产品生产企业提供补充鼓励措施》（1996 年 3 月 20 日）、《关于进一步放宽和完善对外经济活动的措施》（1996 年 3 月 20 日）、《给予外商投资企业优惠及鼓励的总统令》（1996 年 11 月 30 日）、《关于对 1996 年 11 月 30 日〈给予外商投资企业优惠及鼓励的总统令〉的部分更改的总统令》（1998 年 3 月）、《关于鼓励吸引私人外商直接投资的补充措施的总统令》（2005 年 4 月 11 日）和《关于支持和发展经营活动的措施》（2009 年 5 月 15 日）等。①

在外资准入政策上，乌兹别克斯坦长期重视吸引外国直接投资，以促进经济可持续增长和现代化。《外国投资法》构建开放自由的外国直接投资框架，给予外国投资者国民待遇，保障其资金自由汇回、货币交易自由、法律关系稳定等权益。不过，在一些特定行业存在投资限制，如航空、铁路、国家输电网、国内天然气输气管网等由乌兹别克斯坦国有企业垄断，不对外资开放；电力、石油、天然气领域上游发电和油气开采对外资开放，但能源及重点矿产品（如铀）开发等领域有股权限制，外资所占股份一般不超过 50%。在农业领域，不允许外资获得农业耕地所有权，但可以获得经营耕种权，政府鼓励外资进入农业全产业链，以引进先进技术和管理理念；林业领域不允许外资获得林地所有权，但可获得承包经营权。

在税收优惠政策上，对于符合条件的投资项目给予税收优惠。对投资鼓励类行业，如无线电电子、电脑配件、轻工业等，给予免除法人利润税、财产税、社会基础设施营建税、共和国道路基金强制扣款及小微企业统一税等优惠政策。

在企业注册政策上，简化企业注册流程，企业注册可以由乌兹别克斯坦司法部、卡拉卡尔帕克斯坦自治共和国司法部、各州司法局、区（市）政府所属国家服务中心受理，可选择线上（登录乌兹别克斯坦公共服务统一门户网站）或线下方式办理。

综上，乌兹别克斯坦自 20 世纪 90 年代起制定了一系列企业法律法规，构建了较为完备的监管框架。这些法律为企业设立、运营、管理及对外经济活动提供了全面规范，明确了企业的权利与义务，保障了市场的公平竞争环

---

① 参见郭学兰：《中亚五国企业法律概论》，知识产权出版社 2013 年版，第 141—155 页。

境。乌兹别克斯坦的企业准入监管体系在独立后经历了系统性构建与不断完善的过程，其核心目标是通过明确的法律框架和政策导向，促进各类企业的发展，同时保障国家经济安全和市场秩序。乌兹别克斯坦的企业形式丰富多样，涵盖了股份公司、有限或补充责任公司、无限或合伙公司、单一制企业、私营企业、生产合作社、农场、法人形式的农户以及其他商业单位等多种类型，每种形式都有其独特的法律特征和准入要求。股份公司通常规模较大，股东人数较多且不受限制，股权可以在二级金融市场交易变现，适合大规模融资和公众投资。然而，乌兹别克斯坦对某些行业的股份公司或有限责任形式的公司设置了外资持股比例限制，例如，在金融、保险类公司中，外资股份比例不得超过50%，在传媒领域合资企业中，外资比例不得超过15%。这种限制旨在保护国家关键经济领域的自主性和稳定性，防止外资过度控制可能影响国家经济安全的行业。有限或补充责任公司则由一人或多人设立，股东人数受限，股东以认缴出资额为限承担有限责任，按比例分享盈利与亏损。这种公司形式适合中小规模的商业活动，能够有效降低股东的个人风险，同时保持企业的灵活性和运营效率。乌兹别克斯坦的法律法规对这种公司形式的设立、运营和管理进行了详细规范，确保其在法律框架内合法经营。无限或合伙公司则要求合伙人共同出资、经营、收益和风险共担，并对企业债务承担无限连带责任。这种公司形式在乌兹别克斯坦没有特殊法律要求，适合小型企业和专业服务领域，能够充分发挥合伙人的积极性和专业能力，但也要求合伙人对企业的债务承担较高的个人责任。对于私营企业、生产合作社、农场、法人形式的农户及其他商业单位等形式的商业主体，乌兹别克斯坦公司法未设置过多注册限制，体现了对中小企业和个体经济的鼓励和支持。这些企业形式通常具有较强的灵活性和适应性，能够满足不同经济主体的需求，促进经济多元化发展。

（二）公共服务的可获得性

1. 信息透明度

在当今全球化经济格局下，乌兹别克斯坦积极营造优良营商环境，其在公共服务可获得性方面，尤其是信息透明度领域的举措成效显著。《投资和投资活动法》明确规定信息透明度原则，未正式公布的法规不具备法律效力，不得作为管理投资关系的依据，也不能对投资活动主体因未遵守此类法规实施制裁。[①] 这确保了投资者能依据明确、公开的规则开展经营活动，避免因不

① 参见《投资和投资活动法》第20条。

明确的法律规定而产生的潜在风险。政府和地方政府机构有义务通过媒体，包括在官方网站上公布参与投资活动及相关决定的信息，向个人和法人实体开放，保障其便捷获取投资活动领域相关信息。此规定不仅提升了政府工作透明度，还为投资者提供了充分了解政策走向和投资环境的渠道，增强了投资者信心，为企业开展投资活动提供了坚实的政策信息基础。

在投资项目信息公开方面，乌兹别克斯坦在经济特区相关法律框架下严格要求信息披露。经济特区的设立、投资项目申请审议流程及结果等信息均须按规定公开。例如，某经济特区会在特区管理部门网站或指定媒体发布土地使用规划、招商项目产业类型、预期投资回报率、环保要求等详细信息。这些丰富的信息为投资者提供了全面评估投资项目的依据，帮助他们筛选合适项目并进行申请，大大提高了投资决策的科学性和效率。这种公开透明的信息发布机制，使投资者能够及时了解特区投资机会，减少信息不对称带来的决策失误，促进了经济特区的投资活跃度。

企业注册信息公示是乌兹别克斯坦提升营商环境信息透明度的又一重要举措。企业注册完成后，相关信息会在政府指定的企业登记数据库或官方网站公示，涵盖企业名称、注册地址、经营范围、注册资本、股东信息等。[①] 这一公示制度增强了市场透明度，合作伙伴及社会公众可便捷查询企业基本情况，有助于建立公平竞争的市场环境、降低交易风险、促进企业间的信任与合作。企业无须再花费大量时间和精力去调查合作方背景，提高了市场交易效率，也为企业融入市场、开展业务创造了有利条件。

此外，乌兹别克斯坦政府还致力于税务信息公开。通过官方网站、税务服务大厅等渠道，详细公布税收政策、税率、税收优惠条件等信息，企业能够清晰了解纳税义务和可享受的优惠政策，避免因税务信息不明产生的纳税纠纷和额外成本。政府还提供在线税务咨询服务，及时解答企业疑问，帮助企业准确履行纳税义务。

在公共服务事项办理流程方面，乌兹别克斯坦同样注重信息透明。无论是企业开办、许可证申请，还是不动产登记等事项，政府部门都会在官方网站和办事大厅公布详细的办理流程、所需材料、办理时限等信息。一些地区还推出了线上预约办理服务，企业可提前预约办理时间，减少等待时间，提高办事效率。政府部门还建立了服务评价机制，企业可对办理服务进行评价反馈，促使政府部门不断改进服务质量。

乌兹别克斯坦在营商环境建设中，通过多维度的信息公开举措，极大地

① 参见《有限责任公司和补充责任公司法》第5—8条、第10—17条。

提升了公共服务的可获得性，为国内外投资者提供了公平、透明、高效的投资和经营环境，有力推动本国经济的发展与国际经济合作。

2. 可获得程度

在全球经济一体化进程中，乌兹别克斯坦凭借其积极的改革举措与开放政策，在营商环境建设方面成绩斐然，尤其是在公共服务可获得程度上的提升，为国内外投资者创造了有利条件。

乌兹别克斯坦投资和外贸部等关键机构，在投资促进服务方面发挥着核心作用。它们深知投资者在决策前对信息全面性和准确性的需求，因此通过多渠道为潜在投资者提供全方位咨询服务。设立专门的投资咨询热线，让投资者能随时拨通电话，直接与专业人员沟通，迅速解答心中疑惑。在线咨询平台，如官方网站的投资咨询板块，打破了时间和空间限制，投资者无论身处何地，都能在网页上提交问题，并及时得到回复。投资和外贸部还积极举办投资推介会，每年举办的国际投资论坛成为投资者了解乌兹别克斯坦市场的重要窗口。在论坛上，专家会对各行业的市场潜力、发展趋势进行深入分析，政府官员也会详细解读最新投资政策，投资者能与各方进行面对面交流，获取一手信息，为投资决策提供有力支撑。

在企业注册服务方面，乌兹别克斯坦有着明确且规范的程序。《有限责任公司和补充责任公司法》及相关实施细则，详细规定了注册所需的文件材料、办理步骤和时间节点，让企业注册有法可依、有章可循。各地的司法局、国家服务中心等注册受理机构，承担着服务申请人的重要职责。这些机构配备了专业工作人员，他们熟悉注册流程和相关法规，能够为申请人提供专业指导。无论是现场指导，还是通过电子邮件、即时通讯工具等方式进行线上指导，工作人员都会耐心解答申请人的问题，帮助其准备齐全文件，确保注册申请顺利进行。以有限责任公司注册为例，申请人在准备公司章程、发起人协议等文件时，若遇到语言、格式等问题，工作人员会给予详细说明和建议，大大提高了注册效率。在资料准备齐全的情况下，注册一家公司大约仅需 3 至 5 个工作日。

乌兹别克斯坦建立的公共服务统一门户网站，是其提升公共服务可获得程度的重要创新举措。该平台整合了企业注册、税务登记、许可证申请等多项政务服务功能，构建了一个便捷的线上办事大厅。投资者无须再在各个政府部门之间奔波，只需登录平台，就能在线提交申请材料，系统会自动将材料传输至相关部门进行审核。投资者还能随时查询办理进度，了解自己的申请处于哪个环节，预计还需多长时间完成审批。审批结果也会通过平台及时通知投资者，整个办事过程公开透明、高效便捷。例如，在申请商业许可证时，投资者在平台上提交申请后，可实时跟踪审批进度，避免了因信息不畅通导致的长时间等待，大大节省了时间和精力成本。

为进一步优化营商环境，乌兹别克斯坦还注重提升公共服务的精准度和个性化。针对不同行业、不同规模的企业，提供差异化服务。对于高新技术企业，政府会提供技术支持、人才招聘等方面的服务；对于中小企业，会在融资、市场拓展等方面给予更多帮助。在知识产权保护方面，政府也加强了信息公开和服务力度，通过官方网站发布知识产权法律法规、申请流程等信息，并设立专门的咨询窗口，为企业提供知识产权保护咨询和维权服务。

乌兹别克斯坦在营商环境建设中，通过不断完善投资促进服务、企业注册服务，以及构建高效的在线政务服务平台等举措，极大地提高了公共服务的可获得程度，为投资者提供了便捷、高效、优质的服务，使其在国际投资市场中更具吸引力，也为自身经济的持续发展注入了强大动力。

3. 企业开办效率

在乌兹别克斯坦开展商业活动，企业开办效率亦是投资者关注的重要因素，这涉及时间、成本、特殊审核等多个关键层面。

在乌兹别克斯坦注册公司，若选择有限责任公司这一常见形式，常规注册流程通常需要 8—12 周。其中，准备和提交注册文件阶段耗时相对较长，这主要是因为需要准备一系列复杂的文件。例如，公司发起人需拟定公司名称，且为提高名称预留成功率，可提供 5 个拟议名称备选方案。同时，要准备公司章程、发起人协议、委托授权书等文件，这些文件还须翻译成乌兹别克语或俄语并进行公证认证；外国法人还须提供母公司商业登记摘要、注册证副本等文件的公证件。而注册审批阶段相对较快，提交申请后，注册过程一般不超过 1 个小时，当天便可获得公司注册证书。当所有资料准备齐全并提交至乌兹别克斯坦司法部、各州司法局或区政府所属的国家服务中心后，若审核通过，就能快速进入下一环节，大大缩短了等待时间。例如，一家中国企业计划在乌兹别克斯坦设立有限责任公司，在提前充分准备文件的情况下，从提交申请到领取公司注册证书仅用了 1 周时间，后续完成银行开户、税务登记等流程，整体在 3 个月内完成了公司开办，这在一定程度上体现了其注册审批阶段的高效性。

然而，在一些特殊情况下，例如，外资企业注册资金不少于 15 万美元、外资比重不低于 30%，则必须到乌兹别克斯坦司法部登记注册，这可能会略微延长注册时间。因为司法部的审核流程相对更为严格和细致，需要对企业的资质、资金来源等多方面进行深入审查，以确保企业符合相关规定和要求，保障市场的稳定和公平竞争。

在乌兹别克斯坦注册公司，须缴纳一定的注册费用。外资企业一般为500美元，具体费用会根据公司类型和注册地点有所不同。此外，若通过代理机构办理注册，还须支付一定的服务费用，费用范围大致在1000—3000美元不等，具体取决于代理机构的服务内容和服务质量。

公司注册完成后，还会涉及一些持续的运营成本。如每年须支付年度税费，企业所得税率根据实体类型而异，商业银行、水泥和聚乙烯颗粒生产商以及移动运营商的企业所得税率为20%，其他法人实体的企业所得税率为15%；股息和利息所得税方面，居民为5%，非居民为10%；增值税税率为15%等。同时，还须支付银行账户管理费等费用。① 这些费用虽然分散在日常运营中，但也构成了企业开办后的重要成本支出，需要企业提前作好预算和规划。

企业开办的效率除了受到时间和成本的影响之外，在企业注册过程中，相关部门会对提交的文件进行严格审核，包括公司章程是否符合法律规定，是否明确了股东的权利和义务、公司的经营范围、决策机制等关键内容；发起人协议是否清晰界定了各方的责任和权益；委托授权书的格式和内容是否规范，授权范围是否明确等。外国法人提供的母公司商业登记摘要、注册证副本等文件的公证件，也会被仔细核实其真实性和合法性。任何文件的瑕疵或不符合要求之处，都可能导致审核不通过，需要企业重新修改和提交，从而延长注册时间。

此外，对于外资企业，会对其投资资格进行审核。比如，合资公司的创始人中至少必须有一名是外国法人或个人，且持有该合资有限责任公司至少15%的授权资本股份。若企业不满足这些条件，将无法完成注册。此外，还会对企业的行业准入资格进行审查，某些特殊行业，如能源、金融等，可能需要额外的许可证和审批，以确保企业具备相应的专业能力和资源，符合行业规范和国家政策要求。例如，一家外国企业计划在乌兹别克斯坦投资设立一家金融公司，除了完成常规的公司注册流程，还需要向当地金融监管部门申请金融业务许可证，经过多轮严格的资格审查和评估，才最终获得批准，整个过程耗时较长。②

---

① 参见乌兹别克斯坦内阁于2021年9月22日颁布的第595号决议《关于进一步改进纳税人注册及简化增值税退税流程的措施》。

② 参见乌兹别克斯坦内阁于2017年2月9日颁布的附录第1号，编号66号《关于商业实体国家注册程序的规定》。

二、经营场所的获得

在经营场所的获取上，以监管框架为制度根基、公共服务为执行载体、效率为实践结果，三者交织形成复杂的政策生态系统。在监管框架层面，《土地法典》与《外国投资法》构建了“国家所有、使用权流转”的双层结构，明确土地租赁与外资准入的法定边界，但立法中模糊条款（如《土地法典》第48条对边境区域的笼统限制）为地方裁量权留下空间，导致法律确定性与灵活性失衡。公共服务体系通过“电子政府”改革（如 my. gov. uz 平台）推动流程线上化，试图以技术手段压缩行政自由裁量，但《信息公开法》的执行薄弱使部分关键数据仍处于“半透明”状态，削弱了企业预判能力。效率维度则暴露出制度理想与现实的落差：尽管《公共服务标准法》将建筑许可审批时限压缩至20个工作日，但跨部门协同不足与隐性成本（如非正式支付）使实际耗时翻倍，而经济特区的“立法试验”（如安格连工业园的一站式审批）虽局部提升效率，却加剧了普通法与特别法的体系冲突。这一矛盾格局折射出转型经济体的典型困境——顶层设计的现代化愿景与地方治理的传统惯性间的张力，亟须通过法律执行机制的精细化与公共服务能力的系统性升级实现突破。

（一）监管框架

乌兹别克斯坦近年来通过修订《土地法典》《城市建设法典》及《环境保护法》，逐步简化企业获取经营场所的程序，但仍保留对土地所有权和战略行业的严格管控。在分析其营商环境时须重点关注租赁限制、环境合规及地方规划要求。其监管框架体现了从“管控型”向“服务型”转型的趋势，但执行层面仍存在地方官僚主义，存在延迟风险。接下来拟从以下几方面分析其经营场所的监管框架。

在不动产产权转让方面，乌兹别克斯坦实行土地国家所有制，企业和个人仅能通过使用权（长期或短期）获得土地及不动产。土地是国家财富，受国家法律保护和管理。土地分为农业用地、工业用地、林地、建设用地、水资源地等，土地用途记载在土地地籍文件中，使用者应按照法律规定的程序和条件获得和使用。法人实体可以拥有土地的所有权、长期使用权和租赁权。自然人可以拥有土地的租赁权和所有权。土地可以通过线上拍卖、划拨、租赁取得。2021年11月实施的第728号《非农业用地的土地私有化法》规定了非农业用地私有化的程序。国家根据合法性、自愿性、补偿性、土地和其上不动产统一性以及公开透明性原则，将公共土地转为乌兹别克斯坦法人和自然人所有。《宪法》第55条规定，土地及其自然资源为国家所有，使用权可通过法定程序转让。根据《土地法典》(2020年修订) 第45条，土地使用权可通过买卖、租赁或赠与方式转让，但须经国家土地资源委员会(State Committee on Land Resources) 批准并登记。①

根据《经济特区法》第7条的规定，在特殊情况下可为医药和农业方向的经济特区提供仅可用来种植的农业用地。农产品和药用植物之用具有不同功能和专业化部门的经济特区，可由乌兹别克斯坦总统另行决定提供农业用地。

由经济特区管理局管辖经济特区区域的土地，可根据经济特区行政理事会的决定提供给经济特区参与者使用，但工业特区区域除外，以便为按照投资协议实施投资项目提供地块，提供地块的决定由经济特区行政理事会议书正式确定。

同时，发展本国的对外经济关系是乌兹别克斯坦国家独立的一项保证，也是使其经济保持稳定的一个重要因素。为了吸引外资和开展对外经济合作，乌兹别克斯坦制定并颁布了一系列相关的对外经济活动法律和法规。这些法律和法规主要有:《关于吸引和保护外国投资者措施的法令》《外国投资与外国投资活动保障法》《租赁法》《关于完善外国投资企业建立的法令》《自由经济区法》《关于鼓励建立外国投资企业及活动补充措施的法令》《关于为外国投资企业提供额外刺激因素和经济优惠的法令》《关于刺激生产出口产品的外国企业的补充措施的决议》《外国投资法》《保障和保护外国投资者权利措施法》等。根据这些法律和法规，外国法人可以用各种财产、资金和知识产权进行投资。投资的方式也有多种多样，如可以与乌兹别克斯坦法人合办企业、股份公司、银行和保险公司等，也可以购置财产和股票。其中，购置财产包括土地租赁、获得自然资源开发使用权或所有权的购置等。外国投资者可通过租赁方式获得土地，最长租赁期可达50年。②

2022年，乌兹别克斯坦通过的《城市建设法典》规定了城市规划的框架。根据该法典第23条，所有城市建设活动须符合“综合城市发展计划”(Comprehensive Urban Development Plan)，由地方政府制定并经内阁批准。③企业须向地方建筑与城市规划部门申请“建筑许可”(Construction Permit)，提交项目设计文件及环境影响评估报告。④

① 参见《土地法典》第45条。

② 参见《外国投资法》第12条。

③ 参见《城市建设法典》第23条。

④ 参见《城市建设法典》第31条。

根据《环境保护法》（2021 年修订）第 16 条，企业须在项目启动前完成环境影响评估（EIA），并向国家生态与环境保护委员会（State Committee on Ecology and Environmental Protection）申请环境许可。[①] 2021 年《关于批准环境许可程序条例的决议》明确要求工业、能源及采矿项目必须通过 EIA，许可有效期最长为 5 年。

乌兹别克斯坦的国家土地资源委员会负责监督土地使用合规性。《土地法典》第 67 条规定，土地使用者须定期提交土地利用报告，违规行为（如用途变更未获批）可导致使用权收回或罚款。[②] 2023 年通过的《关于优化土地管理的总统令》强化了对农业用地转为工业用地的审查程序。

涉及不动产购买与租赁限制时，外国企业不得直接购买土地，但可通过合资企业或全资子公司租赁土地。[③] 根据 2023 年《关于吸引外资的补充措施决议》，工业园区的租赁限制有所放宽，即允许外国投资者租赁期限延长至 50 年，且可续期。但边境区域和战略性地块（如水资源丰富区）的租赁须内阁特别批准（《土地法典》第 48 条）。

对于建筑项目的监管审核，乌兹别克斯坦所有建筑项目都必须符合国家建筑标准（UzStroyNorms），包括抗震等级（乌兹别克斯坦为 8 级地震区）、消防安全及无障碍设计。企业须提交建筑设计方案至地方建筑监督局（Construction Supervision Agency），审核通过后方可施工。违规施工可被责令停工并处以项目造价 5%的罚款。[④]

在环境许可监督方面，国家生态与环境保护委员会通过定期检查（每年至少一次）和突击抽查监督企业合规情况。《环境保护法》第 25 条规定，未取得环境许可或违反许可条件的企业将面临最高 5000 倍基准计算单位（约合 1.2 万美元）的罚款，并可能被吊销许可。2022 年通过的《关于强化环境执法措施的法令》也赋予了环保部门对重大污染项目实施强制关停的权利。

（二）公共服务

乌兹别克斯坦通过《电子政府法》《信息公开法》等构建了公共服务透明化框架，线上平台（如 my. gov. uz）显著提升了服务可及性。然而，线下服务的官僚主义惯性、地方数据更新滞后及隐性腐败仍构成主要障碍。根据世界银行数据显示，2023 年乌兹别克斯坦在“营商便利度”排名中位列第 76

---

① 参见《环境保护法》第 16 条。
② 参见《土地法典》第 67、72 条。
③ 参见《外国投资法》第 12 条。
④ 参见《城市建设法典》第 34、40 条。

位（较2020年上升34位），但“建筑许可”和“不动产登记”两项指标仍低于区域平均水平。未来改革须强化法律执行一致性，并扩大开放数据覆盖范围。

乌兹别克斯坦政府近年来推动“电子政府”（E-Government）改革，通过立法和技术平台提升线上服务效率。根据2020年颁布的《电子政府法》第5条，所有公共服务机构需逐步实现数字化，并确保在线系统的“稳定性、安全性和可访问性”①。企业经营场所相关的关键线上平台包括：

（1）单一互动公共服务中心”（Single Interactive Public Services Portal, my. gov. uz）：该平台整合了土地租赁申请、建筑许可提交、环境评估登记等流程。根据内阁决议，所有地方政府须在2023年前通过该平台提供至少90%的公共服务。

（2）“电子土地登记系统”（E-Land Registry）：由国家土地资源委员会运营，提供土地权属查询、租赁合同备案等功能。且土地交易须在系统中实时登记方具法律效力。②

而乌兹别克斯坦政府线上服务的可靠性要考虑到技术和时效问题。在技术方面，乌兹别克斯坦在线服务系统存在“间歇性访问中断”，尤其在地方层级这个问题更加突出；处理时效方面，尽管《电子政府法》第12条规定线上申请须在15个工作日内处理完毕，但2023年乌兹别克斯坦企业家协会（Chamber of Commerce）调查显示，建筑许可的平均处理时间为28天，部分因系统数据不同步导致延误。③

乌兹别克斯坦为提升线上服务的信息透明度，根据2014年《信息公开法》，政府机构需主动公开公共服务流程、费用标准及法律依据。关键措施包括：

（1）“公共服务标准化目录”（Public Service Standards Catalog）：内阁决议要求各部门在my. gov. uz上公布所有服务的流程图、所需文件和收费标准。例如，土地租赁申请须明确标注“国家土地委员会审批费为合同金额的0.5%”④。

（2）“开放数据门户”（Open Data Portal, data. gov. uz）：公开土地规划图、环境许可数据库等。但根据透明国际（Transparency International）2023年评估，工业用地招标信息的完整度仅为65%，部分关键数据（如竞标方信

---

① 《电子政府法》第5条。

② 参见《土地法典》第45条。

③ 参见《信息公开法》第7条。

④ 《土地法典》第47条。

息）仍缺失。

乌兹别克斯坦透明度方面的挑战主要有两方面：法律条款碎片化，即环境许可流程涉及《环境保护法》《环境影响评估条例》等多部法规，但平台未提供整合指引，企业须自行检索不同法律文件。数据更新滞后，例如，塔什干市建筑规划图在开放数据门户的最新版本仍为2021年更新，导致企业无法获取最新规划限制信息。

与线上服务相对应，线下服务主要由地方政府机构（如地方土地管理局、建筑监督局）提供，其可靠性受行政效率与反腐措施影响：

（1）“公共服务标准法”（Law on Public Service Standards）：2021年修订版第9条规定，线下窗口须在30个工作日内完成建筑许可审批，且不得要求“额外文件”。但实际上乌兹别克斯坦企业平均须与5.3个政府部门线下接触以完成场所设立，耗时42天。

（2）反腐败机制：总统令要求所有线下服务窗口安装摄像头并公示投诉热线，以遏制“非正式支付”。然而，国际共和研究所（IRI）2023年调查显示，仍有18%的企业承认在获取土地租赁批准时支付过贿赂。

对于线下服务的信息透明度，主要依赖于政府间的主动公示与公民查询权：

（1）“公共服务窗口信息公示义务”：根据《信息公开法》第14条，所有线下服务点须在醒目位置张贴服务流程、费用及监督电话。例如，塔什干市建筑监督局大厅公示了《城市建设法典》第31条关于建筑许可的13项审查标准。

（2）“企业咨询中心”（Business Advisory Centers）：由乌兹别克斯坦投资与外贸部（MIT）设立，提供法律解读服务。2023年MIT报告称，该中心全年解答了12340件企业咨询，其中23%涉及不动产获取流程。

线下服务透明度的缺陷主要包括两方面：一方面地方自由裁量权过大，例如，《城市建设法典》第23条要求地方政府制定“综合城市发展计划”，[①] 但费尔干纳州未公开其2023年修订版规划，企业无法预判用地性质变更可能性；另一方面，档案查询存在障碍，尽管《土地法典》规定企业可申请查阅土地档案，但须支付每页0.5美元的费用，且部分偏远地区档案尚未数字化。

① 《城市建设法典》第23条。

（三）效率

1. 时间成本

乌兹别克斯坦通过立法明确时限与成本标准，并针对经济特区推出加速程序，但跨部门协调效率低下、地方隐性收费及特殊审核复杂性仍制约整体效率。未来改革须强化《公共服务标准法》执行监督，并扩大经济特区政策的覆盖范围。

在时间效率方面，乌兹别克斯坦通过立法明确了公共服务时限，但实际执行仍存在滞后，尤其在地方层级。乌兹别克斯坦中有关法定时限规定如下：

不动产登记与交易：依据《民法典》第二编第7章第216条规定，不动产的所有权和其他权利及其出现、转让、限制和终止均须经国家登记，登记机构是乌兹别克斯坦国家土地资源、测绘、制图和国家地籍委员会区域部门的办事处。在实际操作中，线上提交不动产转让登记申请，若资料齐全且无问题，通常在10—15个工作日内可完成审核并反馈结果。但如果涉及资料不全、需要补充说明或者存在产权纠纷等特殊情况，办理时间会大幅延长，可能长达数月。

土地租赁审批：根据《土地法典》第46条，地方政府须在30个工作日内完成土地使用权申请的初步审查，国家土地资源委员会在收到地方意见后15个工作日内作出最终决定。

土地拍卖与租赁：根据《土地法典》相关规定，农业用地通过公开电子竞标分配租赁，非农业用地通过电子在线拍卖分配所有权或租赁权。从发布拍卖或租赁信息到最终成交，一般需要30—45天左右。其中包括至少20天的信息公示期，以便潜在投资者有足够时间了解土地详情并准备竞标或申请材料。之后，竞标或申请审核通常需要10—15天。若在过程中出现对土地信息质疑、重新评估等情况，时间会相应增加。

建筑许可审批：《城市建设法典》（2022年）第31条规定，建筑许可申请须在20个工作日内完成审查，复杂项目可延长至40个工作日（须书面通知申请人）。建筑许可申请的具体流程为在土木建筑领域，依据相关建筑法规，从申请人在平台填写项目基本信息、上传设计文件和资质证明开始，到相关部门完成初次审核并反馈意见，一般需要15—20个工作日。由于建筑许可涉及多部门审批，各部门之间的流转以及综合审批时间较长，整体获得建筑许可可能需要2—3个月。若项目较为复杂，如大型商业综合体建设，涉及多个专项审批，审批时间可能会超过半年。

环境许可审批：根据《环境保护法》（2021年修订）第16条，EIA审查需在45个工作日内完成，环境许可签发须额外10个工作日。

然而，据相关数据统计，实际执行时与法律设定还是存在一定的差距。

土地租赁：乌兹别克斯坦土地租赁平均耗时64天，超出法定时限约19天，主要因地方与中央数据同步延迟。

建筑许可：塔什干市建筑监督局（Construction Supervision Agency）2023年数据显示，工业项目平均审批时间为52天，因需要跨部门协调消防、环保等部门意见。

环境许可：乌兹别克斯坦生态委员会报告称，2023年仅有62%的EIA审查在法定期限内完成，采矿和能源项目因需要补充材料平均延误28天。

2. 经济成本

企业经营场所的获得除了存在时间成本外，还包括法定费用、非正式支付及合规成本等，部分领域甚至存在隐性负担。

（1）法定费用标准

土地租赁费：乌兹别克斯坦的土地租赁年费制度体现了灵活性与差异化的管理思路。根据《土地税法》第12条，土地租赁年费以土地基准价值为基础，按照1%—3%的比例收取，这一比例的浮动空间使得费用能够根据土地的具体用途和地区特点进行调整。不同用途的土地，其价值和开发潜力存在差异，例如，工业用地、商业用地和住宅用地等，通过调整比例，可以更好地匹配土地的实际价值和市场情况。地区因素也至关重要，不同地区的土地资源稀缺程度、经济发展水平以及基础设施配套情况不同，对土地的需求和利用价值也会有所不同。以塔什干的工业用地为例，基准价为50美元/平方米·年，这一价格是在综合考虑了塔什干作为首都的经济地位、工业发展的需求以及土地资源的有限性等因素后确定的。这样的定价机制既考虑了土地的经济价值，又兼顾了不同区域和用途的实际情况，有助于合理配置土地资源，引导土地的有效利用，同时也为投资者提供了一个相对明确的成本预期框架。

建筑许可费：《城市建设法典》第35条对建筑许可费的规定体现了对建设项目规模的敏感性以及一定的门槛设置。建筑许可费按照项目造价的0.1%收取，这种基于项目造价的比例收费方式，使得费用与建设项目的规模和投资强度直接挂钩。项目造价越高，意味着建设规模越大，可能对城市规划、基础设施承载能力以及周边环境等产生的影响也越大，因此收取相对较高的许可费在一定程度上可以用于弥补城市管理和基础设施建设等方面的成本，同时也起到一定的调节作用，促使投资者在进行大规模建设项目时更加谨慎，充分考虑项目的可行性和与城市整体发展的契合度。最低100美元和最高

5000美元的限制则体现了制度的灵活性和对不同规模项目的适应性。对于一些小型建设项目，设置最低收费可以避免因收费过低而无法覆盖管理成本，确保城市建设管理部门能够正常开展工作；而对于大型项目，设置最高收费限制则可以防止收费过高对投资产生过度抑制，保持投资环境的吸引力，平衡了城市建设管理需求与投资促进之间的关系。

环境许可费：环境许可费制度反映了乌兹别克斯坦对环境保护的重视以及对不同规模项目环境影响差异的考量。内阁决议规定的EIA审查费为500—5000美元，按项目规模分级收取。这种分级收费方式体现了对项目环境影响程度的差异化管理，大型项目往往对环境的影响更为复杂和深远，需要更详细的环境影响评估和更严格的审查程序，因此收取较高的审查费用于支持更深入的环境评估工作，确保项目在建设过程中能够采取有效的环境保护措施，减少对生态环境的破坏。而环境许可年费固定为200美元，这一相对固定的费用设置可能更多是用于日常的环境监管和管理，确保项目在运营过程中持续符合环境保护要求，体现了对环境保护全过程监管的理念，从项目前期的环境评估到后期的运营监管，都通过收费制度来保障相应的管理和服务能够有效开展，以实现经济发展与环境保护的协调共进。

乌兹别克斯坦的土地及相关费用制度在一定程度上是合理且具有前瞻性的。土地租赁费的差异化定价机制能够更好地适应不同地区和用途的土地市场情况，有助于提高土地资源的利用效率，促进经济的合理布局。建筑许可费的设置既考虑了城市建设管理的成本补偿，又通过收费限制平衡了投资环境的吸引力，有利于引导合理有序的城市建设。环境许可费制度则体现了对环境保护的重视，通过合理的收费支持环境评估和监管工作，有助于推动可持续发展。

然而，任何制度都有进一步完善的空间。例如，在土地租赁费方面，可以进一步细化用途分类和区域划分标准，使其更加精准地反映土地的实际价值和市场供求关系。在建筑许可费和环境许可费方面，可以加强对收费使用情况的监督，提高透明度，确保所收费用能够真正用于城市建设管理和环境保护工作，提高资金的使用效率。同时，还应适时对收费标准和制度进行调整和更新，以适应不断变化的社会经济环境和不断提高的环境保护需求，进一步提升乌兹别克斯坦在土地利用和建设管理等方面的综合效益和可持续发展能力。

（2）隐性成本

非正式支付：非正式支付在乌兹别克斯坦企业运营中是一个值得关注的现象。据相关数据显示，乌兹别克斯坦企业为加速审批流程支付“加急费”

的比例高达23%，在建筑许可领域，此类非正式支付的平均金额为1200美元。这一现象反映出在行政审批环节存在一定的效率问题，企业为了尽快完成审批流程，不得不通过支付额外的“加急费”来获得优先处理的机会。从企业角度来看，支付“加急费”虽然在短期内能够加快审批进度，减少项目延误的风险，从而为企业带来潜在的经济利益，但这种做法也存在诸多弊端。首先，它增加了企业的运营成本，这些非正式支付的费用并没有体现在官方的收费标准中，却实实在在地加重了企业的财务负担，尤其是对于中小企业来说，可能会影响到其资金的正常流转和投资计划的实施。其次，这种非正式支付行为可能会导致市场竞争环境的不公平。那些能够支付更高“加急费”的企业往往能够更快地获得审批，从而在市场竞争中占据优势，而那些遵守正规程序、拒绝支付非正式费用的企业则可能因为审批延迟而错失商机，这种不公平现象会打击企业的积极性，阻碍市场的健康发展。从政府治理角度来看，非正式支付的存在反映出行政审批制度可能存在漏洞和不完善之处。一方面，审批流程的复杂性和不透明性可能是导致企业寻求非正式支付途径的原因之一。如果审批程序烦琐、环节众多且缺乏明确的时间规定，企业就会感到焦虑和无奈，为了尽快完成审批，就容易采取非正规手段。另一方面，这种现象也可能暗示着部分公职人员存在违规行为，利用手中的审批权力谋取私利，这不仅损害了政府的公信力，还会影响整个社会的法治环境和商业道德氛围。

合规成本：合规成本是企业在乌兹别克斯坦运营过程中必须承担的一部分费用，根据《公共服务标准法》（2021年修订）第9条的规定，企业需自行承担文件翻译、公证等费用。例如，外国投资者公证土地租赁合同的费用为合同金额的0.5%（最低200美元）。合规成本的存在是必要的，它有助于确保企业的经营活动符合当地的法律法规和政策要求，维护市场秩序和社会公共利益。文件翻译和公证是合规成本中的重要组成部分。文件翻译能够确保不同语言背景的投资者和政府部门之间能够准确理解和沟通，避免因语言障碍而产生的误解和纠纷。公证则是一种法律行为，通过公证机构对文件的真实性、合法性进行审查和证明，能够增强文件的法律效力，为企业在合同履行、产权保护等方面提供有力保障。例如，外国投资者在乌兹别克斯坦租赁土地进行开发时，土地租赁合同的公证能够确保合同双方的权利和义务得到明确和保护，避免因合同纠纷而影响投资项目的顺利推进。然而，合规成本也可能会给企业带来一定的负担。对于一些小型企业或初创企业来说，文件翻译和公证等费用可能会占到其运营成本的一定比例，尤其是在涉及多个文件和多次公证的情况下，累积起来的费用可能会对企业的资金状况产生较大压力。此外，如果合规成本过高，可能会导致一些企业为了降低成本而选择不合规的经营方式，从而引发一系列的法律风险和市场乱象，这与合规成本设置的初衷背道而驰。

乌兹别克斯坦企业运营中的非正式支付与合规成本现象是其商业环境中不可忽视的两个方面。非正式支付虽然在一定程度上能够加快审批流程，但其带来的负面影响更为突出，不仅增加了企业成本，还破坏了市场竞争的公平性和政府的公信力。合规成本虽然具有合理性和必要性，但也需要在控制成本和保障合规之间找到平衡，避免过高的成本对企业发展造成阻碍。总之，乌兹别克斯坦在企业运营环境中面临着非正式支付和合规成本的双重挑战，但政府的有效治理和政策调整，有望逐步改善这一状况。只有在公平、透明、低成本的商业环境中，企业才能更好地发展，经济才能实现可持续增长。

3. 额外审批

除时间、经济成本外，特定行业或区域需通过额外审批，涉及国家安全、战略资源及文化遗产保护。

（1）国家安全审查

不动产登记与交易：当不动产存在产权纠纷历史或涉及遗产继承等复杂情况时，乌兹别克斯坦的登记机构会启动特殊审核程序。例如，若一处房产存在多个继承人且对房产分配存在争议，在进行产权转让登记时，登记机构会要求提供法院的判决书或者所有继承人达成的有效协议等文件，并对这些文件进行严格审核，确保产权转让的合法性。此过程中，可能需要相关当事人提供更多的证明材料，如亲属关系证明、遗产分配协议的公证文件等。审核时间会明显延长，可能需要2—3个月甚至更久。这种特殊审核程序的设立是必要的，它能够有效防止产权纠纷的进一步扩大，保护各方当事人的合法权益，维护不动产交易市场的秩序。通过严格的文件审核和法律程序的介入，可以确保产权转让的合法性和公正性，避免因产权不明确而导致的后续问题。然而，这一过程也存在一些问题。首先，审核时间的延长会给当事人带来较大的时间和经济成本。在等待审核期间，不动产的交易处于停滞状态，这可能导致当事人的资金无法及时回笼，影响其正常的经济活动。其次，复杂的审核程序可能会增加当事人的心理压力和焦虑情绪，尤其是对于那些急需处理不动产的当事人来说，漫长的等待过程可能会让他们感到无助和沮丧。

从积极方面来看，这种特殊审核程序体现了对法律和产权的尊重，有助于维护社会的公平正义。它能够有效防止非法转让和侵占他人产权的行为，保护弱势群体的合法权益。例如，在遗产继承中，通过严格的审核程序，可以确保遗产按照法定程序和当事人的意愿进行分配，避免因遗产争夺而导致的家庭矛盾和社会不稳定。然而，从效率角度来看，这种审核程序有待优化。过长的审核时间可能会对不动产市场的流动性产生一定的影响，降低市场的活跃度。此外，复杂的审核程序可能会增加登记机构的工作负担，导致资源的浪费。因此，在确保产权转让合法性的前提下，应尽量简化审核程序，提高审核效率，减少当事人的负担。

土地拍卖与租赁：乌兹别克斯坦在土地拍卖与租赁方面，对于一些位于特殊区域的土地，如生态保护区、历史文化保护区等，实施了严格的特殊审核要求。例如，在生态保护区内的土地用于建设旅游设施租赁时，除了常规的土地用途、规划等审核外，还需通过环保部门的严格评估，确保项目建设和运营不会对生态环境造成破坏。环保部门会审查项目的环境影响评估报告、污染防治措施等内容。审核时间通常会比普通土地拍卖或租赁多1—2个月，以确保项目符合生态保护要求。这种特殊审核要求体现了乌兹别克斯坦对生态环境和历史文化的高度重视。生态保护区内的土地具有独特的生态价值，需要通过严格的评估和审核来保护其生态环境。例如，生态保护区内的土地可能是一些珍稀动植物的栖息地，或者具有重要的水源涵养功能。如果在这些区域内进行不当的开发和建设，可能会对生态环境造成不可逆转的破坏。因此，通过环保部门的严格评估，可以确保项目建设和运营符合生态保护要求，实现经济发展与生态保护的平衡。同样，历史文化保护区内的土地承载着丰富的历史文化遗产，需要通过特殊的审核程序来保护其历史风貌和文化价值。例如，历史文化保护区内的土地可能包含一些古建筑、历史遗迹等，这些文化遗产是国家和民族的宝贵财富，需要得到妥善保护。从环境保护和文化传承的角度来看，这种特殊审核要求是十分必要的。它能够有效防止对生态环境和历史文化的破坏，保护国家的自然和文化遗产。通过严格的评估和审核，可以确保土地的开发和利用符合可持续发展的要求，促进经济、社会和环境的协调发展。然而，这种审核要求也可能对土地的开发和利用带来一定的限制。审核时间的延长可能会增加开发商的时间成本和资金压力，影响项目的进度和效益。此外，严格的审核标准可能会导致一些项目无法通过审核，从而限制了土地的开发和利用。因此，在实施特殊审核要求时，应充分考虑经济发展与环境保护、文化传承之间的平衡，避免因过度保护而影响土地的合理开发和利用。

建筑许可申请：对于一些大型、复杂或者具有特殊意义的建筑项目，如地标性建筑、政府重点项目等，乌兹别克斯坦会经历更为严格的特殊审核。这类项目不仅要满足常规的建筑规范和安全标准，还需通过城市规划专家、建筑设计专家等多方面的评审。例如，建设一座城市地标性建筑，除了要通过建筑结构安全、消防安全等常规审核外，还需在建筑设计理念、与城市整体风貌的协调性等方面进行深入论证和评审。特殊审核过程中可能会多次召开专家论证会，要求建设单位对设计方案进行修改完善，导致整个建筑许可申请周期大幅延长，可能需要半年以上的时间。这种严格的特殊审核机制有助于提升城市的建筑品质和城市规划的合理性。大型、复杂或具有特殊意义的建筑项目往往对城市的形象和发展具有重要影响。通过城市规划专家和建筑设计专家的评审，可以确保这些建筑项目符合城市的发展规划和设计理念，与城市整体风貌相协调。例如，地标性建筑不仅是城市的文化符号，也是城市发展的亮点。通过严格的审核和论证，可以确保地标性建筑的设计独特、功能合理，能够为城市增添光彩。同时，这种审核机制也有助于提高建筑项目的质量和安全性。通过多方面的评审和论证，可以发现和解决设计方案中存在的问题，避免因设计缺陷而导致的安全事故和质量问题。从城市发展的角度来看，这种严格的特殊审核机制是十分必要的。它能够有效提升城市的建筑品质和城市规划的合理性，促进城市的可持续发展。通过专家的评审和论证，可以确保大型、复杂或具有特殊意义的建筑项目符合城市的发展需求和公众的利益。然而，这种审核机制也可能对建筑项目的推进带来一定的挑战。审核周期的延长可能会增加建设单位的时间成本和资金压力，影响项目的进度和效益。此外，多次召开专家论证会和要求建设单位对设计方案进行修改完善，可能会导致建设单位与专家之间的意见分歧和沟通困难，影响审核的效率和质量。因此，在实施特殊审核机制时，应加强沟通和协调，提高审核效率，减少建设单位的负担。

外资准入限制：根据《外国投资法》第 15 条，外国投资者在国防、能源、通信等领域租赁土地时，需通过国家安全局（SNB）的 45 日审查，审查费用为 2000 美元。这一措施的目的是保护国家的关键领域不受外部势力的不当影响，确保国家安全和经济稳定。国防、能源和通信等领域对于国家的主权和安全至关重要，通过国家安全局的审查可以筛选出符合国家利益的外国投资者，防止潜在的安全威胁。《土地法典》第 48 条规定，边境 10 公里内的土地租赁需内阁特别批准，审核周期延长 30 个工作日。这一规定是为了保护边境地区的安全和稳定，防止土地被不当利用而对边境安全造成威胁。边境地区往往是国家安全的重要防线，严格控制土地租赁可以避免一些可能对国家安全产生负面影响的活动，如非法走私、非法移民等。从国家安全和边境安全的角度来看，这些限制措施是十分必要的。它们能够有效保护国家的关键领域和边境地区的安全，维护国家的主权和利益。通过严格的审查和批准程序，可以确保外国投资者的活动符合国家的利益和安全要求，防止潜在的安全威胁。然而，这些限制措施也可能对外国投资和边境地区的发展带来一定的影响。审查时间和审查费用的增加可能会降低外国投资者的投资积极性，影响国家的经济发展。边境地区土地租赁的严格限制可能会限制边境地区的经济发展，影响当地居民的生活水平和经济发展。因此，在实施这些限制措施时，应充分考虑经济发展与国家安全之间的平衡，避免因过度限制而影响国家的经济发展和边境地区的繁荣。

（2）战略资源与文化遗产审核

矿产资源区：乌兹别克斯坦内阁决议规定，在已探明矿产资源的区域建设工业设施，需额外获得地质与矿产资源委员会（State Committee on Geology and Mineral Resources）的环境影响补充评估，耗时约60天。这一要求体现了对矿产资源区生态环境的高度重视。矿产资源区往往具有复杂的地质结构和丰富的自然资源，建设工业设施可能会对当地的生态环境造成影响。通过地质与矿产资源委员会的补充评估，可以全面了解项目建设对矿产资源区的潜在影响，制定相应的环境保护措施，确保项目建设与资源保护相协调。例如，在矿产资源区建设工业设施时，可能会涉及土地开挖、水资源利用、废弃物排放等环节。这些活动如果未经充分评估和合理规划，可能会导致水土流失、地下水污染、生态系统破坏等问题。补充评估可以对这些问题进行深入分析，提出针对性的解决方案，如建设污水处理设施、采用环保型开采技术、实施生态修复工程等，从而最大限度地减少项目建设对环境的负面影响。

从环境保护的角度来看，这一制度是十分必要的。它能够有效防止矿产资源区因工业设施建设而遭受不可逆转的生态破坏，保障国家的资源安全和生态平衡。通过补充评估，可以确保项目建设符合可持续发展的要求，实现经济发展与环境保护的双赢。然而，从企业角度来看，额外的环境影响补充评估可能会增加项目建设的时间成本和经济成本。60天的评估周期可能会导致项目建设进度延迟，影响企业的投资回报。此外，评估过程中可能需要企业投入大量的人力、物力和财力来配合评估工作，增加了企业的负担。

文化遗产保护区：根据《文化遗产保护法》第24条，在联合国教科文组织认定的遗产地（如撒马尔罕历史中心）周边1公里内建设，需文化遗产署（Cultural Heritage Agency）批准，审核周期90天，且需支付1000美元评估费。这一规定凸显了乌兹别克斯坦对文化遗产保护的重视。文化遗产是国家和民族的宝贵财富，承载着丰富的历史、文化和艺术价值。撒马尔罕历史中心作为联合国教科文组织认定的遗产地，具有极高的历史和文化价值，需要得到严格保护。在文化遗产保护区周边建设时，可能会对文化遗产的本体和周边环境造成影响。例如，大规模的建设活动可能会改变文化遗产周边的景观风貌，影响文化遗产的历史氛围和文化内涵。此外，建设过程中可能会产生噪音、粉尘等污染物，对文化遗产造成损害。因此，文化遗产署的批准和评估是确保文化遗产安全的重要保障。通过文化遗产署的审核，可以对建设项目的规划、设计、施工等环节进行严格把关，确保建设项目与文化遗产保护相协调。

从文化遗产保护的角度来看，这一制度是十分必要的。它能够有效防止文化遗产保护区因不当建设而遭受破坏，保障文化遗产的真实性和完整性。通过文化遗产署的批准和评估，可以确保建设项目的规划和设计符合文化遗产保护的要求，避免对文化遗产造成不可挽回的损失。然而，从建设单位的角度来看，这一制度可能会增加建设项目的成本和时间。90 天的审核周期可能会导致建设项目进度延迟，影响建设单位的投资计划。此外，1000 美元的评估费用也增加了建设单位的经济负担。对于一些小型建设单位来说，可能会因为成本过高而放弃在文化遗产保护区周边的建设项目，从而影响当地经济的发展。

（3）经济特区与工业园区加速程序

“安格连”工业园：根据总统令，“安格连”工业园入园企业可享受“一站式”审批服务。这种服务模式将原本分散在多个部门的审批流程集中在一个平台上完成，大大提高了审批效率。具体而言，建筑许可和环境许可的审批时间被缩短至 25 天，这一时间比普通审批流程缩短了数倍。这种高效的审批机制不仅节省了企业的时间成本，还减少了企业在审批过程中的精力消耗，使企业能够更快地启动项目，进入生产运营阶段。此外，“安格连”工业园还为入园企业提供了土地租赁费用的减免政策。根据规定，入园企业免收土地租赁前 3 年的费用。这一政策直接减轻了企业的财务负担，尤其是在企业初创阶段，资金压力往往较大，土地租赁费用的减免可以帮助企业将更多的资金投入到核心业务中，增强企业的竞争力和创新能力。从积极方面来看，“安格连”工业园的政策极大地提升了园区的吸引力。高效的服务和经济的激励措施能够吸引更多的企业入驻，形成产业集聚效应。产业集聚不仅可以提高资源利用效率，还能促进技术交流和创新，推动整个区域的经济发展。然而，这种优惠政策也可能带来一些问题。例如，土地租赁费用的减免可能会在一定程度上影响政府的财政收入，尤其是在土地资源有限的情况下，可能会导致土地资源的过度开发和浪费。此外，如果入园企业未能有效利用土地资源，可能会导致土地闲置和低效利用，影响园区的整体发展。

“纳沃伊”自贸区：“纳沃伊”自贸区的土地审批权直接由自贸区管委会行使，这一措施大大简化了审批流程。根据《自贸区法》第 22 条，土地租赁审批时间被压缩至20天。这种快速审批机制使得企业能够更快地获得土地使用权，减少了企业在等待审批过程中的不确定性和风险。从经济发展的角度来看，“纳沃伊”自贸区的土地审批政策具有显著的优势。快速的土地审批能够吸引更多的企业入驻，促进区域经济的多元化发展。此外，审批权的下放也使得自贸区能够根据自身的发展需求和实际情况灵活调整土地政策，提高政策的适应性和有效性。然而，这种政策也可能带来一些潜在的风险。例如，审批权的下放可能会导致监管的松懈，增加土地违规使用的风险。如果自贸区管委会缺乏有效的监管机制，可能会出现土地被非法占用或滥用的情况，影响土地资源的合理利用和可持续发展。

三、市政公共服务设施的便利

（一）监管框架

1. 法律法规政策分析

（1）用电法律法规政策

乌兹别克斯坦出台了一系列与用电相关的政策措施，例如，《电力行业法》《加强用电相互结算制度的措施》[①]《组织私营电力运营商活动和及时缴纳电费的措施》[②]《电能和热能使用规则》[③]《电网设施保护规定》[④]《法人和个人接入电力公共服务管理规定》[⑤]《配电网使用规则的批准》[⑥]等。这些法规政策涵盖电力结算、电网保护、私营运营商引入、热能使用、电网接入服务等多个环节，形成电力管理系统。

在可靠性层面，为了保障电力系统持续稳定供电的能力，乌兹别克斯坦实行多项保障措施，包括对电网韧性、故障恢复和用户服务的保障。在电网设施保护上，设立电网保护安全区，禁止高风险活动，降低外力破坏电网设

---

① 《乌兹别克斯坦内阁决议：关于加强用电相互结算制度的措施》，载乌兹别克斯坦国家立法信息数据库，https：//www. lex. uz/ru/docs/391034，2025年3月5日访问。

② 《乌兹别克斯坦内阁决议：组织私营电力运营商活动和及时缴纳电费的措施》，载乌兹别克斯坦国家立法信息数据库，https：//www. lex. uz/ru/docs/1496731，2025年3月5日访问。

③ 《乌兹别克斯坦内阁决议：关于批准电能和热能使用规则》，载乌兹别克斯坦国家立法信息数据库，https：//www. lex. uz/ru/docs/1510227，2025年3月5日访问。

④ 《乌兹别克斯坦内阁决议：关于批准电网设施保护规定》，载乌兹别克斯坦国家立法信息数据库，https：//www. lex. uz/ru/docs/4133980，2025年3月5日访问。

⑤ 《乌兹别克斯坦内阁决议：关于批准为法人和个人提供电网接入公共服务的行政法规》，载乌兹别克斯坦国家立法信息数据库，https：//www. lex. uz/ru/docs/5614095，2025年3月5日访问。

⑥ 《乌兹别克斯坦内阁决议：关于配电网使用规则的批准》，载乌兹别克斯坦国家立法信息数据库，https：//www. lex. uz/ru/docs/7145088，2025年3月5日访问。

施的风险；在私营运营商责任机制上，私营运营商需提供银行担保（金额为月均供电成本的3倍），确保电费收取率不足时的偿付能力，保障电力公司现金流稳定。明确了私营运营商报酬与电费征收率挂钩（超90%才可获报酬），激励其提升收缴效率。在数字化方面，通过“ELEKTR”平台实现电网接入全流程数字化，减少人为操作失误，缩短接入的时间。

在安全性方面，乌兹别克斯坦推动技术标准强制化，例如，在《法人和个人接入电力公共服务管理规定》中，明确规定了热能供应需符合合同参数，超限可停止供应并追责。电网接入需通过技术检查，确保设备安装合规。乌兹别克斯坦规定了操作规范和事故预防与应急机制等保障安全性的方案，例如，施工需要在电网企业监督下进行、设备维修人员需要持证上岗，定期进行安全培训、强制要求公民报告电网设施异常，建立了快速响应机制。

在可持续性方面，乌兹别克斯坦重视资源的高效利用、环境保护与社会公平的长期平衡。在资源利用方面，乌兹别克斯坦对资源效率提升提出要求，其倒逼企业改进工艺，推广阶梯电价和节能计量装置，鼓励用户减少非必要的能耗。在绿色保护方面，电网建设需避开生物较多的敏感地带；同时对绿色转型提供支持，鼓励企业使用清洁技术。在社会公平方面，对低收入家庭、残疾人提供50%电网接入费用减免，通过“社会保障统一登记”自动识别受惠群体。允许用户自选电表供应商，打破垄断，促进市场竞争。广泛吸引投资，简化企业接入电网程序，改善营商环境，吸引企业投资。[①] 向世界银行等国际组织融资，用于地区电力供应稳定性建设，外部融资为基础设施的改善提供资金保障。[②]

2024年8月7日，乌兹别克斯坦颁布了新的《电力法》，该法律于2024年11月9日正式生效，取代了2009年的旧版《电力法》。新法的核心目标是建立竞争性的电力批发和零售市场，保护消费者权益，同时吸引外国投资进入可再生能源领域。根据新法，乌兹别克斯坦将逐步引入电力批发和零售的新机制，制定确保电力行业安全、稳定、可靠和低成本运行的新规范。新法实施的同时，乌兹别克斯坦成立了JSC“UZENERGOSOTISH”公司，该公司负责集中购买和销售电力。自2024年7月1日起，主电网的运营功能由JSC

---

① 参见《乌兹别克斯坦内阁决定：关于简化企业接入电网程序、进一步改善营商环境的措施》，载乌兹别克斯坦国家立法信息数据库，https：//www. lex. uz/uz/docs/-4751126，2025年2月28日访问。

② 参见《乌兹别克斯坦共和国总统决定：关于进一步提高塔什干市和塔什干地区电力供应稳定性的措施》，载乌兹别克斯坦国家立法信息数据库，https：//www. lex. uz/uz/docs/-4920974，2025年2月28日访问。

“National Electric Grid of Uzbekistan” 全面承担，包括确保电网的可靠运行和平衡，提供输电服务，以及与周边国家能源系统的稳定连接。此外，还成立了能源市场的管理和监管机构。新法实施后，购电协议（PPA）的签署主体变更为JSC “UZENERGOSOTISH” 公司。这意味着，自2025年1月1日起，乌兹别克斯坦国家电网（JSC NEGU）与电力生产企业签署的PPA将全部移交给JSC “UZENERGOSOTISH” 公司。这一变化对项目的投资架构和风险分配产生了重大影响，要求相关方对PPA进行实质性调整。新法还引入了针对电力市场交易商经营活动的一般性规定，明确了其权责范围。此外，乌兹别克斯坦通过了新版《合理利用能源法》，该法律旨在限制非节能产品的生产和进口，节约国家能源资源。能源部负责制定鼓励采用节能和节能技术的机制，并进行适当的监测。乌兹别克斯坦在可再生能源领域也迈出了重要步伐。2024年12月13日，乌兹别克斯坦启动了18个新能源项目，总投资达37亿美元，总装机容量接近2.3吉瓦。这些项目包括太阳能、风能、储能及小型水电站，分布广泛，涵盖布哈拉、纳沃伊、纳曼干和塔什干等多个地区。此外，乌兹别克斯坦计划到2025年新建18座太阳能和风能发电厂，总装机容量将达到3400兆瓦，并引入容量为1800兆瓦的储能系统。

乌兹别克斯坦电力政策在可靠性、安全性、可持续性三个维度已建立较完善的框架，但仍需针对技术迭代、气候变迁和社会公平动态调整，以实现能源系统的长期稳健发展。通过引入竞争机制、加强监管、推动可再生能源发展和提高能源效率，乌兹别克斯坦不仅能够满足国内日益增长的能源需求，还能在国际能源市场中占据一席之地。这些改革措施为国内外投资者提供了更透明、更公平的市场环境，有助于吸引更多的投资进入能源领域，推动乌兹别克斯坦经济的可持续发展。

（2）用水法律法规政策

乌兹别克斯坦关于用水的法律有《自然保护法》[①]《水和水利用法》[②]《饮用水供应和废水处理法》[③]。在《自然保护法》中，明确将水作为环境保护的对象由国家进行保护，以免受到污染、破坏、耗竭、毁坏、毁灭和不合理的使用。企业事业单位在享有水资源使用权时，需要持有特别许可和缴纳费用。

---

① 《乌兹别克斯坦法律：关于自然保护》，载乌兹别克斯坦国家立法信息数据库，https：//www.lex.uz/ru/docs/7065#8543，2025年2月28日访问。

② 《乌兹别克斯坦法律：关于水和用水》，载乌兹别克斯坦国家立法信息数据库，https：//www.lex.uz/ru/docs/93202，2025年2月28日访问。

③ 《乌兹别克斯坦法律：关于饮用水供应和废水处理》，载乌兹别克斯坦国家立法信息数据库，https：//www.lex.uz/ru/docs/6126866，2025年3月1日访问。

在使用水体、水库时要保持自然循环，保证水的标准纯度，保护水生动植物，防止水体污染，维持水体的生态平衡，不对作为景观要素的水体造成破坏。在该法中设立了环境监管、控制的主体和规则，同时也规定了违反环境保护法规的责任和救济以及该领域纠纷的解决程序。在《水和水利用法》中，主要规范企业、机构、组织、农场、小农场和公民用水主体对水的使用，以保护水资源。明确国家权力机关和管理机构在水关系管理领域的权限，对水资源的管理从立法到执行再到监督，分工合理。将水消费者协会等其他非政府和非盈利组织也被纳入管理和监督主体。进行工农业用水要符合卫生保护要求，应建立良好的收集排水和废水处理，加强对水的循环利用，且避免对其他自然资源的影响，如果造成损害要及时采取措施并给予补偿。新建、改建影响水域和水体状况的企业、设施和其他物体的项目，应当经生态环境保护、地质矿产等主管部门批准，并依法经过国家审查。在《饮用水供应和废水处理》中，规定了饮用水供应和废水处理领域的监管，明确了该领域监管政策的主要方向、机构以及其权利、权限。饮用水供应组织需向消费者供应饮用水、提供废水处理，以及维护饮用水和废水设备，引起技术提供用水效率。同时，该法也规定饮用水的质量要求和废水的处理标准以及相关服务的收费。

乌兹别克斯坦也相继出台了《关于建立饮用水使用监测体系》① 《关于进一步完善水资源管理体制的措施》② 《农业高效利用土地和水资源的措施》③ 《做好地下水合理利用的具体措施》④ 《关于进一步改善乌兹别克斯坦水利部活动的措施》⑤ 《关于扩大水资源合理利用和水管理设施使用方面公私合作伙伴关系的措施》⑥ 《关于完善基层水资源管理体制提高水资源利用效率的措施》⑦ 等，加强对使用水资源的监管和提高水资源的使用效率。

---

① 《乌兹别克斯坦总统法令：关于建立饮用水使用监测体系》，载乌兹别克斯坦国家立法信息数据库，https：//www. lex. uz/ru/docs/3170129，2025 年 3 月 2 日访问。

② 《乌兹别克斯坦总统法令：关于进一步完善水资源管理体制的措施》，载乌兹别克斯坦国家立法信息数据库，https：//www. lex. uz/ru/docs/4545906，2025 年 3 月 2 日访问。

③ 《乌兹别克斯坦总统法令：论农业高效利用土地和水资源的措施》，载乌兹别克斯坦国家立法信息数据库，https：//www. lex. uz/ru/docs/4378524，2025 年 3 月 2 日访问。

④ 《乌兹别克斯坦内阁决定：各地区如何切实保证地下水合理利用》，载乌兹别克斯坦国家立法信息数据库，https：//www. lex. uz/ru/docs/4546620，2025 年 3 月 2 日访问。

⑤ 《解决乌兹别克斯坦总统法令：关于进一步改善乌兹别克斯坦水利部活动的措施》，载乌兹别克斯坦国家立法信息数据库，https：//www. lex. uz/ru/docs/5360482，2025 年 3 月 3 日访问。

⑥ 《乌兹别克斯坦内阁决定：关于扩大水资源合理利用和水管理设施使用方面公私合作伙伴关系的措施》，载乌兹别克斯坦国家立法信息数据库，https：//www. lex. uz/ru/docs/5365895，2025 年 3 月 3 日访问。

⑦ 《乌兹别克斯坦总统法令：关于完善基层水资源管理体制提高水资源利用效率的措施》，载乌兹别克斯坦国家立法信息数据库，https：//www. lex. uz/ru/docs/6734975，2025 年 3 月 3 日访问。

在法律体系上具有完备性，乌兹别克斯坦通过《自然保护法》《水和水利用法》《饮用水供应和废水处理法》三大核心法律，构建了水资源保护与利用的立体化法律框架。法律明确规定了水资源的国家所有权、使用许可制度、环境保护义务及违法责任，覆盖了从水源保护到废水处理的全流程。后续补充的专项措施文件，如地下水管理、节水技术推广、公私合作等，进一步细化了执行规则，体现了法律体系的动态适应性。在监管机制与责任划分上，国家权力机关、水利部、农业部、地质矿产部门、非政府组织（如水消费者协会）共同参与水资源管理，分工明确，实现了多主体协同监管。《水和水利用法》将非政府组织纳入监督主体，强化了社会参与。建立了完备的许可与审查制度，用水需经特别许可，新建或改建涉水项目须经生态、地质等部门层层审批，确保项目合规性。在责任追究与救济机制方面，法律明确违反环保法规的责任（如污染补偿）和纠纷解决程序，增强了法律的可操作性。尽管法律规定了严格的责任制度，实践中也可能因地方监管资源有限、技术手段落后或腐败问题导致执法效果打折扣。

在水质与生态保护方面，法律要求工农业用水符合卫生标准，建立废水收集与处理系统，并对损害水体的行为进行补偿，从源头减少污染风险，加强了污染防控；针对地下水超采问题（如努拉塔等地区），通过许可证限制非饮用水用途的开采，并要求引入节水技术，缓解水位下降压力，加强了地下水保护；《自然保护法》强调保护水生动植物和维持水体生态循环，避免不合理开发对景观的破坏，维护生态保护的平衡。在饮用水安全保障方面，《饮用水供应和废水处理法》设定了严格的饮用水质量标准，要求供水组织定期维护设备并提升技术效率。在《农业高效利用土地和水资源的措施》中，规定了阶梯式水税政策，如节水技术减免税率、超量用水加征税率，引导农业用水合理化，减少水资源浪费。但由于内陆农业灌溉网络老化导致农田改良恶化，漏损和污染风险大大增加；尽管法律要求重建灌溉系统，但资金和技术缺口可能延缓修复进程。另外，地下水保护滞后，尽管已限制许可证发放，但历史性超采导致的水位下降仍需长期恢复，短期内仍存在生态安全威胁。

在节水与技术创新方面，通过水税减免政策，如节水技术采用者税率降低至 0.5 倍，推动滴灌、水培等高效技术普及，减少传统漫灌的浪费，激励农业节水；法律强制企业加强水的循环利用，降低对自然水源的依赖，提高了水资源的利用效率；通过吸引外资等方式重建内部灌溉网络和吸引外资，提升输水效率，推动灌溉网络现代化。在土地与水资源协调保护方面，禁止将灌溉土地转为非农用途，并通过高额补偿费用（开发成本的 10—20 倍）抑制土地滥用，保障农业用水长期稳定；分地区、分季节制定灌溉取水限额，并通过数字化计量装置（如水表）精准监控用水量，确保资源分配公平。在国际合作与资金引入方面，以《关于扩大水资源公私合作措施》吸引国际金融机构，如世界银行、亚洲开发银行参与水利项目，弥补国内资金不足，为水资源可持续管理提供长期动力。

总体而言，乌兹别克斯坦的水资源法律框架在可靠性、安全性和可持续性方面具有较高水平，但需在执法能力、技术落地和气候适应方面持续优化，以应对日益挑战。

2. 互联网法律法规政策分析

乌兹别克斯坦关于互联网的法律有《信息法》[①]《自动化银行系统的信息保护法》[②]《电子政务法》[③]《网络安全法》[④]。《信息法》的目的是规范信息化领域活动，促进信息资源利用和信息系统发展，保障公民信息权利，推动国家信息化进程；该法规定了国家政策与监管、信息资源的管理、信息系统的规范、内容与数据保护、法律责任，坚持国际优先的原则，即国际条约优先适用于国内法，是企业合规的重要参考。《自动化银行系统的信息保护法》的目的是规范自动化银行系统（ABS）信息保护领域的关系，保障银行活动中的信息安全和网络安全，防止数据泄露、篡改及未经授权的访问。该法律通过严格的技术标准、责任划分和监管要求，构建了自动化银行系统的信息安全框架，旨在维护金融系统稳定性和客户数据安全，适应数字化时代网络安全挑战。《电子政务法》的目的是规范电子政务领域关系，提升政府效率、透明度与责任感，建立与民众、企业的数字互动机制。坚持公开透明、平等访问、信息安全、流程优化等原则，其核心任务是建立全国统一的国家服务门户和电子服务登记系统、推动政府机构间“电子文档无纸化协作”，推广企业使用电子文件（如统计报告、许可证申请）、发展电子商务、非现金支付及远程公共服务（如公用事业缴费自动化）。在该法中规定了电子政府的国家监管机构、服务提供的程序、运作组织等。《网络安全法》以规范网络安全领域关系，保护个人、社会和国家利益免受网络威胁，构建统一的国家网络安全体系为目的，该法构建了覆盖个人、企业和国家的多层次网络安全防护体系，

---

① 《乌兹别克斯坦法律：信息法》，载乌兹别克斯坦国家立法信息数据库，https：//www. lex. uz/ru/docs/82956，2025 年 2 月 2 日访问。

② 《乌兹别克斯坦法律：自动化银行系统的信息保护法》，载乌兹别克斯坦国家立法信息数据库，https：//www. lex. uz/ru/docs/974160，2025 年 2 月 2 日访问。

③ 《乌兹别克斯坦法律：电子政务法》，载乌兹别克斯坦国家立法信息数据库，https：//www. lex. uz/ru/docs/2833855#2834120，2025 年 2 月 2 日访问。

④ 《乌兹别克斯坦法律：网络安全法》，载乌兹别克斯坦国家立法信息数据库，https：//www. lex. uz/ru/docs/5960609，2025 年 2 月 2 日访问。

尤其强调对关键基础设施的严格保护，为乌兹别克斯坦数字化转型提供安全基石。

乌兹别克斯坦还出台了一系列政策，加强互联网建设和监管，例如，《建立乌兹别克斯坦公共教育信息网络措施》[①]《关于建立个人和法人中央数据库和实施电子政务系统用户身份识别统一信息系统的措施》[②]《关于与韩国经济发展合作基金进行金融合作实施“电子政务系统数据处理中心创建”投资项目的优先措施》[③]《进一步完善信息技术和通信领域的措施》[④]《关于提高电子政务系统框架内信息和通信技术领域项目开发和实施质量的措施》等[⑤]。

乌兹别克斯坦已构建覆盖信息化、网络安全、电子政务和金融数据保护的多层次法律框架。《信息法》明确国家信息化战略，规范信息资源管理，强调国际条约优先适用原则，增强法律兼容性。《网络安全法》和《自动化银行系统的信息保护法》分别针对关键基础设施和金融系统设定严格技术标准与责任划分，形成行业细分保护机制。以《电子政务法》推动政府数字化转型，建立统一服务门户和跨部门协作机制，提升公共服务效率。同时，通过与韩国合作建设电子政务数据处理中心等政策，引入国际资金与技术，强化基础设施可靠性。

在技术标准与认证方面，不仅建立了强制的认证机制，例如，《网络安全法》要求关键信息基础设施（CII）和银行系统采用认证的软硬件工具，确保技术合规性；《自动化银行系统的信息保护法》规定金融机构需建立信息安全服务，定期接受国家审计，防范数据泄露。在法律风险方面，《网络安全法》虽然明确网络事件响应流程，但实际执行依赖机构技术能力，偏远地区可能因基础设施不足存在滞后。尽管法律提及国际合作，但实际跨境数据流动规则尚未细化，可能影响跨国企业合规。

---

① 《乌兹别克斯坦总统法令：关于建立乌兹别克斯坦公共教育信息网络》，载乌兹别克斯坦国家立法信息数据库，https：//www. lex. uz/ru/docs/858993，2025 年 2 月 10 日访问。

② 《乌兹别克斯坦内阁决定：关于建立个人和法人中央数据库和实施电子政务系统用户身份识别统一信息系统的措施》，载乌兹别克斯坦国家立法信息数据库，https：//www. lex. uz/ru/docs/2843013，2025 年 2 月 10 日访问。

③ 《乌兹别克斯坦总统法令：关于与韩国经济发展合作基金进行金融合作实施“电子政务系统数据处理中心创建”投资项目的优先措施》，载乌兹别克斯坦国家立法信息数据库，https：//www. lex. uz/ru/docs/4929496，2025 年 2 月 10 日访问。

④ 《乌兹别克斯坦总统法令：关于进一步完善信息技术和通信领域的措施》，载乌兹别克斯坦国家立法信息数据库，https：//www. lex. uz/ru/docs/3564975，2025 年 2 月 10 日访问。

⑤ 《乌兹别克斯坦总统法令：关于提高电子政务系统框架内信息和通信技术领域项目开发和实施质量的措施》，载乌兹别克斯坦国家立法信息数据库，https：//www. lex. uz/ru/docs/4346983，2025 年 2 月 10 日访问。

在政策与经济的协同性方面，加大数字化转型的投入，通过《进一步完善信息技术和通信领域的措施》等政策，推动宽带普及和云服务器市场发展，为数字经济提供基础。同时，乌兹别克斯坦也通过税收优惠和外资政策吸引其他国家到乌投资，对互联网建设的资金有一定保障。在人才培养与创新方面，加大对互联网专业人才培养的教育投入，推动高校改革。尽管乌兹别克斯坦在法律和政策上鼓励国产技术优先，但本土互联网企业规模较小，依赖外资合作，其自主创新能力不足。

乌兹别克斯坦的互联网法律体系在可靠性和安全性上具备较强基础，尤其在关键基础设施保护和电子政务领域表现突出，但需应对执行效率和技术更新的挑战。可持续性依赖经济多元化与国际合作深化，未来需加强本土创新能力与风险抵御能力，以实现数字经济的长期稳定发展。

（二）公共服务

1. 供电企业

乌兹别克斯坦的供电企业为乌兹别克斯坦国家电网公司，该公司是国有公司，其主要活动是乌兹别克斯坦主要电网的运营和开发，通过主要电网供应电力和实施州际运输，与邻国的电力系统合作。[①]

在信息公开的网站方面，相关信息主要公布在乌兹别克斯坦国家电网公司官方网站（https：//www.uzbekistonmet.uz/ru），该网站明确公司股权架构，公布投资和招标项目、披露商务花费信息等。但该网址对核心运营数据（如电网负载率、故障率、投资计划）的主动披露较少，网址信息更新不够及时，发行商报告仅更新至2020年。在政策文件与报告方面，政府发布的能源战略文件《2020—2030年乌兹别克斯坦能源战略》中涉及电网发展规划，但公司层面的详细财务报告或环境社会影响评估公开度较低，透明度在国际标准中处于中等偏下水平。在用户服务透明度方面，居民可通过官方渠道查询电费、报修，但电网运行状态（如停电预警、故障修复进度）的实时更新机制尚不完善。同时，该网站也会发布招聘信息，及时公布职位的空缺。

在基础设施方面，乌兹别克斯坦以水力和火力发电为主。该国共有37座电站，发电总量高，不仅能保证本国经济正常运营，还有富余的电力可向邻国出口。[②] 由于电力价格低廉，高耗能产业在乌投资是个不错的选择。在国际

① 参见《股份公司“乌兹别克斯坦国家电网”简要信息》，载乌兹别克斯坦国家电网公司官网，https：//www.uzbekistonmet.uz/ru/lists/view/79，2025年3月11日访问。

② 参见张宁：《乌兹别克斯坦独立后的政治经济发展（1991—2011）》，上海大学出版社2012年版，第34页。

合作方面，亚洲开发银行、欧洲复兴开发银行提供贷款，资助乌兹别克斯坦电网建设①；乌兹别克斯坦加强与中国、土耳其、沙特等国家的合作，其和中国合作过水电站及泵站改造项目、塔什干外部供电改造项目等。②

2. 供水企业

乌兹别克斯坦的供水系统主要由国有企业 Uzsuvtaminot（乌兹别克斯坦供水和污水处理公司）负责运营和管理，③ 该公司股东为乌兹别克斯坦国家资产管理机构，负责全国范围内的供水、污水处理及相关基础设施建设。

公司基础信息在其官网公布较为全面且用户透明度高。在其内部系统中，公民可以直接查询水费与完成水费缴纳。该公司注重加强公民监督，在官网公布接待来访公民的官员和时间、腐败举报电话；但对于项目建设、招投标信息的公布较少。

在基础设施方面，供水系统存在着管网老化和区域建设不平衡的问题。管道老化的问题造成水资源漏损，导致供水不稳定。农村地区管道覆盖率差，较为依赖传统水源，水硬度较高，水质和水量保障不足。在国际合作方面，联合国人口基金和联合国开发计划署启动了联合项目——供水管道和净水站项目，扩大乌兹别克斯坦偏远地区居民获得安全饮用水的机会。④

3. 互联网供应企业

乌兹别克斯坦现有 Ucell、Beeline、Mobiuz（UMS）和 UzMobile 四家电信运营商。基站总数达到 5.4 万个。移动网络覆盖率达到 99%，宽带移动互联网覆盖率达到 98%；新建光纤通信线路 10.2 万公里，其总长度达 17 万公里。目前乌兹别克斯坦国内主要的国际网络服务商为哈萨克斯坦电信集团和俄罗斯电信集团，其关键信息透明度不高。⑤

乌兹别克斯坦的电信设备主要来自中国，路由器等数据处理设备主要来

① 参见《欧开行资助乌兹别克斯坦电网项目》，载全球能源互联网发展合作组织网，https：//m.geidco.org.cn/pcarticle/4711，2025 年 3 月 6 日访问。

② 参见新疆师范大学中亚法律资政研究中心：《中亚经济法律问题研究论文集》，企业管理出版社 2014 年版，第 286 页。

③ 官方网站为：https：//uzsuv.uz/en/general-information/reception-citizens。

④ 参见《世界水周：联合国在中亚如何推进水资源可持续利用》，载联合国可持续发展集团官网，https：//unsdg.un.org/zh/latest/stories/un-teams-central-asia-leading-way-sustainable-water-action，2025 年 3 月 6 日访问。

⑤ 参见肖斌：《数字经济在中亚国家的发展：基于产业环境的分析》，载《欧亚经济》2020 年第 1 期。

自中国中兴通讯股份有限公司，互联网设备主要来自“华为”。① 华为技术公司是乌兹别克斯坦第一大电信设备供应商，其设备覆盖了乌固话网70%、移动网50%的份额。② 世界银行同乌兹别克斯坦政府实施Digital CASA项目，改善中亚南亚国家的网络状况，在软件开发、IT人才培养等领域向乌兹别克斯坦提供帮助。但中亚国家的互联网都完全依赖一个方向：南北方向—从俄罗斯到哈萨克斯坦，再到乌兹别克斯坦、吉尔吉斯斯坦和塔吉克斯坦，因此，乌兹别克斯坦的信息和通信安全与俄罗斯和哈萨克斯坦具有密切联系。③

（三）效率

截至2024年初，塔什干市企业法人在生活用水和电力方面的成本情况如下：生活用水价格为5200苏姆/立方米，折合0.41美元/立方米，这一价格中包含了管网费用；电价则为1000苏姆/千瓦时，折合0.079美元/千瓦时。根据《对外投资合作国别（地区）指南：乌兹别克斯坦》（2024年版）所载的信息，这些价格预计将在2025年4月迎来再次上调。这一价格调整趋势对于在塔什干市的企业来说，无疑会增加其日常运营成本，进而可能影响企业的利润空间和投资回报率。企业在制定长期发展规划和成本预算时，需要充分考虑这一因素，提前做好应对措施，如通过提高能源利用效率、优化生产流程等方式来降低单位成本，以缓解价格上涨带来的压力。④ 在互联网接入成本方面，虽尚未检索到乌兹别克斯坦具体的互联网接入价格数据，但有关资料显示，中亚地区的互联网接入成本相对较高。这主要是由于该地区地理位置较为特殊，远离大型海底光纤线路，且区域内各国在互联网基础设施建设方面的合作相对不足。这种地理和合作上的局限性导致了互联网接入成本的上升。据估算，全球互联网价格平均约为70美分/兆比特/秒（Mbps），而中亚地区的国家则不得不以高达300%的价格购买互联网服务。这意味着，对于在乌兹别克斯坦运营的企业来说，互联网接入成本可能是一个不容忽视的支出项目，尤其是在信息技术日益重要的今天，企业对互联网的依赖程度越来越高，无论是日常办公、市场营销还是客户服务等方面，都需要稳定的互联

---

①　参见郭晓婷：《乌兹别克斯坦数字化转型及与“数字丝绸之路”的对接》，载《欧亚经济》2020年第6期。

②　参见新疆师范大学中亚法律资政研究中心：《中亚经济法律问题研究论文集》，企业管理出版社2014年版，第343页。

③　参见《圆桌会议：数字中亚》，载中亚分析网，https：//www.caa-network.org/archives/8130，2025年3月4日访问。

④　参见《对外投资合作国别（地区）指南乌兹别克斯坦（2024年版）》，载中华人民共和国商务部官网，http：//fec.mofcom.gov.cn/article/gbdqzn/index.shtml，2025年3月7日访问。

网接入支持。高昂的互联网接入成本可能会进一步压缩企业的利润空间，影响企业的数字化转型和竞争力提升。①

从更宏观的层面来看，乌兹别克斯坦的这种能源和互联网接入成本情况，对于其吸引外资和促进经济发展也具有一定的影响。一方面，能源和互联网作为企业运营的基本要素，其成本的高低直接影响着企业的投资决策和运营效益。较高的成本可能会使一些对成本敏感的企业望而却步，从而影响乌兹别克斯坦吸引外资的竞争力。另一方面，这也提示乌兹别克斯坦政府需要进一步加强基础设施建设，改善能源供应和互联网接入条件，降低企业的运营成本，以提升国家的整体投资环境和经济吸引力。例如，政府可以通过加大对能源领域的投资，提高能源生产效率和供应稳定性，同时优化能源价格形成机制，以合理控制能源成本。在互联网方面，政府可以加强区域合作，共同建设互联网基础设施，引入更多的互联网服务提供商，通过市场竞争来降低互联网接入价格，提高服务质量。

此外，对于已经在乌兹别克斯坦投资运营的企业来说，面对这种成本上升的环境，也需要积极寻求应对策略。除了前面提到的提高能源利用效率和优化生产流程外，企业还可以通过与当地政府和相关部门沟通协商，争取政策支持和优惠措施，以缓解成本压力。同时，企业也可以考虑采用一些先进的信息技术解决方案，如云计算、大数据等，通过优化资源配置和提高运营效率来降低对传统能源和互联网接入的依赖，从而在一定程度上抵消成本上升的影响。

总之，塔什干市企业法人在生活用水、电力以及互联网接入等方面的成本情况，是企业在乌兹别克斯坦运营过程中需要重点关注的问题。随着价格的上调和互联网接入成本的相对高位，企业需要提前做好规划和应对措施，同时乌兹别克斯坦政府也需要采取有效措施改善基础设施条件，降低企业运营成本，以促进经济的可持续发展和吸引更多的投资。

四、劳动者保护

（一）监管框架

1. 劳动法规的质量

经过不断修订，《劳动法》最新版在 2023 年 4 月 30 日生效，分为 34 章，

---

① 参见《圆桌会议：数字中亚》，载中亚分析网，https：//www.caa-network.org/archives/8130，2025 年 3 月 10 日访问。

共581条。第一部分：一般规则、第二部分：劳工领域的社会伙伴关系、第三部分：就业。其规定较为全面，涵盖劳动合同的签订和变更、工作与休息时间、劳动报酬的支付、劳动保护、劳动争议的解决等各个方面，其规定全面且细致，具有较强的可操作性。

2. 员工基本权利

一是就业权。《劳动法》第94条规定，每个人都有绝对的权利运用自己的生产和创造能力和自由选择工作的权利。这一条款体现了对劳动者就业权的尊重和保障，确保劳动者可以根据自身的意愿和能力选择合适的工作岗位，而不是受到不合理的限制或歧视。这种对就业权的保障有助于激发劳动者的积极性和创造力，促进劳动力市场的活力和效率。

二是个人数据受到保护的权利。《劳动法》第179条规定，对于雇主存储的个人数据，雇员有获取、访问、指定代表保护、更正、补充其实个人数据等权利。在数字化时代，个人数据的保护尤为重要。这一条款不仅保护了雇员的隐私权，还赋予了雇员对其个人数据的控制权，确保雇主在处理雇员数据时必须遵循透明、合法和正当的原则。这有助于增强雇员对雇主的信任，维护良好的劳动关系。

三是休息休假权。《劳动法》规定了休息时间的一般规则，对于周末和公共假期都做了具体规定，还区分了带薪休假和无薪休假。这些规定体现了对劳动者休息权的重视，确保劳动者在工作之余能够有足够的时间休息和恢复体力，从而提高工作效率和生活质量。合理的休息休假制度有助于减少劳动者的疲劳和压力，预防职业倦怠，促进劳动者的身心健康。

四是获得劳动报酬权。《劳动法》在第243条到第257条对劳动报酬的一般条件做了具体规定，在第258条到第268条对劳动报酬的特殊条件做了具体规定。这些规定确保劳动者能够按时、足额获得应有的劳动报酬，防止工资拖欠和不合理的工资削减。明确的劳动报酬规定有助于维护劳动者的经济权益，保障其基本生活需求，同时也为劳动关系的稳定提供了经济基础。

五是工作环境与安全保障权。根据《劳动法》第355条规定员工享有工作环境与安全保障权。劳动者依法享有合规的工作场所，对于工作的条件、风险、补偿等享有知情权，同时也拥有拒绝危险工作的权利。这一条款体现了对劳动者生命安全和身体健康的高度重视，要求雇主必须提供安全的工作环境，采取必要的安全措施，预防和减少工作场所的事故和职业病的发生。

六是防护与健康保障权。对于具有影响劳动者健康风险的工作，雇主需要免费为劳动者提供符合标准的个人防护设备，为劳动者提供体检和医疗保护。这一规定不仅体现了对劳动者健康的关怀，也符合国际劳动标准中关于职业健康和安全的要求。通过提供必要的防护设备和医疗保障，可以有效降低劳动者在工作中面临的健康风险，减少职业病的发生。

七是社会保险与法律救济的权利。劳动者依法享有工伤事故和职业病的国家社会保险，也可对工作场所安全问题进行监督与申诉。这一条款为劳动者提供了经济保障和社会支持，确保其在发生工伤或职业病时能够得到及时的治疗和经济补偿。同时，赋予劳动者监督和申诉的权利，有助于增强劳动者对自身权益的保护意识，促进劳动法律法规的

八是职业培训权。雇主须承担员工安全工作方法和技术的培训费用，且劳动者被解雇时，雇主需支付其再培训费用。这一规定体现了对劳动者职业技能提升的重视，不仅有助于提高劳动者的就业能力和工作效率，也有利于企业的长期发展。通过提供职业培训，劳动者能够更好地适应工作要求，提升自身竞争力。

九是法定福利补偿权。劳动者享有法律规定的其他福利和补偿（如职业病津贴等）的权利。这些福利和补偿措施为劳动者提供了额外的经济支持，有助于减轻劳动者在面临职业病等特殊情况时的经济负担，体现了社会对劳动者的关怀和保障。

总之，乌兹别克斯坦的《劳动法》通过一系列具体而全面的条款，为劳动者提供了全方位的权益保障。这些规定不仅体现了对劳动者基本权利的尊重，也为构建和谐的劳动关系、促进社会的稳定与发展提供了法律基础。然而，法律的实施效果还需要依赖于有效的执法机制和劳动者的法律意识。因此，乌兹别克斯坦政府应进一步加强劳动法律法规的宣传和教育，提高劳动者的法律意识和维权能力，同时加强执法力度，确保劳动法律法规的有效实施，切实保障劳动者的合法权益。

3. 雇佣劳工规则

用人单位与劳动者之间必须签订书面劳动合同，劳动合同分为无固定期限和固定期限两种。《劳动法》第 111 条规定，如果考虑到未来工作的性质或者工作条件，个人劳动关系不能建立无限期，则应当依照《劳动法》第 112 条与劳动者订立固定期限劳动合同的情形规定订立固定期限劳动合同。除了依据法定的应订立固定期限合同的情形外，固定期限的劳动合同应被视为无固定期限的劳动合同。除法律另有规定外，固定期限劳动合同到期后，有订立固定期限合同规定的法定事由的，劳动合同当事人有权续订合同。在这种情况下，固定期限劳动合同的总期限不应超过 5 年。固定期限劳动合同续期前后总期限超过 5 年的，视为订立无固定期限劳动合同，法律另有规定的除外。根据《劳动法》第 43 条规定，工会组织或职工授权的其他代表机构亦可

代表职工与用人单位或其授权代表签订集体劳动合同。

劳动合同可约定试用期，《劳动法》第130条和131条规定，首次任职试用期不得超过3个月，副职机关首长、总会计师、机关各部门负责人试用期不得超过6个月且初始试用期包含在服务年限内，其中包括员工有权享受年假的服务年限。《劳动法》第132条规定，在试用期结束前，任何一方有权提前3日书面通知对方终止劳动合同。

乌兹别克斯坦的《劳动法》在劳动合同制度方面做出了全面而细致的规定，既保障了劳动者的长期就业稳定性，又考虑到了用人单位在特定情况下的实际需求。法律通过明确固定期限劳动合同的适用条件、续订规则和总期限限制，有效地防止了用人单位滥用固定期限劳动合同，从而保障了劳动者的长期权益。同时，通过赋予工会或职工代表签订集体合同的权利，法律进一步强化了对劳动者集体权益的保护。试用期的规定则体现了对双方权利的平衡，既允许用人单位进行合理评估，又保障了劳动者的就业稳定性。

然而，法律的有效实施还需要依赖于有效的执法机制和劳动者的法律意识。乌兹别克斯坦政府应进一步加强劳动法律法规的宣传和教育，提高劳动者的法律意识和维权能力，同时加强执法力度，确保劳动法律法规的有效实施，切实保障劳动者的合法权益。通过这些措施，乌兹别克斯坦可以进一步完善劳动关系，促进社会的稳定与发展。

4. 解雇劳工规则

乌兹别克斯坦的《劳动法》在劳动合同终止方面做出了详细且平衡的规定，旨在保护劳动者和用人单位的合法权益，同时确保劳动关系的灵活性和稳定性。这些规定体现了对劳动者就业稳定性的保障，同时也考虑到了用人单位在特定情况下的实际需求。

根据《劳动法》第160条，劳动者有权在劳动合同到期前以书面形式通知用人单位解除无固定期限劳动合同和固定期限劳动合同。这一规定赋予了劳动者在劳动关系中的主动权，使其能够在必要时选择离开当前的工作岗位，追求更好的职业发展机会或应对个人生活中的变化。这种权利的赋予有助于增强劳动者的就业安全感和自主性，促进劳动力市场的流动性和灵活性。

雇主主动终止劳动合同必须有正当理由且应提前通知劳动者，《劳动法》第165条规定，如因公司内部原因，应提前至少两个月通知；因劳动者资质不够，不能胜任所承担的工作，终止劳动合同前至少两周；因雇员的过失（不作为）行为而终止劳动合同至少提前3天。这些规定体现了对劳动者权益的保护，要求雇主在解除劳动合同时必须有充分的理由，并给予劳动者足够的时间来准备和应对。这种分层的通知期限设置考虑到了不同情况下的复杂性和紧迫性，既保障了劳动者的权益，又给予用人单位在特定情况下必要的灵活性。例如，对于公司内部原因导致的裁员，提前两个月的通知期限可以为劳动者提供足够的时间寻找新的工作机会；而对于因劳动者过失导致的合同解除，较短的通知期限则反映了情况的紧迫性和严重性。

《劳动法》第158条规定，固定期限劳动合同到期解除，但到期后若雇佣劳动关系仍然存在，并且没有任何一方在1周之内提出解除劳动合同，则视为劳动关系依然存续，该合同视为无固定期限劳动合同。这一规定旨在防止用人单位通过频繁续签固定期限劳动合同来规避无固定期限劳动合同的义务，从而保障劳动者的长期就业稳定性。通过这种方式，法律确保了劳动者在长期服务后能够获得更稳定的就业保障，减少了因合同到期而带来的不确定性和不安全感。

乌兹别克斯坦的《劳动法》在劳动合同终止方面做出了全面且细致的规定，体现了对劳动者和用人单位权益的平衡保护。通过赋予劳动者主动终止劳动合同的权利，法律增强了劳动者的自主性和就业安全感。同时，通过规定雇主主动终止劳动合同的条件和通知期限，法律确保了用人单位在解除劳动合同时必须有充分的理由，并给予劳动者足够的时间来应对变化。此外，固定期限劳动合同到期后的自动续期规则进一步强化了对劳动者长期就业权益的保护，防止用人单位滥用固定期限劳动合同。

（二）公共服务

1. 劳工的社会保险

根据劳动合同雇用个人工作的法人或个人职业事故和职业病强制性国家社会保险。①

根据《公民集体养老保险法》的规定，② 除法律另有规定外，雇主和根据劳动合同开展劳动活动的公民必须参加积累制养老金制度。这一制度旨在为劳动者提供长期的经济保障，确保他们在退休后能够维持一定的生活水平。同法第10条规定，雇主每月缴纳强制性养老金，该供款的缴纳将根据立法规定相应减少个人所得税。雇主有权从其自有资金中向雇员的个人储蓄养老金账户额外缴纳资金。额外缴款的数额及其缴纳条件应在集体协议中确定；如果未达成此类协议，则由雇主与雇员代表机构协商确定。

---

① 参见《乌兹别克斯坦法律：关于职业事故和职业病强制性国家社会保险》，载乌兹别克斯坦国家立法信息数据库，https：//www.lex.uz/docs/1390913#5512000，2025年3月5日访问。

② 参见《乌兹别克斯坦法律：关于公民集体养老保险》，载乌兹别克斯坦国家立法信息数据库，https：//www.lex.uz/docs/390573，2025年3月5日访问。

用人单位应按劳动者工资额 12%的标准为其缴纳社会税（类似国内社保）。[①] 这一规定明确了雇主在社会保险方面的责任，确保劳动者能够享受到包括医疗、养老、失业等在内的全面社会保障。通过固定比例的缴费，法律为劳动者提供了稳定的社会保障，同时也为社会保障体系的可持续性提供了资金支持。

乌兹别克斯坦的劳动法律法规在社会保险和养老金制度方面的规定，体现了对劳动者权益的全面保护。通过强制性职业事故和职业病保险，法律为劳动者提供了基本的安全保障，减轻了因工作相关伤害或疾病带来的经济负担。积累制养老金制度则为劳动者提供了长期的经济保障，确保他们在退休后能够维持一定的生活水平。此外，通过合理的缴费机制和税收优惠措施，法律激励雇主积极参与社会保险制度，促进社会的稳定和经济的可持续发展。

2. 劳工就业辅导服务

扶贫就业部、数字技术部和高等教育、科学与创新部负责通过培训和将无业人员纳入职业和创业培训，为 26.6 万人提供有偿就业。这种多部门协同的方式能够整合各方资源，发挥各自的优势，形成合力，更有效地推动就业培训工作。例如，数字技术部可以利用其在信息技术和数字化方面的专业知识，为失业人员提供与数字技能相关的培训，帮助他们适应数字经济的发展需求；高等教育、科学与创新部则可以利用其在教育和科研方面的资源，开发高质量的培训课程，提升培训的科学性和实用性。这种跨部门合作模式有助于打破部门壁垒，提高政策执行的效率和效果。

自 2025 年 2 月 1 日起，国家就业援助基金拨付的职业培训奖学金将发放给残疾人以及参加 3 个月以上培训课程的贫困家庭登记册中的失业家庭成员。这一措施体现了对弱势群体的特别关注和支持，通过提供经济援助，鼓励他们参加职业培训，提高就业能力，从而增加其就业机会。奖学金的发放通过区（市）扶贫、促进就业部门进行，这种地方化的管理方式能够确保资金的精准投放和有效管理，使真正需要帮助的人能够受益。

自 2025 年 5 月 1 日起，将引入凭证制度，为失业人员（首先是贫困家庭成员）承担职业培训费用。凭证制度是一种有效的财政补贴方式，它将资金直接分配给需要培训的个人，而不是直接拨给培训机构。这种方式赋予了失业人员更多的选择权，使他们能够根据自身的需求和兴趣选择最适合自己的培训课程，提高了培训的针对性和效果。同时，凭证制度还能促进培训机构

---

① 参见《对外投资合作国别（地区）指南乌兹别克斯坦（2024 年版）》，载中华人民共和国商务部官网，http://fec.mofcom.gov.cn/article/gbdqzn/index.shtml，2025 年 3 月 7 日访问。

之间的竞争，激励它们提高培训质量和服务水平，以吸引更多的学员。

到 2025 年 7 月 1 日，国际金融机构和国家就业援助基金应为建立新职业培训中心提供必要的设备和合格的专业人员。这一措施旨在通过改善培训设施和提升师资力量，提高职业培训的质量和效率。国际金融机构的参与可以带来先进的管理经验和资金支持，而国家就业援助基金则可以确保培训中心的运营符合国家的就业政策和目标。通过这种方式，乌兹别克斯坦能够建立起一批高质量的职业培训中心，为失业人员提供更好的培训机会。

到 2025 年底，卡拉卡尔帕克斯坦共和国部长会议应与各地区和塔什干市地方政府在私营部门的参与下，利用未得到有效利用的日工中心的建筑物和结构，建立服务设施和职业培训中心，为失业人口提供职业培训并促进其就业。这一措施体现了对现有资源的优化利用，通过改造和升级现有的日工中心，不仅能够节省建设成本，还能快速增加职业培训的供给能力。同时，私营部门的参与可以带来更多的创新和灵活性，提高培训中心的运营效率和市场适应性。①

乌兹别克斯坦政府通过这些政策措施，展现了在解决失业问题、特别是针对弱势群体的就业支持方面的积极态度和坚定决心。通过多部门协同推动就业培训、发放职业培训奖学金、引入凭证制度、建立新职业培训中心以及利用现有资源优化职业培训供给，政府不仅为失业人员提供了更多的就业机会，还通过提升他们的就业能力，促进了经济的多元化发展和社会的稳定。

（三）效率

1. 非工资性成本

乌兹别克斯坦《劳动法》第 355 条对雇主在员工工作环境、健康保障、损害赔偿等方面的义务作出了明确规定，这些义务属于非工资性成本。这些规定体现了对劳动者权益的全面保护，旨在确保劳动者在安全、健康的环境中工作，同时也为雇主明确了在劳动保护方面的责任和义务。

一是雇主在职业病和健康风险方面的义务。雇主需向从事有职业病和其他疾病风险的雇员提供福利和补偿，以及个人和集体防护设备。这一规定体现了对劳动者健康的高度重视，要求雇主在员工面临职业病风险时，不仅要提供必要的防护设备，还要承担相应的福利和补偿责任。这种双重保障机制有助于减少职业病的发生，保护劳动者的健康权益。

---

① 参见《乌兹别克斯坦总统决定：关于 2025 年保障就业和减少贫困的措施》，载乌兹别克斯坦国家立法信息数据库，https：//www. lex. uz/docs/7327821#7328734，2025 年 3 月 4 日访问。

二是个人防护设备的提供。按照既定的劳动保护标准和要求，雇主需承担费用提供个人防护设备。这一规定确保了劳动者在工作中能够获得必要的安全保护，防止因缺乏防护设备而导致的工伤和职业病。通过明确雇主的责任，法律强化了劳动保护措施的实施，提高了工作场所的安全性。

三是强制性国家社会保险的参与。雇主需按照法律规定的程序参加针对工伤事故和职业病的强制性国家社会保险。这一措施为劳动者提供了额外的经济保障，确保在发生工伤或职业病时，劳动者能够获得及时的医疗救治和经济补偿。强制性社会保险制度不仅减轻了劳动者的经济负担，还增强了雇主在劳动保护方面的责任意识。

四是安全工作方法和技术培训。雇主需承担费用进行安全工作方法和技术培训。这一规定体现了对劳动者技能提升和安全意识培养的重视，确保劳动者在工作中能够正确使用安全设备和遵循安全操作规程。通过定期的安全培训，可以有效减少工伤事故的发生，提高工作场所的整体安全性。

五是健康损害的补偿。雇主需对雇员在履行劳动职责过程中，因工作导致残疾、职业病或者其他健康损害，对其生命或健康造成损害的补偿。这一规定为劳动者提供了全面的经济保障，确保在遭受工作相关伤害时能够获得足够的补偿。这种补偿机制不仅体现了对劳动者权益的保护，还要求雇主在劳动保护方面采取积极措施，减少职业病和工伤事故的发生。

六是违反劳动保护要求时的培训和再培训费用。因违反劳动保护要求而终止雇佣关系时，雇主需承担培训和再培训费用。这一规定进一步强化了雇主在劳动保护方面的责任，要求雇主在违反劳动保护要求时，不仅要承担经济责任，还要为劳动者提供再就业的支持。这种双重责任机制有助于提高雇主对劳动保护的重视程度，减少违反劳动保护要求的行为。

上述这些规定不仅体现了对劳动者权益的全面保护，还通过明确雇主的责任，推动了劳动保护措施的有效实施。通过提供个人防护设备、强制性社会保险、安全培训、健康损害补偿以及再培训费用等措施，法律为劳动者提供了多层次的保障，确保他们在安全、健康的环境中工作。

2. 解雇时间和成本

（1）时间成本

雇主主动终止劳动合同必须有正当理由且应提前通知劳动者，《劳动法》第 165 条规定，如因公司内部原因，应提前至少两个月通知；因劳动者资质不够，不能胜任所承担的工作，终止劳动合同前至少两周；因雇员的过失（不作为）行为而终止劳动合同至少提前 3 天。

这些规定体现了对劳动者权益的保护，确保劳动者在劳动合同终止前有足够的时间寻找新的工作机会或做出其他安排。提前通知期限的设置有助于减少劳动者因突然失业而面临的经济和心理压力。同时，这些规定也考虑到了雇主在不同情况下的实际需求，如因公司内部原因导致的裁员需要较长的准备时间，而因劳动者过失导致的合同终止则可以较短的通知期限。

（2）经济成本

《劳动者法典》第 152 条规定，停职期间，劳动者非因本人过错未接受劳动保护培训、知识技能考试、强制性健康检查，或者用人单位未向其提供个人和（或）集体防护设备而被解除劳动合同，以及用人单位对劳动者进行服务检查而解除劳动合同的，应当保留劳动者解除劳动合同期间的月平均工资。这一规定确保了劳动者在非自身过错导致的停职期间仍能获得基本的经济保障，体现了对劳动者权益的保护。这有助于减少因停职导致的经济不稳定，维护劳动者的合法权益。

《劳动者法典》第 159 条规定，如果个人劳动关系的终止是由于雇主主动终止的，且原因与雇员的过失（不作为）无关，则雇主应向雇员支付罚款；第 173 条规定，由雇主主动终止合同，但因雇员的过失行为（不作为）而终止合同的情况除外，应当支付经济补偿。

遣散费的数额取决于雇员在雇主处的服务年限，具体如下：对于具有 3 年以下工作经验的员工，平均月工资的 50%；对于具有 3 至 5 年工作经验的员工，平均月工资的 75%；对于具有 5 至 10 年工作经验的员工，平均月工资的 100%；对于具有 10 至 15 年工作经验的员工，平均月工资的 150%；对于具有 15 年以上工作经验的员工，不得低于月平均工资的 200%。

这些规定体现了对劳动者长期服务的补偿，确保劳动者在劳动合同终止时能够获得一定的经济补偿。遣散费的数额根据服务年限递增，体现了对劳动者长期贡献的认可和补偿。这种分级补偿机制既保障了劳动者的权益，又为雇主提供了一定的灵活性，避免因遣散费过高而对雇主造成过重的经济负担。

根据《劳动法》第 547 条规定，如果尚未签订集体协议，雇主和工会委员会可以协议设立劳动争议委员会。收到成立劳动争议委员会书面建议的雇主和工会委员会必须在 10 日内派代表前往该委员会。第 551 条规定，劳动争议委员会审理个人劳动争议的程序劳动争议委员会必须自劳动者提出申请之日起 10 日内审理个人劳动争议。劳动争议委员会审理的个别劳动争议，可以根据需要，在劳动者的非工作时间进行审理。第 554 条规定，劳动者自知道或者应当知道其劳动权利受到侵害之日起 6 个月内，可以向劳动争议委员会提出申请。第 566 条规定，用人单位应当在 10 日的上诉期满后 3 日内履行劳动争议委员会作出的决定。这些规定建立了一个高效的劳动争议解决机制，确保劳动者的权益在受到侵害时能够得到及时和公正地处理。劳动争议委员会的设立和运作机制明确了各方的职责和时间要求，有助于减少劳动争议的处理时间和成本。同时，规定劳动者在 6 个月内可以提出申请，以及用人单位在上诉期满后 3 日内履行决定，这些时间限制有助于确保劳动争议的快速解决，维护劳动关系的稳定。

综上，通过法律明确雇主在劳动合同终止时的时间成本和经济成本，确保了劳动者在失业时能够获得必要的经济支持和时间准备。同时，劳动争议解决机制的建立为劳动者提供了有效的法律救济途径，确保劳动关系的公平和透明。

五、金融服务的获得

（一）监管框架

1. 担保交易

根据《世界银行营商环境成熟度报告方法论手册》，“现代担保交易系统（动产通常用作担保品）向借款人提供了以负担得起的利率获得信贷的机会”。[①]

担保制度主要集中在《民法典》[②] 的第 264 条至第 310 条及《抵押法》[③]《关于对乌兹别克斯坦有关进一步发展抵押贷款市场的若干法律进行修改和补充》等法律中。

乌兹别克斯坦的担保制度包含抵押、质押（包括权利、证券质押）、保证（《民法典》第 299—310 条）等多项内容，且将与国际贸易有关的质押写在了《抵押法》第 49—50 条中。与我国的担保制度相比，乌兹别克斯坦的担保制度在某些方面具有独特的特点。例如，乌兹别克斯坦允许典当形式的质押存在，并将其明确写入《民法典》第 289 条。这种形式的质押为借款人提供了更多的选择，尤其是在需要快速获得资金的情况下。此外，乌兹别克斯坦的担保制度在国际贸易中的质押方面也有详细规定，这为国际贸易中的融资提供了便利。

2. 绿色融资

为引入绿色技术、向绿色经济过渡，2019 年 10 月 4 日，总统米尔济约耶

---

① 世界银行营商环境评估团队编：《世界银行营商环境成熟度报告方法论手册》，罗培新等译，译林出版社 2023 年版，第 300 页。

② 《乌兹别克斯坦民法典》，载乌兹别克斯坦国家立法信息数据库，https：//lex. uz/docs/111181，2025 年 3 月 15 日访问。

③ 《乌兹别克斯坦抵押法》，载乌兹别克斯坦国家立法信息数据库，https：//lex. uz/docs/59847，2025 年 3 月 15 日访问。

夫通过总统令批准了《绿色经济过渡战略》①，该总统令的第 2 条指出，要“发展金融和非金融机制以支持绿色经济”。

《绿色经济过渡战略》第 2 章第 2 条指出，“通过技术现代化和金融机制的发展，提高经济的能源效率和合理消费自然资源”是实现战略目标的主要任务之一。第 4 章对“建立金融和非金融机制以支持绿色经济”作出详细规定，其中，第 16 条“制定引入绿色技术的制度框架”指出要创建支持创新活动的企业孵化结构，形成绿色技术的商业化机制。第 21 条“支持绿色投资”包含：第一，引入绿色贷款、风险融资系统；第二，设立绿色基金、专项节能基金和其他类似机制；第三，激活私营部门为向绿色经济过渡的项目提供资金，并刺激银行系统进行绿色投资；第四，通过财政政策支持国家绿色经济的可持续增长。

2025 年 1 月 30 日，总统米尔济约耶夫颁布了总统令《关于在“环境保护和绿色经济年”实施〈乌兹别克斯坦—2030 战略〉的国家规划》②。该规划第 1 条和第 2 条指出，将在 2025 年为该四种项目提供可持续融资：广泛实施“绿色经济”原则的项目、经济脱碳的项目、缓解和适应气候变化的项目。第 19 条提出将在 2025 年 9 月 1 日推出一个“绿色企业家”资格认证平台，当企业满足：景观美化、引入节能设备和技术、减少对环境的影响（包括引入防止环境违法行为和向大气中排放废气的在线监测系统）、在生产中实施循环经济原则时，可以获得“绿色企业家”资格，并在商业实体可持续性评级中获得额外一分。第 21 条则指出将通过一些措施保障可持续融资的提供，其中包括在 2025 年 12 月 1 日制定建立“绿色融资”系统的国家计划，在 2025 年 9 月前引入绿色经济项目评估程序，接受来自欧洲复兴开发银行、世界银行等机构的贷款与赠款资金等。

3. 商业贷款

根据《银行和银行活动法》③ 第 1 条，银行是作为商业组织并执行“接受法人实体和个人的存款，以及将接受的资金用于贷款或投资”的银行活动的法人，而银行活动受到《中央银行法》《银行和银行活动法》和其他立法法案的规范。

---

① 《绿色经济过渡战略》，载乌兹别克斯坦国家立法信息数据库，https://lex.uz/docs/4539506，2025 年 3 月 15 日访问。

② 《关于在“环境保护和绿色经济年”实施〈乌兹别克斯坦—2030 战略〉的国家规划》，载乌兹别克斯坦国家立法信息数据库，https://lex.uz/en/docs/7369745，2025 年 3 月 15 日访问。

③ 《乌兹别克斯坦银行和银行活动法》，载乌兹别克斯坦国家立法信息数据库，https://lex.uz/docs/12011，2025 年 3 月 15 日访问。

包括22家股份制商业银行、6家外资参股银行、2家外资银行、5家私人银行在内的35家不同所有制形式的商业银行构成了乌兹别克斯坦的银行业。目前，乌兹别克斯坦的3大银行是国家外经银行、工业建设银行、农业银行。乌兹别克斯坦暂未开立中资银行，但与中国进出口银行和中国国家开发银行存在较多业务合作的乌兹别克斯坦银行有国家外经银行、工业建设银行和阿萨卡银行。全球三大评级机构，标准普尔、惠誉和穆迪，将乌兹别克斯坦银行业评级为稳定。

2011年10月4日颁布的《信用信息交换法》[①] 为贷款的征信信息流通提供规制。为提高金融服务质量，简化发放贷款的程序，保护公民的贷款利益，2025年3月4日，《关于对乌兹别克斯坦〈信用信息交换法〉进行修改和补充，以进一步改善贷款领域的关系》[②] 被批准，将于2025年6月6日生效。

4. 电子支付的法律法规

2019年11月1日，《支付和支付系统法》[③] 施行，其第8章“电子货币”的第39—44条分别对电子货币的系统、发行者和所有者、运营商、发行和销售、使用、兑换与赎回作出规定。这些条款的实施，不仅为电子货币的使用提供了法律保障，还为支付系统的现代化和数字化奠定了基础。通过明确各方的权利和义务，规范市场行为，该法律有助于提升支付系统的整体效率和安全性。

2024年9月18日，乌兹别克斯坦部长内阁决议《关于引进新型旅游业和有效利用国家旅游潜力的补充措施》[④] 被颁布并于2024年9月26日生效，其第8条指出，乌兹别克斯坦中央银行（CBU）将通过谈判使Paypal、支付宝、UniPay、Apple Pay、Google Pay等在线支付工具在2024年底前与乌兹别克斯坦的支付系统和银行服务建立连接。这一措施的实施背景是乌兹别克斯坦政府对旅游业的高度重视和积极推动。通过引入国际知名的在线支付工具，乌兹别克斯坦旨在提升旅游支付的便利性，吸引更多国际游客，促进旅游业的快速发展。

这些措施的实施，对乌兹别克斯坦的经济发展和社会进步具有重要意义。

---

① 《乌兹别克斯坦信用信息交换法》，载乌兹别克斯坦国家立法信息数据库，https：//lex.uz/uz/docs/1878085，2025年3月15日访问。

② 《关于对乌兹别克斯坦〈信用信息交换法〉进行修改和补充，以进一步改善贷款领域的关系》，载乌兹别克斯坦国家立法信息数据库，https：//lex.uz/uz/docs/7417668，2025年3月15日访问。

③ 《乌兹别克斯坦支付和支付系统法》，载乌兹别克斯坦国家立法信息数据库，https：//lex.uz/ru/docs/4575788#4580603，2025年3月15日访问。

④ 《关于引进新型旅游业和有效利用国家旅游潜力的补充措施》，载乌兹别克斯坦国家立法信息数据库，https：//lex.uz/uz/docs/-7114983，2025年3月15日访问。

一方面，支付系统的现代化和数字化将提升金融交易的效率，促进经济活动的活跃；另一方面，便捷的支付方式将提升消费者的生活质量，增强社会的幸福感和满意度。此外，旅游业的快速发展将带动相关产业的繁荣，创造更多的就业机会，促进经济的多元化发展。

（二）公共服务

1. 信贷基础服务获取

乌兹别克斯坦信贷市场的特点是贷款利率较高（商业银行贷款年利率约17%—24%），融资成本昂贵。① 2024 年 9 月，乌兹别克斯坦商业银行的本币银行贷款平均利率为 24.2%，外币长期贷款利率为 8.8%，因此，乌兹别克斯坦商业银行贷款一般不会成为外资企业的选择，且人民币不能被中资企业用于在当地开展跨境贸易和投资合作。②

表 3-1　CBU 的基准利率

时间	基准利率（%）
2024 年 3 月 14 日—2024 年 6 月 12 日	14③
2024 年 6 月 13 日—2024 年 10 月 30 日	14④
2024 年 10 月 31 日—2024 年 12 月 11 日	14⑤

① 参见《乌兹别克斯坦营商相关法律解读》，第 5 页，载“一带一路”法律专业知识服务平台，https：//br. oms. ilawpress. com/Template/ydyl/comment/detail? code=3431，2025 年 3 月 15 日访问。

② 参见商务部对外投资和经济合作司等编：《对外投资合作国别（地区）指南：乌兹别克斯坦》（2024 年版），第 27 页，载商务部“走出去”公共服务平台，http://fec. mofcom. gov. cn/article/gbdqzn/，2025 年 2 月 28 日访问。

③ See *At the meeting on March* 14, 2024, *the Board of the Central Bank decided to keep the policy rate unchanged at* 14 *percent per annum*, The Central Bank of the Republic of Uzbekistan, available at：https：//cbu. uz/en/monetary－policy/publications/press－releases/1632061/? sphrase_ id = 415567, access at 15 March 2025.

④ See *At the meeting on June* 13, 2024, *the Board of the Central Bank decided to keep the policy rate at* 14 *percent per annum*, The Central Bank of the Republic of Uzbekistan, available at：https：//cbu. uz/en/press_center/releases/1729499/? sphrase_ id=415567, access at 15 March 2025.

⑤ See *At the meeting on October* 31, 2024, *the Board of the Central Bank decided to keep the policy rate unchanged at* 13. 5 *percent per annum*, The Central Bank of the Republic of Uzbekistan, available at：https：//cbu. uz/en/monetary－policy/publications/press－releases/1933623/? sphrase_ id = 415570, access at 15 March 2025.

（续表）

时间	基准利率（%）
2024年12月12日—2025年1月22日	13.5①
2025年1月23日至今	13.5②

2025年3月12日，CBU的会议称将于3月20日召开新一轮关于基准利率的会议。③

2. 融资获取（其他信贷服务获取）

2022年4月21日，《非银行信贷组织及小额信贷活动法》取代了于当日失效的《私有银行和金融机构保障法》④。

根据《非银行信贷组织及小额信贷活动法》第3条，乌兹别克斯坦的非银行信贷组织的类型是法定的，有如下三种：第一，从事小额贷款等业务的小额贷款组织；第二，从事以个人物品（动产）为抵押，向个人发放短期小额贷款业务的典当行；第三，筹集资金并将其用于抵押贷款再融资业务的抵押再融资机构。根据该法第5条第3款，向商事主体发放的小额贷款不能超过3亿苏姆。

2024年2月27日，乌兹别克斯坦通过《关于修订乌兹别克斯坦部分法律以完善信贷义务履行程序并扩大小额信贷服务使用的法案》⑤对《非银行信贷组织及小额信贷活动法》的内容进行修订，调整了债务人偿还金额不足以全部清偿债务时的清偿顺序，规定了应对法院判决书中确定追偿的债务金额停止计算利息和违约金，并将《非银行信贷组织及小额信贷活动法》第5条

① See *At the meeting on December 12, 2024, the Board of the Central Bank decided to keep the policy rate unchanged at 13.5 percent per annum*, The Central Bank of the Republic of Uzbekistan, available at: https://cbu.uz/en/monetary-policy/publications/press-releases/2015193/?sphrase_id=415570, access at 15 March 2025.

② See *At the meeting on January 23, 2025, the Board of the Central Bank decided to keep the policy rate at 13.5 percent per annum*, The Central Bank of the Republic of Uzbekistan, available at: https://cbu.uz/en/press_center/releases/2117343/?sphrase_id=415570, access at 15 March 2025.

③ See Rescheduling of the Central Bank Board Meeting on the Policy Rate, The Central Bank of the Republic of Uzbekistan, available at: https://cbu.uz/en/press_center/news/2224116/?sphrase_id=415570, access at 15 March 2025.

④ 《乌兹别克斯坦私有银行和金融机构保障法》，载乌兹别克斯坦国家立法信息数据库，https://lex.uz/ru/docs/5972413，2025年3月15日访问。

⑤ 《关于修订乌兹别克斯坦部分法律以完善信贷义务履行程序并扩大小额信贷服务使用的法案》，载乌兹别克斯坦国家立法信息数据库，https://lex.uz/docs/6819123，2025年3月15日访问。

“小额信贷活动”中针对个人发放的小额信贷的上限从五千万苏姆调整到1亿苏姆。

总之，乌兹别克斯坦通过明确非银行信贷组织的类型和业务范围，以及对相关法律的修订，展现了其在促进金融多元化和保护金融消费者权益方面的积极努力。这些措施不仅有助于提升金融服务的可及性和便利性，还通过合理的贷款额度限制和清偿顺序调整，增强了金融市场的稳定性和透明度。同时，提高个人小额信贷上限的举措，进一步体现了对个人金融需求的关注和支持，有助于推动社会经济的全面发展。

3. 征信机构运作

有关征信机构的内容被规定在《信用信息交换法》[①] 中。乌兹别克斯坦的征信机构被称为“信用局”（кредитное бюро），其法定的最低注册资本为20亿苏姆。根据《信用信息交换法》第12条，这一机构受到CBU的监管和监督。信用局从法人和个体工商户的国家登记机关、不动产产权和交易的国家登记机关、国家税务机关、内务机关、公证处、负责发放许可证和其他许可文件的机关等处获取信贷信息，[②] 还可以通过信贷信息交换合同从信贷信息主体处获取信贷信息，并在信贷信息提供者同意的情况下向信贷信息用户提供信用报告。[③]

在对信用局的辨别上，《信用信息交换法》第7条规定，信用局的商号必须包含“信用局”字样，且其可以使用带有其公司名称的印鉴、信笺及专属徽标。根据第8条，信用局会持有由CBU颁发的国家注册及业务许可证。

4. 担保机构运作

乌兹别克斯坦的担保机构在近年来得到了显著的发展，其运作机制和法律框架不断完善，为中小企业和个人提供了重要的融资支持。根据《非银行信贷组织及小额信贷活动法》第3条，乌兹别克斯坦的非银行信贷组织主要有以下三种类型：一是小额信贷组织；二是典当行；三是抵押再融资机构。这些担保机构的主要业务包括信用担保、项目融资担保和贸易融资担保等，旨在降低企业的融资成本，提高融资效率，促进当地经济的稳定发展。

乌兹别克斯坦的担保机构运作在法律框架下进行，主要依据《民法典》和《非银行信贷组织及小额信贷活动法》等法律法规。这些法律明确了担保

---

① 《信用信息交换法》，载乌兹别克斯坦国家立法信息数据库，https：//lex. uz/uz/docs/1878085，2025年3月15日访问。

② 参见《信用信息交换法》，第16条。

③ 参见《信用信息交换法》，第18—19条。

机构的业务范围、运营要求和监管机制，确保其合规运营。2024 年 2 月 27 日，乌兹别克斯坦通过了《关于修订乌兹别克斯坦部分法律以完善信贷义务履行程序并扩大小额信贷服务使用的法案》，对《非银行信贷组织及小额信贷活动法》进行了修订。修订内容包括调整债务人偿还金额不足以全部清偿债务时的清偿顺序，规定对法院判决书中确定追偿的债务金额停止计算利息和违约金，并将个人小额信贷的上限从 5 千万苏姆调整到 1 亿苏姆。

（三）效率

1. 金融服务获取的时间

1995 年以来，为适应经济社会发展需要，乌兹别克斯坦逐渐增加银行规模与服务项目，并降低金融准入门槛以允许更多金融机构从事相关业务，以缩短金融服务的提供时间。[①]

根据《关于批准‘数字乌兹别克斯坦 2030’战略及采取措施有效落实的总统令》第 8 条，在 2022 年 1 月 1 日之前完成商业银行的数字化转型，确保提供广泛的在线服务，包括以远程形式销售信贷产品、开立存款和活期账户。

在乌兹别克斯坦，开户时间因银行类型而异。国有银行开户时间通常较长，大约需要 3 个工作日，而股份制银行和私人银行开户时间较短，一般为 1 个工作日。这种时间差异主要是由于国有银行的流程较为复杂，需要更多的审核和合规检查。

根据乌兹别克斯坦央行的数据，商业银行的贷款审批时间因贷款类型和金额而异。一般来说，小额贷款的审批时间较短，通常在 1—2 周内完成，而大额贷款或复杂项目的贷款审批可能需要更长时间，甚至可能达到数月。这种时间差异主要是由于大额贷款需要更详细的项目评估和风险分析。

乌兹别克斯坦在跨境金融服务方面也取得了一定进展。例如，大宗平台与乌兹别克斯坦外经银行（NBU BANK）达成跨境结算合作，通过共享信息和资源，为客户提供更加便捷、高效的跨境金融服务，降低贸易风险，提高资金流转效率。这种合作有助于减少跨境金融服务的时间成本，促进双边贸易的发展。

2. 成本

乌兹别克斯坦的贷款利率相对较高。2024 年 9 月，乌兹别克斯坦央行基准利率为 13.5%，商业银行本币贷款平均利率为 24.2%，外币长期贷款利率

---

① 参见张宁：《乌兹别克斯坦独立后的政治经济发展（1991—2011）》，上海大学出版社 2012 年版，第 120 页。

为8.8%。这种高利率主要是由于乌兹别克斯坦的金融市场发展水平和通货膨胀率较高，导致融资成本相对较高。

乌兹别克斯坦的银行服务费用因银行类型和服务种类而异。一般来说，国有银行的服务费用相对较低，但服务质量可能不如股份制银行和私人银行。股份制银行和私人银行的服务费用较高，但提供更优质的服务和更便捷的线上服务。

在乌兹别克斯坦注册金融公司，费用因公司类型和业务范围而异。注册有限责任公司的基本费用包括公司注册登记费（约500美元）、公证费和翻译费（几百美元到几千美元不等）。此外，还需要考虑注册资本、办公场地租赁及设备购置费用、人员招聘与培训费用等。

乌兹别克斯坦在数字化金融服务方面取得了显著进展。例如，TBC乌兹别克斯坦成功部署了AI技术，提高了运营效率，增强了客户服务，并加速了乌兹别克斯坦的增长。这种技术的应用有助于减少金融服务的时间成本，提高服务效率和质量。

乌兹别克斯坦在金融服务获取的时间和成本方面取得了一定进展，但仍面临一些挑战。高利率和较高的服务费用可能对中小企业和个人获取金融服务造成一定障碍。然而，通过数字化技术的应用和跨境金融服务的合作，乌兹别克斯坦正在逐步降低金融服务的时间成本，提高服务效率。

表3-2 乌兹别克斯坦的营商便利（Doing Business）

时间	营商便利度	投资者保护
2019年	67.40（排名71）	通过明确上市公司的所有权和控制权结构，加强了对中小投资者的保护①
2020年	69.9（排名69）	通过增加股东在公司重大决策中的权利和作用、明确所有权和控制结构以及要求更高的公司透明度，来加强对中小投资者的保护②

六、税收法律及政策

（一）监管框架（税收法规种类和质量）

1. 税收法律制度简介

自1991年8月31日独立以来，乌兹别克斯坦政府一直对税收法律制度的

① See World Bank Group：Doing Business 2019，p. 151.

② See World Bank Group：Doing Business 2020，p. 126.

建设非常重视。其现行税收法律制度主要由以下三个部分组成：[①]

第一，《税法典》；

第二，根据《税法典》的规定通过的其他法令，如《土地税法》《企业、公司及组织纳税法》《外国投资法》等；

第三，经乌兹别克斯坦批准的国际税收条约，如《中华人民共和国政府和乌兹别克斯坦政府关于对所得税避免双重征税和防止偷漏税的议定书》。

《中华人民共和国政府和乌兹别克斯坦政府关于对所得税避免双重征税和防止偷漏税的议定书》于 2011 年 4 月 18 日签订。

在实践中，总统令与内阁规定等文件也被广泛运用于调节对外商和外国投资的税收问题，如《内阁关于进口关税制度的规定》。[②]

乌兹别克斯坦的税收法律制度在 1991 年至今的 30 余年内经历了三个发展阶段，分别是"初创阶段""改革调整阶段"和"基本定型阶段"。[③] 第一，1991 年至 1993 年底的初创阶段中，乌兹别克斯坦政府在原先苏联期间的税收法律制度的基础上进行改革，开征增值税、关税、法人所得税、个人所得税等税种。第二，1994 年至 2006 年间的改革调整阶段中，乌兹别克斯坦议会（乌兹别克斯坦最高会议）通过了 1997 年《税法典》，减轻企业税收负担，提高税务机关工作效率，稳定国家经济发展。第三，2007 年至今的基本定型阶段中，2007 年 12 月 25 日，现行的《税法典》颁布，并于 2008 年 1 月 1 日生效，奠定了乌兹别克斯坦税收体系的基础。此后，《税法典》经过数次修订，最新一次修订的内容被包含在 2025 年 2 月 7 日颁布的《关于为进一步完善公司关系的法律基础而对乌兹别克斯坦部分法律法规进行修订和补充的法律》[④]中，分别是第 27 条"删除《税法典》第 36 条'折旧费用'第 4 款'单一企业资产折旧'"[⑤] 与第 28 条"删除《乌兹别克斯坦国家规费法》第 15 条'免缴国家规费的特定类别人员'中的'在国有企业基础上设立的股份公司'"[⑥]。

---

① 参见国家税务总局国际税务司国别（地区）投资税收指南课题组编：《中国居民赴乌兹别克斯坦投资税收指南》（2024 年版），第 10 页。

② 参见《乌兹别克斯坦营商法治状况评述》，第 10 页，载"一带一路"法律专业知识服务平台，https://br.oms.ilawpress.com/Template/ydyl/focusing/detail?id=216323，2025 年 3 月 15 日访问。

③ 参见王鸿貌：《乌兹别克斯坦税收法律制度和吉尔吉斯斯坦税收法律制度》，中国财政经济出版社 2023 年版，第 3—6 页。

④ 《关于为进一步完善公司关系的法律基础而对乌兹别克斯坦部分法律法规进行修订和补充的法律》，载乌兹别克斯坦国家立法信息数据库，https://lex.uz/ru/docs/7367738，2025 年 3 月 15 日访问。

⑤ 《乌兹别克斯坦税法典》，载乌兹别克斯坦国家立法信息数据库，https://lex.uz/ru/docs/4674893?ONDATE=08.05.2025%2000#edi7374979，2025 年 3 月 15 日访问。

⑥ 《乌兹别克斯坦国家规费法》，载乌兹别克斯坦国家立法信息数据库，https://lex.uz/ru/docs/4680955?ONDATE=19.10.2024%2000#7167851，2025 年 3 月 15 日访问。

2. 税收种类简介①

乌兹别克斯坦实行实质征税原则，即“如果一项交易的法律形式不符合其经济实质，则税务机关可以对交易进行重新定性并按照新的定性进行征税”。②

乌兹别克斯坦征收的税费包括：第一，主要税种；第二，针对特殊行业和特殊活动征收的特殊税制（包括：营业税、产品分成协议特殊税制、特别经济区特殊税制和乌兹别克斯坦部分地区特殊税制）；第三，针对律师协会以及接受外国直接投资的企业所设立的特殊征税方式；第四，机动车费和酒类产品销售许可费等费用。③

（1）主要税种④

表 3-3 主要税种

序号	税种名称	纳税义务人	税率
1	企业所得税	居民企业	一般税率：15%
			商业银行、生产聚乙烯颗粒的公司、提供移动通信服务的公司、市场和商业综合体服务收入：20%
			电子商务收入占年收入 90%以上的从事商品（工程、服务）电子商务的纳税人：7.5%
			居民企业之间的股息：5%的预提税
		通过常设机构运营的非居民企业	适用居民企业的所得税税率（以其通过常设机构获得的总收入减去相应的费用后的余额乘适用税率）
		不构成常设机构的非居民企业	详见《中国居民赴乌兹别克斯坦投资税收指南》第 25—28 页

① 参见商务部对外投资和经济合作司等编：《对外投资合作国别（地区）指南：乌兹别克斯坦》（2024 年版），第 40—41 页，载商务部“走出去”公共服务平台，http://fec.mofcom.gov.cn/article/gbdqzn/，2025 年 2 月 28 日访问。。

② 国家税务总局国际税务司国别（地区）投资税收指南课题组编：《中国居民赴乌兹别克斯坦投资税收指南》（2024 年版），第 9 页。

③ 参见国家税务总局国际税务司国别（地区）投资税收指南课题组编：《中国居民赴乌兹别克斯坦投资税收指南》（2024 年版），第 9—10 页。

④ 参见国家税务总局国际税务司国别（地区）投资税收指南课题组编：《中国居民赴乌兹别克斯坦投资税收指南》（2024 年版），第 9—96 页；《乌兹别克斯坦税法典》，载乌兹别克斯坦国家立法信息数据库，https://lex.uz/ru/docs/4674893？ONDATE=08.05.2025%2000#edi7374979，2025 年 3 月 15 日访问。

(续表)

序号	税种名称	纳税义务人	税率
2	个人所得税	居民纳税人	所得税和资本利得税：12%
			来自居民企业的股息：5%的最终预提税（2022 年 4 月 1 日至 2028 年 12 月 31 日免缴）
			在乌兹别克斯坦境内的受雇收入和提供一次性劳务收入：由雇主按照规定税率扣缴最终预提税
		非居民纳税人	所得税和资本利得税：12%
3	消费税	特定的自然人与法人	详见《中国居民赴乌兹别克斯坦投资税收指南》第 57—59 页
4	地下资源使用税	在乌兹别克斯坦境内从事勘探和开采矿产资源的法人和自然人（从事贵金属手工开采的自然人除外）	详见《中国居民赴乌兹别克斯坦投资税收指南》第 63—65 页
		在乌兹别克斯坦境内从矿物原料或合成矿物中提取有用成分的法人和自然人	
5	增值税	增值税纳税义务人	一般税率：12%（适用零税率的情况除外）
6	法人财产税	在乌兹别克斯坦境内拥有应税财产的居民企业	一般税率：1.5%。 在规定期限内未完工的施工项目：3%。 公共铁路、干线管道、通信和输电线路以及作为这些设施不可或缺的技术部分的构筑物或乌兹别克斯坦内阁已作出关于保护决议的房地产和在建工程：0.6%
		在乌兹别克斯坦境内拥有不动产的非居民企业（包括通过融资租赁方式获得不动产的企业）	
7	个人财产税	拥有应税财产的个人（包括外国公民，除非乌兹别克斯坦国际协议另有规定）	详见《中国居民赴乌兹别克斯坦投资税收指南》第 71—72 页
		有法人资格和无法人资格的自营农场的拥有者	

（续表）

序号	税种名称	纳税义务人	税率
8	海关关税	申报人 与申报人签订合同的海关经纪人 丢失或未发出的国际邮政和速递项目的经营者和提供者 不遵守海关制度的海关仓库、免税店和海关承运人 利益相关人	详见《中国居民赴乌兹别克斯坦投资税收指南》第75—77页
9	水资源使用税	居民企业 通过常设机构从事经营活动的非居民企业 用水进行商业活动的个体工商户以及拥有用于经营活动或其他取得收入的活动的非住宅用途不动产的个人 自营农场以及拥有农业用地的个人 将水资源自用的为居民点供水的企业	详见《中国居民赴乌兹别克斯坦投资税收指南》第81—82页
10	土地税	法人土地税	详见《中国居民赴乌兹别克斯坦投资税收指南》第86页
		个人土地税	详见《中国居民赴乌兹别克斯坦投资税收指南》第89—90页
11	社会税	居民企业 通过常设机构、代表处或分支机构从事经营活动的非居民企业 按照相关规定程序缴纳社会税的个别自然人	详见《中国居民赴乌兹别克斯坦投资税收指南》第93页
12	租金税	从2022年1月1日起开采贵金属、有色金属和放射性金属、稀有和稀土元素以及碳氢化合物（天然气、凝析油和石油）的企业	最低税率：25% 竞标（招标）地块地质勘查、开采使用权的组织者或者参与者可以在过程中提出更高税率

（2）主要费用

乌兹别克斯坦的费用费额每年会由乌兹别克斯坦年度预算法批准，2025年的费额可见《乌兹别克斯坦2025年度国家预算法》，其中，机动车费与重货车行驶费被规定在附件10，酒类商品销售许可证费被规定在附件9。

表3-4 机动车费、重货车行驶费和酒类商品销售许可证费

序号	费用名称	缴费人	费额
1	机动车费（外国车辆在乌境内的入境费和过境费）	在乌兹别克斯坦境内入境的外国车辆拥有者或使用者。	详见《乌兹别克斯坦2025年度国家预算法》附件10
		在乌兹别克斯坦境内过境的外国车辆拥有者或使用者。	
2	重货车行驶费	有效载荷超过10吨的货运汽车和拖车的所有者	详见《乌兹别克斯坦2025年度国家预算法》附件10
3	酒类商品销售许可证费	拥有国家主管机构颁发销售相关商品许可证的法人	详见《乌兹别克斯坦2025年度国家预算法》附件9

（3）近期税费征收调整

表3-5 近期税费征收调整

内容来源	涉及乌兹别克斯坦文件	内容
中华人民共和国国家税务总局《乌兹别克斯坦公布2025年税收改革内容》①	—	对非碳酸含糖饮料开征消费税，提高碳酸含糖饮料、酒精、烟草、电子烟油、石油产品（主要是燃料产品）的消费税税率
		居民和非居民的财产税和土地税税率提高10%
		取消按统一税率提供客运服务的增值税优惠政策
		大型企业纳税人增值税退税办结时限从7日延长至30日
		取消出口商品和服务的企业免征所得税和营业税的优惠
		将电子商务公司的企业所得税率从7.5%提高到10%，营业税税率从2%提高到3%

① 《乌兹别克斯坦公布2025年税收改革内容》，载国家税务总局网，https：//www.chinatax.gov.cn/chinatax/c102683/c5238067/content.html，2025年3月15日访问。

（续表）

内容来源	涉及乌兹别克斯坦文件	内容
中华人民共和国国家税务总局《乌兹别克斯坦公布2025年税收改革内容》	—	调整营业税的固定税额：对于年度总收入不超过5亿苏姆的纳税人，年度固定税额从2500万苏姆增加到3000万苏姆；对于年度总收入为5亿至10亿苏姆的纳税人，年度固定税额从2400万苏姆增加到4000万苏姆，该项政策有效期截至2025年末
中华人民共和国国家税务总局《乌兹别克斯坦对部分农业机械免征关税》①	乌兹别克斯坦总统令《关于进一步提高农业机械化水平的措施》②	2027年1月1日前，农业生产和提供农业技术服务的企业按规定清单从国外进口的自用采棉机、自走式牧草和园艺收割机以及埋挖设备免征关税（上述设备的制造时间不得超过10年，且发动机使用寿命不超过制造商规定的50%）
		2027年1月1日前，国内制造商和当地经销商从国外进口的新型采棉机、自走式牧草和园艺收割机以及埋挖设备免征关税
		2028年1月1日前，国内农业机械生产企业按照规定清单从国外进口自用农业机械零部件或备件免征关税
		自2025年1月1日起，税收和关税豁免仅适用于国内制造商生产或通过经销商购买的农业机械
		2025年1月1日至2028年1月1日，对从事农业机械维修、提供农业技术服务（包括激光规划作物种植、棉花脱叶和轧花）的商业实体（集群企业除外）减半征收土地税和财产税0
中华人民共和国国家税务总局《乌兹别克斯坦出台高科技制造行业税收优惠政策》③	—	对高科技电子产品生产企业，自投产之日起3年内免征企业所得税及工业设施用地的土地税。高科技电子产品包括： （1）电子设备及其零部件：包括手机、平板电脑、计算机、笔记本电脑及其零部件、打印机、扫描仪、复印机、机器人和无人机、电子元器件（如半导体、微芯片、芯片、太阳电池板），射频识别用微处理器模块，电子数据存储设备（如存储单元），技术机器、组件和备件，供电动汽车、太阳能发电厂和风力发电厂使用的电池及逆变器； （2）自动存（取）款机； （3）医疗设备（如核磁共振成像仪和X光设备）； （4）高附加值铜制品（如箔材、印制电路板、电动汽车充电设备）； （5）机械模具

① 《乌兹别克斯坦对部分农业机械免征关税》，载国家税务总局网，https://www.chinatax.gov.cn/chinatax/c102683/c5238611/content.html，2025年3月15日访问。

② 《关于在“环境保护和绿色经济年”实施〈乌兹别克斯坦—2030战略〉的国家规划》，载乌兹别克斯坦国家立法信息数据库，https://lex.uz/en/docs/7369745，2025年3月15日访问。

③ 《乌兹别克斯坦出台高科技制造行业税收优惠政策》，载国家税务总局网，https://www.chinatax.gov.cn/chinatax/c102683/c5238607/content.html，2025年3月15日访问。

（二）公共服务

1. 税收数字化

2017年7月18日，总统米尔济约耶夫签署的《从根本上完善乌兹别克斯坦国家税务机关管理体系和提高税费征缴效率具体措施》指出，要在税收征管过程中广泛运用现代信息技术和先进的自动化分析方法，全面转向非接触式电子服务，特别是针对创业主体。同时，自2018年1月1日起，实施税收监测，为纳税人提供电子访问国家税务机关服务的渠道，并对提供统一综合信息资源数据库的税务机关信息内容进行批判性审查。① 2020年4月28日，总统米尔济约耶夫签署了《关于广泛引入数字经济和电子政务的措施》，进一步提出对为居民和创业主体提供信息服务“电子政务项目管理中心”的要求。② 2020年10月5日，在《数字乌兹别克斯坦2030》中，“完善国家预算、税收、国家财产管理和反腐败、支持创业和减少贫困领域的数字化转型计划”“2020—2022年进一步完善电子政务的优先项目清单”等章节被提出，其内容主要包括优化统一计费系统软硬件、将部分费用与税收纳入统一计费系统、由乌兹别克斯坦国家税务委员会和乌兹别克斯坦国家海关委员会参与起草并修订《电子商务法》《电子签名法》等。③

2. 争议解决

当中国居民企业在乌兹别克斯坦从事经营活动时，可能会面临两国税收协定适用的问题。如果乌兹别克斯坦的税务机关对税收协定的理解和适用与中国存在差异，就可能产生争议。例如，对于技术转让所得的定性及适用税率，两国可能有不同的规定。这种情况下，企业可以依据《税收协定相互协商程序实施办法》，向中国税务机关申请启动相互协商程序，请求中国国家税务总局与乌兹别克斯坦税务主管当局通过协商解决争议。在征税方面，中国居民企业和乌兹别克斯坦税务机关之间也可能产生争议，例如，对于技术服务收入和设备租赁收入的区分，乌兹别克斯坦可能将其视为租赁收入而适用较高税率，而中国可能认为其属于技术服务收入。此外，如果企业在乌兹别

① 参见《从根本上完善乌兹别克斯坦国家税务机关管理体系和提高税费征缴效率具体措施》，载乌兹别克斯坦国家立法信息数据库，https：//lex. uz/docs/3271161，2025年3月15日访问。

② 参见《关于广泛引入数字经济和电子政务的措施》，载乌兹别克斯坦国家立法信息数据库，https：//lex. uz/docs/4800661，2025年3月15日访问。

③ 参见《批准“数字乌兹别克斯坦2030”战略并确保其有效实施的措施。》，载乌兹别克斯坦国家立法信息数据库，https：//lex. uz/docs/5030957，2025年3月15日访问。

克斯坦被认定为双重居民身份，也可能导致税收管辖权的争议。[①]

根据中国税法，企业应单独核算技术转让所得，并合理分摊期间费用，以便享受技术转让所得减免企业所得税的优惠政策。具体来说，技术转让收入是指履行技术转让合同后获得的价款，不包括销售或转让设备等非技术性收入。企业应确保技术转让合同中明确区分技术服务和技术转让的收入，避免因收入性质不明确而无法享受税收优惠。企业应熟悉并合理利用中乌税收协定，确保在乌兹别克斯坦的经营活动符合协定规定的税收优惠条件。例如，对于符合条件的技术转让所得，中国居民企业可以享受企业所得税的减免优惠。同时，企业应关注乌兹别克斯坦的税收政策变化，如 2023 年乌兹别克斯坦对部分流转税的调整，以及对中小企业的税收优惠政策。如果企业认为乌兹别克斯坦的征税行为不符合税收协定规定，可以向中国税务机关申请启动相互协商程序。中国税务机关将与乌兹别克斯坦税务主管当局协商，解决争议问题。企业需要准备充分的财务和税务资料，以便税务机关了解争议的原委，并在协商中提供有力支持。企业应加强内部税务管理，确保财务和税务资料的准确性和完整性。这不仅有助于在发生争议时提供有力证据，还能提高企业的税务合规性，降低税收风险。通过以上措施，中国企业在跨国经营中可以有效减少税收成本，降低税收争议的可能性，确保经营活动的顺利进行。

3. 税务机关

国家税务委员会下属于乌兹别克斯坦经济和财政部，是乌兹别克斯坦的税务机关，其地位被规定在《国家税务局法》中。该法第 3 条第 1 款规定："国家税务机关是指乌兹别克斯坦国家税务委员会，是指塔什干市、塔什干州、卡拉卡尔帕克斯坦国家税务局，以及各市区级和市级国家税务局。"[②]

国家税务委员会作为税收系统管理及税款征收的主管部门，负责监督和执行税收法规，确保国家税收收入的稳定增长。各地区的主要税务机关直属国家税务委员会，这些机构负责具体的税收征收和管理工作。

此外，乌兹别克斯坦的税收体系还包括多种税种，如企业所得税、个人所得税、增值税、消费税、矿产资源使用税、水资源使用税、财产税、土地税、社会税和营业税等。这些税种的征收和管理都由国家税务委员会及其下属的地方税务机关负责。

---

① 参见《中国企业在乌兹别克斯坦面临的税务问题》，载微信公众号"中国企业商会"，2025 年 3 月 15 日访问。

② 新疆维吾尔自治区国家税务局译：《乌兹别克斯坦税法》，中国税务出版社 2016 年版，第 271 页。

4. 审计

根据《国家税务局法》第3条第2款，国家税务委员会成立有“专门负责监督、审计和凭证审查法人、个体经营者和自然人纳税人的财政经济活动的审计单位，以及专门的国家税务机关制度和人事工作单位，含其地区分支机构”。①

乌兹别克斯坦的审计市场由政府审计、社会审计和内部审计三大部分组成。政府审计主要负责政府部门的财务审计，以确保政府资金的合理使用。社会审计则主要是会计师事务所等专业机构对企业和个人的财务状况进行审计。这些审计活动有助于提高财务透明度，增强投资者信心。

5. 环境税

乌兹别克斯坦的“环境税”并非以单一税种存在，而是通过矿藏资源开发税费、水资源使用税等形式存在，散见于《税法典》中，包括：矿产资源开发税费中的地下资源使用税（以每种成品开采或提取量单独确定征税对象）、地表水资源使用税（以河流、湖泊、水库、各种水渠和池塘，其他水域和水源为征税对象）、地下水资源使用税（以借助自流井和钻井、垂直和水平排水管网和其他构筑物汲取的水为征税对象）等。

乌兹别克斯坦的这种环境税设计具有以下特点：一是针对性强。通过将环境税分散到不同资源的使用和开发中，能够更精准地对各类资源的利用进行调控，促进资源的合理开发和保护。二是灵活性高。不同的资源使用场景和行业有不同的征税方式和税率，能够更好地适应不同经济活动的特点，避免对某些行业造成过大的负担。三是环境导向明显。通过对资源使用和开发征收税费，增加了资源利用的成本，从而促使企业和个人更加注重资源的节约和环境保护。

---

① 新疆维吾尔自治区国家税务局译：《乌兹别克斯坦税法》，中国税务出版社2016年版，第271页。

（三）效率

1. 申报纳税时间和成本

表 3-6　税种及其纳税申报要求

序号	税种名称	纳税申报
1	企业所得税①	纳税年度：自公历 1 月 1 日起至 12 月 31 日止
		季度纳税申报：需分季预缴。除另有规定外，企业应自季度终了之日起 20 日内，向纳税账户所在地的税务机关报送季度企业所得税纳税申报表
		年度纳税申报：在次年 3 月 1 日前提交年度纳税申报
2	个人所得税—纳税人②	居民个人纳税期：1 年
		特定收入的纳税申报与缴纳：在下一纳税年度 4 月 1 日前向税务机关申报全部收入并提交年度纳税申报表，并在下一年度 6 月 1 日前完成税款的缴纳
		特定收入的类别： （1）创作和使用科学、文学和艺术作品而以特许权使用费形式获得的收入； （2）实物福利形式取得的没有扣缴税款的收入； （3）来源于乌兹别克斯坦境外的收入； （4）从不属于扣缴义务人的实体取得的收入； （5）扣缴义务人没有扣缴税款的其他收入
		外国公民的纳税申报： （1）在 4 月 1 日之前成为乌兹别克斯坦的税收居民的，须提交上一年度收入的纳税申报表； （2）离开乌兹别克斯坦的外国公民应在离境前 1 个月提交当年 1 月 1 日至离境日期间收入的纳税申报，但外国公民在 2 月 1 日前离开乌兹别克斯坦的除外； （3）应在提交申报表后 15 日内完成纳税

① 参见国家税务总局国际税务司国别（地区）投资税收指南课题组编：《中国居民赴乌兹别克斯坦投资税收指南》（2024 年版），第 32—33 页。

② 参见国家税务总局国际税务司国别（地区）投资税收指南课题组编：《中国居民赴乌兹别克斯坦投资税收指南》（2024 年版），第 44—45 页。

（续表）

序号	税种名称	纳税申报
3	个人所得税—扣缴义务人①	扣缴税款缴纳：应在向纳税人支付款项的同时完成，以实物福利形式支付收入时，应在次月 5 日内完成
		会计账簿记录：应在税务会计账簿中记录纳税人在纳税期内获得的收入、个人在税款扣缴阶段享受的税收优惠以及预扣的税款金额
		特殊扣缴义务人（个体工商户以及雇员超过 25 人的乌兹别克斯坦企业、分支机构作为扣缴义务人）：应在每月结束后 15 日内（年末不迟于次年 2 月 15 日）向税务机关提交纳税人每月获得的未能代扣代缴税款的实物福利收入的情况

2. 电子纳税时间成本

乌兹别克斯坦政府近年来积极推动税务系统的现代化改革，引入电子税务系统以简化税务流程。通过电子税务系统，纳税人可以在线完成注册、申报、支付等一系列操作。这大大减少了纳税人在税务申报和缴税过程中的时间成本，提高了税务申报的效率。电子纳税流程具体如下：（1）税务登记。所有企业和个体经营者都需要进行税务登记，完成登记后将获得一个唯一的纳税人识别号（TIN），用于后续的税务申报和缴税。（2）报税时间。不同税种的纳税期和报税期不同，主要税种的计税期为 1 个月，每月进行纳税申报并纳税，最晚不迟于纳税期满后次月 20 日。（3）报税渠道。企业可自行或通过税务代理人及税务代表向税务机关报税。（4）报税手续。企业只需向当地税务机关提交税务报表即可，因为企业在登记注册及在有关部门办理相关证照后，后者已将企业相关情况通知所在地税务机关。（5）报税资料。企业需提交纸质或电子形式的纳税报告，包括每个税种计算和纳税申报表。

乌兹别克斯坦的电子纳税系统通过简化流程和提供在线服务，显著降低了纳税人的申报时间和成本。这不仅提高了税务申报的效率，还增强了税务管理的透明度和公平性。然而，对于不熟悉电子系统的纳税人，可能需要一定的学习和适应时间。此外，电子系统的稳定性和安全性也是需要关注的问题。

3. 增值税退税

增值税的退税范围从之前零税率的销售额，扩大到增值税进项税额超过

---

① 参见国家税务总局国际税务司国别（地区）投资税收指南课题组编：《中国居民赴乌兹别克斯坦投资税收指南》（2024 年版），第 45 页。

销项税额的任何部分均可退税。退税政策通常适用于出口商品和服务，符合条件的出口商可以申请退还已经支付的增值税，以提高出口竞争力。

自2025年4月1日至2028年1月1日，对肉、奶、蛋、禽肉销售收入占其总收入90%以上的畜禽养殖户，实行50%增值税返还（现金返还）机制。从事石油和天然气勘探工作的外国公司及其所聘请的外包机构，在勘探期间免征增值税，但不超过5年，在特殊情况下可再延长3年。在自由经济区内投资的企业，根据投资金额享受不同年限的免征增值税优惠，所涉及的商品包括：用于生产目的所进口的设备、原材料、材料和配件；乌兹别克斯坦境内不生产的建筑材料。

纳税人有权向税务机关提出退税申请，申请退还到期的税款。如果税务机关根据税务审核结果决定全部或部分退还要求退税的税额，则应在提交退税申请之日起60日内将指定的税额退还给纳税人。如果申请退税的纳税人适用快速退还程序，则应在7日内将税款退还给纳税人。以下6种情况下适用快速退还程序：（1）按照既定程序将乌兹别克斯坦的法人实体列入大型纳税人类别。（2）向随退税申请提交有效银行保函或与税务机关签订保证金合同的纳税人。（3）从事出口和类似交易的纳税人，即适用出口退税政策的纳税人，且在以前年度未发现出口退税违规行为。（4）外国外交使团和同等代表。（5）产品共享协议的参与者（如果该协议规定适用零税率）。（6）参加税收监督。

大型企业纳税人增值税退税办结时限从7日延长至30日。外国人购买纪念品、水果、干果、坚果、皮毛制品、地毯、纺织品等商品，商品总额需超过100万苏姆（约90美元），且不得拆封或使用，可在离境时，凭登机牌、所购物品及其票据前往乌兹别克斯坦五个国际机场（塔什干、撒马尔罕、布哈拉、费尔干纳、乌尔根奇）的退税柜台办理核验和登记手续，退税比例依照商品种类有所不同，最高可退90%。

七、商业纠纷解决途径及解决的效率

（一）监管框架

1. 商业纠纷法律法规

乌兹别克斯坦法律法规涉及商业纠纷解决的法律法规众多，例如，《投资和投资活动法》《对外经济活动法》《保障措施、反倾销及补偿关税法》《有限责任公司和补充责任公司法》《私营企业法》《经济特区法》等均有涉及。这些法律对不同类型商业主体在投资、贸易、公司运营等活动中产生的纠纷解决方式进行了规范。

乌兹别克斯坦投资与贸易的主管机构是乌兹别克斯坦投资和外贸部，其主要职责包括协调外国投资、与国际经济和金融机构开展合作、推行统一的对外贸易政策，以及推动并确保国家出口支持体系的高效运行。

乌兹别克斯坦投资相关立法以《投资和投资活动法》为主。《投资和投资活动法》于第 63 条规定了争议解决方式："应通过谈判解决外国投资者在乌兹别克斯坦境内进行投资活动时发生的与外国投资有关的投资争端，如果投资争端各方无法通过谈判达成协议解决争端，则必须通过调解解决，应由乌兹别克斯坦适当法院解决未通过谈判和调解解决的投资争端，如果无法按照本条第 1 款和第 2 款规定的方式解决投资争端，此类争端可以通过国际仲裁解决前提是乌兹别克斯坦的国际条约和（或）投资者与乌兹别克斯坦签订的协议规定了适当和有效的仲裁条款，乌兹别克斯坦对投资争端仲裁解决的同意只能是在乌兹别克斯坦已签署有效的国际条约和（或）投资者在申请国际仲裁时已取得与乌兹别克斯坦签订的协议框架内的书面同意的情况下。"

因此，在投资争端解决方面，应当先由合作方协商解决，若解决未果，可提交乌兹别克斯坦经济法院裁决，法院可依据乌兹别克斯坦参加的国际协定或协议规定的程序和原则仲裁解决，也可以根据乌兹别克斯坦与他国签订的双边或多边投资协定中约定的投资争端解决条款申请国际仲裁。乌兹别克斯坦自 1995 年成为《承认及执行外国仲裁裁决公约》的成员，并且签署了华盛顿国际投资争端解决中心（ICSID）规则、巴黎国际仲裁法院以及斯德哥尔摩国际仲裁法院规则①。

投资者在乌兹别克斯坦境内进行经济活动出现纠纷时，有协商、调解、诉讼和仲裁四种解决方案。

以下是几种纠纷解决方案的具体详述：

（1）诉讼

1993 年，乌兹别克斯坦出台了《经济诉讼法》，作为审理经济案件的依据，经济案件司法仅由法院依据《经济诉讼法》的规定进行。民事诉讼程序主要由《民事诉讼法典》规范，最新修订版本于 2023 年 1 月 1 日生效。根据该法典，民事诉讼遵循书面与口头相结合的原则，强调当事人平等、举证责任及法庭主导的争议解决机制。诉讼程序通常包括起诉、预审准备、庭审（含证据提交与质证）、判决及执行阶段。当事人可委托律师代理，且对一审判决不满时可向上一级法院提起上诉（期限为 1 个月），最终还可通过监督审

---

① 参见马凌、薛小花编：《乌兹别克斯坦共和国法律法规选编》，法律出版社 2023 年版。

程序向最高法院申请再审。值得注意的是，法律要求诉讼需以乌兹别克语进行（当事人可申请翻译），并且纠纷解决始终鼓励调解优先，同时，近年来也通过数字化改革推行电子立案和在线听证。

其他替代性纠纷解决方式：

（2）协商

2020 年 1 月 27 日开始生效的《投资和投资活动法》将之前实行了 20 多年的《外国投资法》《外国投资人权利保障和保护措施法》和《投资活动法》三部法律合而为一。根据《投资和投资活动法》第 12 章第 63 条，与外国投资相关的，或外国投资者在开展投资活动期间在乌兹别克斯坦境内发生的争议（投资争议）应通过协商解决：双方当事人直接就争议问题进行沟通和协商，寻求达成一致的解决方案。这是最基本、最常见的纠纷解决方式，双方可以在平等、自愿的基础上，充分表达自己的意见和诉求，通过相互妥协和让步来解决纠纷。

除《投资和投资活动法》保护外国投资者利益以外，对于中国投资者来说，2011 年中乌两国签署的《中华人民共和国政府和乌兹别克斯坦政府关于促进和保护投资协定》（以下简称 2011 年中乌 BIT）也可以为中资企业在乌兹别克斯坦投资发生争议时提供处理参考。其中，该协定的“第 12 条投资者与缔约一方争议解决”规定，应尽可能由争议双方当事人通过磋商友好解决，其中包括调解程序的应用。

协商谈判的方式有助于双方直接对话，就相关争议充分直接沟通。其优点在于快速高效，省去了大量繁复的程序，可以节省人力和物力；缺点在于协商是建立在双方认同的基础上，只要一方不同意，该方式就无法被使用。

（3）调解

调解在乌兹别克斯坦是一种常见的替代性纠纷解决方式，需要依据《调解法》进行。

《调解法》规定，如果双方当事人协商不成，就应通过调解方式解决争端。2018 年 6 月 12 日，乌兹别克斯坦通过了该法，2019 年 1 月 1 日该法生效，作为调解社会纠纷的法律依据。

调解程序根据当事人自愿、平等的原则，在法庭外、司法文书提交过程中、法庭诉讼过程中或仲裁法庭裁决前进行。参与方包括争议当事人（两名或多名，可为自然人或法人）以及调解员（一名或多名）。

调解程序需要由中立的第三方调解员介入，协助双方当事人进行沟通，提出解决方案，促使双方达成和解。当事人可亲自参加调解，或按法定程序由受托人出席。调解协议书应采用书面形式，主要内容包括调解方、争议主体、调解程序、调解人、各方商定的义务、实施条件和期限、调解程序进行的语言、地点、日期以及调解期限。调解程序从当事人达成调解协议之日起，调解期限应在协议中确立，且尽量确保调解程序不超过30天。

根据乌兹别克斯坦调解法第18条，如果发生涉及国家机构的争议，国家机构应采取措施进行调解。《调解法》规定，调解根据自愿、平等的原则，组织当事人和调解员在法庭外、司法文书提交过程中、法庭诉讼过程中或仲裁法庭裁决前进行。

2011年中乌BIT第12条规定，在协商谈判无果的情况下，调解是纠纷解决的必经程序。中乌双方在发生投资争议后，也可以在第三方见证下共同进行争议调解。

（4）仲裁

在投资争端解决方面，如果无法通过谈判和调解解决，可依据乌兹别克斯坦参加的国际协定或协议规定的程序和原则仲裁解决，也可以根据乌兹别克斯坦与他国签订的双边或多边投资协定中约定的投资争端解决条款申请国际仲裁。

乌兹别克斯坦自1995年成为《承认及执行外国仲裁裁决公约》的成员，并且签署了华盛顿国际投资争端解决中心（ICSID）规则、巴黎国际仲裁法院以及斯德哥尔摩国际仲裁法院规则。2007年1月1日乌兹别克斯坦颁布了《仲裁院法》。对国际商事仲裁的适用范围、涉及的基本概念和原则、仲裁法庭的管辖范围、仲裁开庭通知书、仲裁协议、仲裁员和其他仲裁方的豁免权以及仲裁法庭人员组成等内容均作出了详细的说明。

除此之外，依据《经济诉讼法》规定，与仲裁审理相关的案件包括：申请采取索赔措施；关于仲裁法庭裁决的争议；申请签发强制执行仲裁裁决的执行票；根据当事人协议，已经发生的或可能发生的、由民事关系引起而归经济法院管辖的纠纷，在经济法院作出判决前可转交给仲裁庭进行审理。

中资企业商事仲裁的特殊协定：

随着“一带一路”建设深入，响应国际呼声，在中国贸促会的推动下，中国国际商会联合“一带一路”参与国的相关工商会、法律服务机构等，按共商、共建、共享原则发起国际商事争端预防与解决组织。作为第二届“一带一路”国际合作高峰论坛重要成果，该非政府、非营利国际社团于2020年10月15日正式成立，为境内外企业提供宣传培训、调解仲裁等多元化“一站式”服务，保护企业权益，营造良好营商环境。

在投资争端解决方面，中国投资者在乌兹别克斯坦投资受中乌两国于2011年11月8日签订的中乌BIT的保护。此外，鉴于中国和乌兹别克斯坦均是《解决国家与他国民间投资争议公约》缔约国，中国投资者在乌兹别克斯坦投资还受到《华盛顿公约》的保护。但是需要注意的是，在具体投资争端的解决上，《投资和投资活动法》第 63 条设置了四级投资争端解决制度。双方产生投资争端后，应当首先通过谈判协商解决，协商不成的应当通过调解解决；调解不成的，应当由乌兹别克斯坦有管辖权的法院判决；而当协商、调解和法院审理均无法解决投资争端的，才可以将投资争端按照乌兹别克斯坦缔结的国际条约、投资协议规定提交国际仲裁。虽然《投资和投资活动法》的上述要求不违反《华盛顿公约》关于缔约国可以要求另一缔约国投资人在穷尽当地行政或司法救济手段后、方得将投资争端提交 ICSID 仲裁的规定，但《投资和投资活动法》在投资争端解决机制上态度整体趋于保守。中国投资人是否可基于 2011 年中乌 BIT 的规定，当然豁免《投资和投资活动法》规定的调解、诉讼前置程序，可能存在一定的不确定性。[①]

2011 年中乌 BIT 的第 12 条关于“投资者与缔约一方争议解决”规定，对于中国投资者需遵循以下解决程序：自争议一方提出协商解决之日起 6 个月内，如争议未能解决，乌方允许中国投资者未穷尽该国所有法律所规定的行政复议程序，就可选择将争议提交到以下四种渠道进行裁决：中国的有管辖权的法院；按《华盛顿公约》提交国际投资争端解决中心（ICSID）进行仲裁解决；提交联合国国际贸易法委员会仲裁规则设立的专设仲裁庭；经争议双方同意的任何其他仲裁机构或专设仲裁庭。

如果两个法律实体（乌兹别克斯坦和/或外国投资者）之间的合同由乌兹别克斯坦法律管辖，并对争议解决法庭没有任何意见，则区域经济法院可在一方当事人提起诉讼后进行审理。经济诉讼法规定，在乌兹别克斯坦法院，外国人与乌兹别克斯坦方具有相同的程序权利和义务。如果各方选择在乌兹别克斯坦法院解决争端，他们仍然可以在法庭作出决定之前转为仲裁。外国人在合同条款中通常坚持由第三方国家仲裁的方式作为解决争端的唯一方式。

乌兹别克斯坦于 1992 年加入《华盛顿公约》后还签署了一系列有关投资保护和仲裁的国际协定，如《华盛顿国际投资争议协调中心规则》等，中资企业如果在乌兹别克斯坦发生投资或贸易纠纷，可通过国际仲裁的方式解决纠纷。根据《华盛顿公约》第 26 条以及投资争端国际仲裁审理实践，除非明确说明，缔约国同意国际投资争端解决中心（ICSID）仲裁将被视为排他救济方式；缔约国可以要求另一缔约国投资人在穷尽当地行政或司法救济手段后，

---

① 参见田文静、徐越、周思吉：《“带路”新篇：俄语国家法律图鉴——乌兹别克斯坦篇》，载金杜研究院，http：//mp. weixin. qq. com/s？ biz = MzA4NDMzNjMyNQ = = &mid = 2653405408&idx = 1&sn = a76f8e20fb9c3075f758bf223ae3dcf6&scene = 0，2025 年 3 月 1 日访问。

方能将投资争端提交 ICSID 仲裁。新颁布的《投资和投资活动法》对原法律的上述修订固然不违反《华盛顿公约》，但它一方面意在彰显优化投资环境、吸引外商投资的决心，另一方面却在投资争端解决机制上态度趋于保守，一定程度上反映了乌兹别克斯坦近年来作为中亚地区外资引进大国所面临的日益增多的投资争端的压力。①

由于中国和乌兹别克斯坦都是《承认及执行外国仲裁裁决公约》的成员国，两国仲裁机构的仲裁裁决，可以到对方申请承认和执行。

除此之外，中国贸促会自 1957 年开展知识产权服务，是国内最早的涉外知识产权服务机构，下设三家代理和维权机构，多地设分支机构，提供知识产权多领域服务。随着“一带一路”建设和企业“走出去”理念的推进，企业“两反一保”案件增多，中国贸促会提供全链条应对服务，已在全国设 102 家预警机构，覆盖多省市和重点行业，由商事法律服务中心负责相关业务。中国贸促会商事认证业务包括签发原产地证等，商事认证中心统筹 300 多家签证机构，每年签发大量证书、减免费用，提升贸易便利化。2019 年还启动企业信用服务平台，建立信用调查渠道和失信企业数据库，防范商业信用风险。

（二）公共服务

1. 诉讼

乌兹别克斯坦的经济案件司法仅由法院依据《经济诉讼法》规定进行。对于未通过谈判和调解解决的投资争端，由乌兹别克斯坦经济法院解决。在公司纠纷中，如公司股东大会、监事会、执行机构等的决定侵犯股东或成员权利，可向法院请求认定其无效，法院在商业纠纷解决中发挥重要作用。

乌兹别克斯坦经济法院采取两级法院制，最高级别法院为最高经济法院，地方经济法院共 14 所。地方经济法院在管辖范围内可作为初审法庭、上诉法庭和再诉法庭。除了归乌兹别克斯坦最高法院、卡拉卡尔帕斯克斯坦自治共和国法院、州级法院和塔什干市法院管辖的案件外，其余皆归跨区和区级经济法院审理。卡拉卡尔帕斯克斯坦自治共和国法院、州级法院和塔什干市法院管辖的案件包括：一方涉及外国人——居住在乌兹别克斯坦境内的非居民的案件，与承认和执行外国法院和仲裁法庭的裁决相关的案件等。经济法院对与仲裁审理有关的案件、承认和执行国外法院和仲裁裁决的案件同样具有

① 参见中国企业商会：《乌兹别克斯坦投资贸易常见的争端问题及解决方式》，载中企合作交流平台，https：//mp. weixin. qq. com/s/kgEKWjlMInbpO1fLNDUSVg，2025 年 2 月 11 日访问。

管辖权。此外，法院在其管辖范围内可审理与外国法人、国际组织、外国公民和从事企业活动的无国籍人士有关的案件。在审理一些关系复杂的索赔时，若其中一部分归经济法院管辖，另一部分归民事法院管辖，则该案件必须由民事法院审理。①

2. 仲裁

2009 年 5 月 5 日，乌兹别克斯坦司法部成立了乌兹别克斯坦仲裁法院协会（该协会为非营利性的非政府组织），在国内建立起仲裁法院体系，推动仲裁法院进一步发展并保障其法律权益。根据《国际商事仲裁法》规定，仲裁当事人可自行酌定仲裁员人数和仲裁员选定程序。若无特殊要求，通常选定 3 名仲裁员，且对其国籍不做限制。在不违反该法的情况下，仲裁当事人可自行酌定仲裁法庭审理程序、仲裁地点以及在仲裁审理中所使用的语言（一种或多种）。2018 年乌兹别克斯坦工商联合会设立塔什干国际仲裁中心（TIAC）。仲裁法院协会为成员提供法律、经济等方面的援助。目前，该协会的合作伙伴包括香港国际仲裁中心、中国国际经济贸易仲裁委员会、新加坡国际仲裁中心等。

其他机构：在投资活动领域，乌兹别克斯坦设有"保护企业家权利专员"，负责帮助投资者及投资企业与中央或地方政府机构沟通，协助解决庭外和审前程序中新出现的问题等，但并非直接的纠纷解决机构。在经济特区，设有经济特区理事会、行政理事会等机构，负责处理经济特区内的相关事务，在一定程度上参与纠纷的协调与解决。

3. 效率

（1）诉讼成本和时间

民事或商事案件的一审程序通常需 6 个月至 1 年，复杂案件可能延长。二审程序判决上诉需在 1 个月内提出，二审审理通常需 2—6 个月。

刑事案件侦查阶段可能持续数月至 1 年，审判阶段通常需 3—12 个月，严重案件可能更久。

行政案件相对较快，一审通常在 1—3 个月内审结。

案件复杂性、证据充分性、法院工作负荷及当事人配合度均影响时长。乌兹别克斯坦近年推动司法改革，数字化流程可能缩短部分案件时间。

（2）调解成本和时间：

调解程序从当事人达成调解协议之日起，调解期限应在协议中确立，且尽量确保调解程序不超过 30 天。

---

① 参见高燕：《企业对外国别（地区）投资营商环境指南》，中国商务出版社 2021 年版。

（3）仲裁成本和时间

乌兹别克斯坦有关仲裁的规定没有强制性规范规定具体的成本和时间，均依照约定性规范进行，但国际仲裁通常涉及较高的费用和较长的程序，且需遵循相关国际规则和协定。双方采用仲裁解决纠纷，使用的主要法律是《国际商事仲裁法》，该法以国际商事仲裁规范为基础，同时兼顾了国际惯例。相对于诉讼三审终审制来说，越来越多的投资者注意到选择仲裁程序的便捷性和时间效力，仲裁程序可以由当事人自由选择仲裁法院，对国籍没有限制，一裁终局，可以约定适用程序及适用语言，且在当事人无特殊约定的情况下，仲裁程序的内容、过程中展示的证据、仲裁裁决等文件一般具有保密性。

2020 年 9 月 11 日颁布的《国际商事仲裁法》作为调解国际商事仲裁领域的法律。该法对国际商事仲裁的适用范围、涉及的基本概念和原则、仲裁法庭的管辖范围、仲裁开庭通知书、仲裁协议、仲裁员和其他仲裁方的豁免权以及仲裁法庭人员组成等内容均作出了详细的说明。

根据《国际商事仲裁法》相关规定，仲裁当事人可自行酌定仲裁员人数和仲裁员选定程序。若无特殊要求，通常选定 3 名仲裁员，且对其国籍不作限制。在不违反本法的情况下，仲裁当事人可自行酌定仲裁法庭审理程序、仲裁地点以及在仲裁审理中所使用的语言（一种或多种）。

若在仲裁过程中当事人以调解的方式解决了纠纷，仲裁法庭应当根据当事人要求，在无异议的情况下终止仲裁程序，并根据商定条件作出裁决，以书面形式出具仲裁裁决书。

（4）承认和执行

乌兹别克斯坦对投资争端仲裁解决的同意需在特定条件下，即已签署有效的国际条约和（或）投资者在申请国际仲裁时已取得与乌兹别克斯坦签订的协议框架内的书面同意。对于外国仲裁裁决的承认和执行，遵循《承认及执行外国仲裁裁决公约》等相关规定。

八、反垄断与反不正当竞争

（一）监管框架

反垄断法律法规：乌兹别克斯坦法律汇编中没有专门的反垄断法，但乌兹别克斯坦在《竞争法》《保障措施、反倾销及补偿关税法》都对反垄断的内容进行了规制。

1.《竞争法》

该法最初于 1996 年通过，后经多次修订以适应经济改革需求，最近一次重大修订于2021年完成。乌兹别克斯坦的竞争立法始于其脱离苏联独立后进入的经济转型期。转型经济的本质是经济制度、经济体制或机制的转变。也就是说，乌兹别克斯坦竞争法律制度的构建是与经济制度改革同步进行的。1992年7月，乌兹别克斯坦颁布了《限制垄断行为法》，1996年又颁布了《市场竞争与限制垄断法》取代了原有的《限制垄断行为法》，由此奠定了乌兹别克斯坦竞争法律制度的基础。2012年第1号立法令的形式颁布了乌兹别克斯坦共和国《竞争法》，于2012年正式实施，调整产品和金融市场的竞争关系，防止市场垄断行为。①

作为中亚地区市场化改革的重要部分，乌兹别克斯坦自2016年米尔济约耶夫总统执政以来加速推进竞争政策现代化，旨在打破苏联时期遗留的行政垄断体系，其法律体系融合了苏联传统法律原则、国际经验以及欧亚经济联盟的协调要求。现行法律明确禁止滥用市场支配地位、限制性协议（包括横向与纵向协议）以及未经审查的经营者集中，其中市场支配地位的判定标准为单个企业市场份额超过50%或两个企业合计超过70%，② 这一标准较俄罗斯等独联体国家更为严格。

乌兹别克斯坦监管不正当竞争的机构主要有反垄断委员会、国有资产管理署和资本市场发展署，拥有调查权、行政处罚权最高可达企业年营收10%，以及强制分拆企业的权限，2020年机构改革后其预算与人事权直接隶属总统办公室，以增强执法独立性。

乌兹别克斯坦的竞争法律制度主要体现在《竞争法》中，该法于2012年颁布，以推动自由竞争市场机制的形成。由于采取了统一式的立法模式，该法将不正当竞争行为和滥用市场支配地位、协同行为、经营者集中、行政垄断等垄断行为一并纳入规制范畴。③

乌兹别克斯坦竞争立法对于不正当竞争行为主要规定在第13、14、15条。《竞争法》第13条列举了6种不正当竞争行为，具体包括：发布错误、不准确或不完整信息，损害他人合法权益；非法使用智力成果等手段，对他人绩效产生消极影响；混淆商品生产特征和质量，误导消费者；虚假广告宣传；滥用商业信息和秘密；为新企业的商品和服务设置市场进入障碍。此外，乌兹别克斯坦《竞争法》第14条对招投标和拍卖活动中的排除限制竞争行为进行规制，第15条对证券市场中的虚假陈述、价格操纵及其他限制竞争行为予以规制。

---

① 参见占茂华编著：《走向法治的乌兹别克斯坦》，法律出版社2017年版。

② 参见《竞争法》第15条。

③ 参见马幸荣：《乌兹别克斯坦竞争法评析》，载《俄罗斯中亚东欧研究》2015年第5期。

在垄断行为规制方面，乌兹别克斯坦对滥用市场支配地位、协同行为、经营者集中等进行严格监管，以防止企业凭借垄断势力阻碍市场竞争。同时，乌兹别克斯坦严格规制行政垄断，防止政府部门及相关机构通过行政手段限制市场竞争，明确行政机关及政府官员在竞争领域的法律责任，避免他们利用职权干预市场。此外，乌兹别克斯坦还对国家公司和自然垄断企业进行特殊监管，既要保证这些企业的正常运营，又要防止其利用特殊地位进行反竞争行为。

2.《保障措施、反倾销及补偿关税法》

《保障措施、反倾销及补偿关税法》该法共 4 部分，30 条。在保障措施方面，该法律规定当进口产品数量的急剧增长而给本国产业造成严重损害或严重损害威胁时，可采取临时性的紧急救济措施，即保障措施。保障措施的发起、适用以及终结与《关税与贸易总协定》第 19 条和世界贸易组织《保障措施协定》一致，反倾销方面倾销的认定包括倾销价格、倾销对产业的损害或损害威胁以及因果关系。在确定倾销价格时以产品出口价格与正常价格的差额而定，正常价值的确定方法分为出口国国内市场价格、对第三国出口价格和结构价格。反倾销程序包括初裁与终裁两个阶段，其规定与《关税与贸易总协定》第 6 条和 WTO《反倾销协定》一致。反补贴方面规定较为简单，该法禁止出口补贴并以列举的方式规范了被禁止的财政资助，其规定与《关税与贸易总协定》第 6 条和第 16 条以及《补贴与反补贴措施协定》一致，在《保障措施、反倾销及补偿关税法》中涉及保障措施等内容，在一定程度上对市场竞争秩序进行规范。如对商品进口增加倾销价格、进口商品或补贴商品进口等情况进行调查，若对经济部门造成严重损害或威胁，将采取相应措施，包括限制商品进口数量和价值、提高关税等保障措施，以及征收反倾销税和反补贴税等，以此防止不公平竞争行为对本国产业的损害。①

3. 知识产权保护法律法规：

乌兹别克斯坦涉及知识产权保护的法律主要包括：《民法典》第四编、《发明、实用新型和工业外观设计法》《商标、服务标记和原产地名称法律》《计算机程序及信息库法律保护法》《微型集成电路拓扑图保护法》《育种成果法》等。

(1)《民法典》

该法律框架由 7 章（第 59—65 章）共 81 条（第 1031—1111 条）构成，系统规范了乌兹别克斯坦有关知识产权领域的各项权利与义务。

---

① 参见马凌、薛小花编：《乌兹别克斯坦共和国法律法规选编》，法律出版社 2023 年版。

其结构第59章（第1031—1040条）作为总纲性规定，涵盖知识产权客体类型、权利属性（财产权/非财产权）、排他权行使规则、许可合同要件、权利保护时效与方法等10项基础条款。第60章（第1041—1073条）为主体部分，通过33个条文详细界定受保护作品范围（含科学、文学、艺术等智力成果），明确作者身份认定规则、著作人身权（如署名权、作品完整权）与财产权的具体内容，并规范权利限制情形（如合理使用）、作者合同要件及责任体系。第61章（第1074—1081条）以8个条文确立联合制作权制度，涵盖表演权、广播组织权等邻接权保护，以及合同违约责任的认定标准。第62章（第1082—1090条）针对工业产权设置9项条款，明确发明、实用新型与工业品外观设计的专利保护机制、专利权转让规则及侵权责任。第63章（第1091—1094条）聚焦动植物新品种权利，规定4项关于专利授权与许可的特别规则。第64章（第1095—1097条）通过3个条文构建商业秘密保护体系，明确信息保密义务与违法使用责任。第65章（第1098—1111条）最后14条则系统规范商业标识权，划分公司名称权（4条）、商标权（6条）与地理标志权（4条）三大板块，分别规定权利取得、使用限制、转让程序及侵权救济措施，形成完整的商业标识保护链条。

（2）《发明、实用新型和工业品外观设计法》

乌兹别克斯坦《发明、实用新型和工业品外观设计法》第3条规定，乌兹别克斯坦知识产权局负责工业领域的知识产权事项，负责受理工业领域的专利申请，登记、审查和授权，发布官方公告，制定有关的工业产权法，以及由乌兹别克斯坦议会通过的有关知识产权的其他职能。

乌兹别克斯坦采用"申请在先"的制度，由发明人、受托人或者由他们的权力继承人向乌兹别克斯坦知识产权局提交申请，也可以委托律师或他人进行申请。申请专利时，需提交专利申请书，并附上已缴纳专利费的凭证，或者附具免交、减交或缓交专利费的证明文件。乌兹别克斯坦知识产权局自2020年1月1日起，分阶段降低申请专利的收费标准以及非本地居民为申请商标、服务商标、原产地名称以及工业品外观设计所需要缴纳的费用。

专利由乌兹别克斯坦知识产权局审查，包括形式审查、实用新型申请审查、发明和工业品外观设计的实质审查。发明专利的保护期限为20年，工业品外观设计专利的保护期限为10年，实用新型专利的保护期限为5年，均自申请之日起计算。[①]

（3）《商标、服务标记和原产地名称法律》

在2001年8月30日，乌兹别克斯坦颁布了一部对该国商标、服务标记以

① 参见高燕：《企业对外国别（地区）投资营商环境指南》，中国商务出版社2021年版。

及原产地名称的保护和管理具有重要意义的法律——《商标、服务标记和原产地名称法律》。这部法律由四大部分构成，共计 38 条具体条款，对相关知识产权领域进行了全面且细致的规范。

从商标和服务标志的角度来看，该法明确其定义，清晰阐述了法律保护的方式，还对注册申请的程序和要求做出了严格规定。就申请主体而言，在乌兹别克斯坦，个人或者集体都拥有申请注册商标的权利。其中，集体商标是由法人和（或）个人组成的协会所拥有的，用于指定那些具有相同质量或其他共同特征的商品。在申请时，需按照规定提交相应的申请文件。此外，法律还详细列出了不能作为商标注册的名称。例如，国家的国徽、国旗，国家的奖牌，国际组织的图标；国家的正式名称、国际组织或政府间组织的缩写或全称；官方控制使用的印章；乌兹别克斯坦使用的徽章等，这些不仅不能注册为商标，也严禁作为商标使用。同时，图形、文字、三维标志和颜色组合，以及上述要素的任意组合均有资格注册成为商标。商标的申请之日为申请人向乌兹别克斯坦知识产权局提交申请的日期。

乌兹别克斯坦知识产权局在商标注册过程中承担着国家审查的重要职责，具体包括形式审查和实质审查两个方面。形式审查重点关注商标注册手续是否完备，是否严格符合法律规定，以及申请人是否具备相应的申请资格等。实质审查则主要针对商标注册申请的内容、商品原产地名称和使用商品原产地名称的权利，还有所提交的文件是否满足规定要求等方面展开全面审查。

当商标申请人成功获得商标证明书之后依法获得对该商标的专有权。商标证明书的有效期与商标的有效期是一致的，一般情况下为 10 年。如果申请人有延长商标有效期的需求，需要在有效期的最后一年时间内提出申请。并且在证书到期之后的 6 个月时间范围内，申请人还可以延长提交申请的截止日期，从而更好地保障自身的商标权益。

此外，该法对乌兹别克斯坦知识产权局在证书颁发与管理、争议解决以及违反法律应承担的责任等方面的权限进行了明确界定，通过这些规定确保了该国商标、服务标记和原产地名称领域的知识产权保护工作有序规范地开展。

下列情形属于侵犯商标专有权和使用权的情形：（1）未经注册商标所有人的许可，在同一种商品或相似商品上使用与其注册商标相同或者相似的商标的行为；（2）销售明知是假冒注册商标的商品的；（3）擅自制造或者销售他人注册商标标识的；（4）经销侵犯他人注册商标专用权的商品的；（5）在同一种或者类似商品上，将与他人注册商标相同或者近似的文字、图形作为商品名称或者商品装潢，并容易误导他人的；（6）故意为侵犯他人注册商标专用权行为提供仓储、运输、邮寄、隐匿等便利条件的。①

4. 公共合同采购法律法规：

（1）《公共采购法》

乌兹别克斯坦的公共采购体系以《公共采购法》（2021 年修订版）为核心法律框架，强调透明度、竞争性和非歧视原则，适用于政府机构、国有企业及使用国家预算的实体采购货物、工程和服务，适用范围为政府投资项目、政府采购、以政府预算执行的项目等。根据采购金额门槛，公开招标适用于货物和服务合同金额超过 5 亿苏姆（约 4150 美元）或工程合同超过 20 亿苏姆（约 16600 美元）的项目，低于门槛的可采用简化程序。采购流程通过国家电子平台 E-IJRO AUKSION 进行，要求发布招标公告、提交技术及价格文件，并采用最低价中标或综合评分法评标，中标后需在 15 日内签订合同并公示结果。投标人需为合法注册的国内外企业，部分行业（如建筑、医疗）要求额外资质认证，且工程类项目常设本地分包比例不低于 30%的优先条款。争议可通过向采购单位申诉或上诉至财政部公共采购监管局解决，必要时可诉至经济法院。

政府采购应秉持专业、公开、透明、竞争、预防腐败等原则，合理有效使用各类金融工具。明确了政府采购的主体包括政府采购发包人、采购委员会、专业机构、专家和专家组织、采购程序的参与人、政府采购的执行人和公共采购电子系统的运营商。政府采购的程序包括采购计划、采购实施、签订和履行采购合同和采购监督。政府采购信息通过特别信息门户网站进行公开，任何人均可通过该网站进行查询也可以在符合要求的前提下进行电子投标。

（2）《公共采购法修正案》

2024 年乌兹别克斯坦参议院通过了《公共采购法修正案》。该法计划引入两阶段公共采购、新型采购程序等新机制，使公共采购更加透明高效。对于技术复杂的商品、工程或服务采购，采用竞争性两阶段采购方法，第一阶段明确技术要求，第二阶段选出最佳方案。两阶段采购中，合同金额不得低于 6000 个最低月工资标准（2.25 亿苏姆）对于预算单位，25000 个最低月工资标准（93.75 亿苏姆）对于其他采购方，此类采购将成立至少 7 人组成的委员会，公告和采购文件必须在每个阶段结束前至少提前 20 个工作日发布，提交的申请审查时间不得超过 20 个工作日。同时，多个政府客户可以通过内阁指定的集中采购机构联合采购同类商品，此类商品、工程和服务的清单将

① 参见高燕：《企业对外国别（地区）投资营商环境指南》，中国商务出版社 2021 年版。

公布在专用信息门户网站。政府采购方将有权与多个招标或选拔的获胜者签订期限为1年至3年的框架协议。并且简化了小额采购程序。

除此之外，该修正案增加了可持续性原则，规定政府采购方应进行可持续的政府采购，考虑到短期、中期和长期的经济、环境和社会影响；在电子商城和拍卖中可以设立备选中标者，以便为企业提供更多便利，在中标者拒绝签订合同的情况下，将邀请备选中标者签订合同。

（二）公共服务

1. 国有企业形式

乌兹别克斯坦独立之后，为了促进包括中小企业在内的各类企业的发展，进一步推进经济改革，自20世纪90年代开始先后制定和颁布了一系列较为完备的企业法律法规。这些法律法规有关于国有企业的规定主要有《企业法》《所有制法》《商业公司和合伙企业法》《非国有化和私有化法》《关于加快国有企业股份化和完善有价证券市场的法令》《关于把国有企业改造成为开放型股份公司组织措施的决议》等。

根据《民法》和《企业法》的规定，企业法人是具有民事权利能力和民事行为能力，依法独立享有民事权利和承担民事义务的组织，是社会组织在法律上的人格化。根据企业法人的所有制形式划分，可以分为国有企业、集体企业、合作社企业、私有企业、个体企业、外资企业和含有外资的企业及其他企业。国有企业，是以国有资金建立的或根据确定程序向国家转让的企业。

乌兹别克斯坦的国有企业形式主要包括以下几种：

（1）国有独资企业，完全由政府所有，广泛存在于能源、交通、通信等关键行业，政府对其拥有绝对控制权。这类企业的资产完全归国家所有，由国家进行统一管理和运营，在特定领域承担着重要的经济和社会职能，如提供公共服务、保障国家战略物资供应等。在乌兹别克斯坦的国有财产私有化进程中，国家单一制企业是私有化的对象之一。

（2）国有控股企业，政府持有大部分股份，同时允许私人或外国投资者参股，政府通过控股保持对企业的控制。国家作为主要股东持有大量股份，通过股东会、董事会等治理机构对企业进行管理和决策。例如，乌兹别克斯坦曾计划出售乌兹别克斯坦国家石油天然气国有控股公司24%的股份，以及纳沃伊矿业公司和阿尔马雷克矿业公司各10%的股份，这些企业都是以股份公司形式存在。

（3）国家参股企业，政府持有少数股份，主要目的是参与重要行业，但不完全控制企业。

（4）国家单一制企业，由政府直接管理，通常承担公共服务或战略任务，如基础设施建设和公共事业

（5）国家集团公司，由多个国有企业组成，旨在整合资源、提升竞争力，通常涉及能源、矿业等领域。

（6）合资企业，政府与私人或外国公司合作成立，政府通过持股参与管理，常见于能源和制造业。

近年来，乌兹别克斯坦的外资企业数量呈现出快速增长的趋势。截至2025年1月1日，乌兹别克斯坦境内注册并运营的外资参股企业及机构共计14，871家。其中，中国、俄罗斯、土耳其等国家的企业数量位居前列。这表明，乌兹别克斯坦的市场吸引力不断增强，营商环境得到了国际投资者的认可。

2. 民营企业框架

自2018年起，乌兹别克斯坦设立公司速度在贸易（零售）领域较快，贸易行业的民营企业有较大发展空间。乌兹别克斯坦拥有丰富的石油、天然气、黄金等矿产资源。以资源为基础发展的相关工业领域，如石油化工、金属加工等，为民营企业提供了投资和发展机会。另外，在制造业等领域也有巨大的发展潜力，吸引了像三星等跨国企业，也为当地民营企业在产业链上下游配套方面带来机遇。

在商事和经济领域，乌兹别克斯坦对民营企业的设立和运营作出了相应法律规范。如《有限责任公司和补充责任公司法》和《私营企业法》规定了有限责任公司、补充责任公司、的设立程序、注册资本、公司成员权利义务、公司管理机构等方面内容，为民营企业的公司形式提供了法律框架；同时规范了私营企业的创立、经营、重组和清算关系，包括私营企业的注册资本、所有者权利义务、企业管理等方面，保障民营企业在法律框架内开展经营活动。

2017年颁布的《关于根本性地完善国家保护企业的合法利益和进一步发展经营活动的乌兹别克斯坦总统令》和2022年颁布的《关于通过改善经营环境和发展私营部门为稳定经济发展创造条件的例行改革的乌兹别克斯坦总统令》，简化企业注册程序，减轻中小企业税收负担。

乌兹别克斯坦允许外资和本土投资者设立多种企业形式。其中，有限责任公司（LLC）为最常见形式，股东以出资额为限承担责任，对最低注册资本无强制要求；股份公司（JSC）适合大型企业，分为开放式（公开募股）和封闭式（限制股东人数）；个体企业，由个人全资拥有，承担无限责任；以

及合伙企业可以设立普通合伙（无限责任）和有限合伙（部分股东承担有限责任）。

3. 竞争法规执行情况

乌兹别克斯坦在保障措施、反倾销和反补贴等方面有明确的调查和执行程序。由乌兹别克斯坦内阁确定的授权机构对相关情况进行调查，如确定商品进口是否对经济造成损害或威胁，根据调查结果决定是否采取保障措施、征收反倾销税或反补贴税等，以维护市场竞争的公平性。

乌兹别克斯坦监管不正当竞争的机构主要有反垄断委员会、国有资产管理署和资本市场发展署。

为了配合新法的实施，2012 年 11 月 13 日，乌兹别克斯坦总统卡里莫夫签发总统令，决定合并原国有资产管理委员会与反垄断和发展竞争委员会，组建国家私有化、反垄断和发展竞争委员会，以加快国家私有化进程，扩大私有财产规模，提高反垄断工作效率，创造充分的竞争环境。因此，乌兹别克斯坦竞争执法机关为国家私有化、反垄断与发展竞争委员会。它是独立的行政机构，向内阁负责，负责人由总统任免，下设地方分支机构，全面负责国家资产私有化和竞争法律制度、竞争政策的落实工作，专职推进私有化和维护市场竞争的业务，并领导地方分支机构开展工作。对此，乌兹别克斯坦竞争法用专章规定了竞争执法机构的组成、任务、职能和权力，并在不断调整中逐步强化了其独立执法功能。乌兹别克斯坦国家私有化、反垄断与发展竞争执法委员会的组织结构为：（1）地方分支机构，负责地方层面竞争法律制度和竞争政策的落实；（2）反垄断机构执法策略与活动规制协调署，负责协调相关立法、执法及信息传递工作；（3）竞争立法合规监管署，负责竞争法的合规监管，对违法行为进行调查，并且下达反垄断决定，并在必要时向法院提起诉讼；（4）商品市场分析与反垄断规制署，主要负责对经营者集中等企业行为的监管，国有企业私有化改革，监督自然垄断企业之间的交易行为；（5）建筑领域资金往来经济改革监管署，负责对建筑和建材生产领域的资金往来进行监督；（6）新闻中心和反垄断政策改进中心，负责提供相关资料，为相关研究提供导向，进行反垄断工作人员培训和再教育。

同时，乌兹别克斯坦竞争法用专章规定了竞争执法机构的组成、任务、职能和权力，并在不断调整中逐步强化了其独立执法功能。乌兹别克斯坦国家私有化、反垄断与发展竞争执法委员会的组织结构为：根据乌兹别克斯坦《竞争法》的规定，乌兹别克斯坦国家私有化、反垄断与发展竞争执法委员会的主要职权包括：制定商品和金融市场竞争规则；制定标准并认定企业是否具有市场支配地位；对具有市场支配地位的经营者进行国家登记；对市场竞争行为进行监督，公告竞争违法行为信息，对竞争违法行为进行处罚；对经营者、国家机关、权力机关及其公职人员行为进行合规审查，下达有拘束力的命令，消除违法竞争行为，还可要求相关人员承担相应民事责任；就违反竞争法的案件向法院起诉并参与案件审理；将违反竞争法、涉嫌犯罪的案件通知管辖机关立案并移交证据材料；就有关许可、关税、配额、税款、利益、长期优惠贷款、国家资助等的设置、调整和取消向有关主管机关提出建议；对竞争法的适用进行解释。①

为了提高执法效率和独立性，乌兹别克斯坦已设立竞争管理机构直接对总统和参议院负责，确保市场行为的透明度和有效监督。国家实体和公共机构现在必须遵守竞争合规工具，包括实施道德准则和公司治理规则，公司需指定内部官员负责每年向政府报告合规情况，以提高透明度和问责制，不遵守规定将面临更重的罚款，从而对反竞争行为起到威慑作用。②

4. 电子采购质量

乌兹别克斯坦的电子合同采购质量要求主要基于《公共采购法》（2021年修订版）和《电子政务法》，强调通过国家统一电子采购平台 E-IJRO AUKSION 进行全流程数字化管理，确保透明度和合规性。这一法律框架为电子采购提供了明确的规范，要求所有公共采购合同（包括电子形式）必须通过国家统一电子平台 E-IJRO AUKSION 发布并执行。采购方在招标文件中必须明确技术规格、验收标准及质量保证条款（如国际认证或本地质检要求），中标方则需提供符合乌兹别克斯坦国家标准或国际标准（如 ISO）的合规证明。这种规范化的流程有助于减少采购过程中的不透明性和腐败风险，提高采购效率和质量。

乌兹别克斯坦电子合同采购的质量要求主要由《公共采购法》（2021 年修订版）和《电子文档和电子数字签名法》规范。根据《公共采购法》第 32 条，所有公共采购合同（包括电子形式）需通过国家统一电子平台 E-IJRO AUKSION 发布并执行，采购方必须在招标文件中明确技术规格、验收标准及质量保证条款（如国际认证或本地质检要求），中标方需提供符合乌兹别克斯坦国家标准或国际标准（如 ISO）的合规证明。2024 年 11 月 27 日总统批准的《公共采购法修正案》规定了一些与采购相关的程序。在电子采购的框架下，根据 2024 年 12 月 3 日发布的总统令编号 417《关于支持制造商并在公共

---

① 参见占茂华编著：《走向法治的乌兹别克斯坦》，法律出版社 2017 年版。

② 参见马幸荣：《经济转型国家竞争立法变迁路径及对我国的启示——基于对俄罗斯、乌兹别克斯坦、越南竞争法的分析》，载《东北师大学报（哲学社会科学版）》2015 年第 6 期。

采购中为他们创造广泛机会的额外措施》，自 2025 年 1 月 1 日起启动的制造商生态系统要求，生产商将通过专门的政府采购门户进行注册，并在所有电子系统中发布其报价。

电子合同须使用经乌兹别克斯坦认证中心（UZCERT）授权的电子签名，并遵循《电子文档和电子数字签名法》第 15 条的数据加密与存储安全规范。这不仅确保了电子合同的法律效力，还提高了数据的安全性和保密性。对于工程和服务类合同，《公共采购法》第 45 条规定中标方需提供合同金额 5%—10%的银行履约保函，且质量缺陷责任期最长可达 5 年。此外，在验收阶段引入第三方独立检测机构核查，若发现质量问题，采购方可依据合同条款要求整改、罚款或终止合作。这种多层次的质量监督和保障机制，为采购方提供了充分的保障，维护了其合法权益。

争议可通过电子平台申诉模块提交至财政部公共采购监管局，或诉诸经济法院，以诉讼的方式解决。此外，乌兹别克斯坦信息技术部 2022 年发布的《电子采购技术指南》建议政府采用区块链技术记录关键履约节点，以增强质量追溯能力。区块链技术的应用可以进一步提高数据的安全性和不可篡改性，为电子采购的质量管理提供更有力的技术支持。

总体来看，乌兹别克斯坦的电子合同采购质量要求体系在法律框架、数字化管理、质量保障和监督机制等方面都具有较为完善的规定和措施，有助于提高公共采购的透明度、效率和质量，促进市场的公平竞争和健康发展。

（三）效率

1. 竞争法规执行效率

乌兹别克斯坦为提高竞争法规的执行效率，在多方面构建了相应的制度内容。竞争发展和消费者权益保护委员会作为执行主体，可依据企业或消费者的投诉对涉嫌不正当竞争或垄断行为展开调查，有权对违法实体实施包括罚款、责令停止侵权活动以及要求对受影响企业进行损失赔偿等处罚。为了确保委员会的独立性和权威性，乌兹别克斯坦总统和参议院负责对该机构直接负责，因此减少了其他行政部门对竞争执法的不当干预，同时也提高了执法的透明度和公正性，有助于提升整体的执法效率。

在执行程序上，乌兹别克斯坦有着较为明确的流程。接到投诉后，委员会会按照既定的程序对案件进行审查和处理。权利人需要向委员会提交相关证据，如商标使用的证据、侵权行为的证明等，委员会在收到申请后，委员会在一定时间内进行审查并作出决定。相关方若对委员会的决定不服，可以在规定时间内向行政法院提出异议，法院将依法进行审理并作出最终裁决。[①]

乌兹别克斯坦还建立了监督与评估机制来保障竞争法规的有效执行。一方面通过政府信息系统的相互整合，建立起对社会重要产品定价链所有阶段的数字监控，能够及时发现市场中的价格异常波动和可能存在的垄断定价行为，为竞争法规的执行提供数据支持和预警；另一方面对国家援助进行严格的评估和监督，国家可以以税收和海关优惠、补贴、赠款等多种形式向企业家提供援助，但竞争发展委员会会对这些国家援助进行审查，如果发现援助对其他市场参与者产生不利影响，将在协调阶段取消优惠，防止国家援助被滥用而破坏市场竞争环境。此外，对于获得专营权的公司，也有专门的审查机制，自 2025 年起，每年 4 月 1 日之前，国家机构必须向竞争委员会提交是否取消或保留注册公司专营权的建议，竞争委员会需在 5 月 1 日前与其他部门共同审议这些建议，并在 6 月 1 日前向内阁提交最终建议，同时委员会还负责维护专营权组织登记册，并监督反歧视条款的执行情况，以此规范专营权的授予和使用，避免其成为反竞争的因素。

乌兹别克斯坦《竞争法》除规定国家政府机关、地方政府部门及其工作人员违反竞争法的行为要承担行政责任乃至刑事责任外，还以专门条款，[②] 重点强调了政府机关及其工作人员要承担"民事损害赔偿责任"并处以罚款。对于违反竞争法的经营者，除了要承担相应的民事赔偿责任，竞争执法机关还可以责令其限期停止竞争违法行为，并处以罚款。法律责任承担主体包括实施违反竞争法行为的自然人或法人以及他们的代理人，与违法行为相关的证人、专家、专业技术人员、翻译以及其他利害关系人。在罚款的金额方面，乌兹别克斯坦《竞争法》并未采取绝对数额的方式，而是以最低工资标准作为罚款金额的计算基础，如该法第 27 条第 1 项规定：对于违法实施导致或可能导致限制竞争结果出现的协同行为和交易行为以及滥用市场支配地位行为的法人组织，处以违法期间收入 1%—2%的罚款，最高不超过最低工资标准的 100 倍。在罚款的执行方面，行政罚款一般由法院执行，当违法的政府机关、地方权力机关以及经营者自愿缴纳罚款时，可以由竞争执法机关执行。违法的政府机关、地方权力机关以及经营者应当在收到处罚决定后 30 日内支付罚款。法人组织或自然人缴纳罚款导致其经营状况或生活水平严重恶化的，竞争执法机关可以允许缓交或分期缴纳罚款。超过上年度账面资产总额 25%的罚款，应当允许缓交或在 6 个月之内按月分期缴纳。缴纳罚款并不豁免违

① 参见《乌兹别克斯坦竞争监督机构启用知识产权侵权者登记簿》，载中国保护知识产权网，http：//ipr. mofcom. gov. cn/article/gjxw/lfdt/yz/qtyz/202011/1956649. html，2025 年 3 月 7 日访问。

② 参见《竞争法》第 26 条。

法经营者履行竞争执法机构依据竞争法下达的其他决定和指令，法人组织或自然人自愿向竞争执法机构披露自身的竞争违法行为的，应当减少罚款数额。

2. 保护知识产权的效率

2022年4月26日，乌兹别克斯坦通过了第221号决议，为2022年至2026年知识产权领域推出多项改革与改善措施。最具新颖性的措施之一，是从2022年9月1日起，权利人可通过“单一窗口”（One Window）信息系统在线提交和跟踪“海关监察申请”（Customs Watch Application），海关主管机关在发现侵权商品时也会通过该系统通知权利人。在收到通知后1日内，权利人可请求海关采取必要行动。如果权利人不提交请求，海关不会采取任何行动。另一个重要的新举措，是权利人无须再提供可能侵权人的相关信息，例如，进口商的姓名、可能的交通方式和侵权产品所在地。技术管理局与医药产业发展局也将确保在发布产品证书和登记药房、药品和医疗设备时遵守知识产权法。2022年6月1日，司法部启用了一个门户网站，各大机构将从2022年8月1日起通过该网站进行合规检查。

对乌兹别克斯坦知识产权局拥有管辖权的司法部开发了“知识产权保护门户网站”，以便在处理知识产权侵权方面进行政府间合作。该门户网站在以下情况下使用：打击经济犯罪处在司法部查问后10个工作日内将假冒商品生产商的数据移交给司法部；内务部和信息技术和通信发展部在司法部查问后的10个工作日内将网络知识产权侵权者的数据移交给司法部；海关和反垄断委员会向司法部报告其在知识产权相关案件中的决定和行动。从2022年11月1日起，该门户网站还用于传输向假冒商品的销售商、生产商和分销商发出的初步禁令的数据。

这些改革措施体现了乌兹别克斯坦政府对知识产权保护的高度重视，旨在通过数字化手段提升知识产权保护的效率和透明度。通过“单一窗口”系统，权利人能够更便捷地提交申请并跟踪侵权情况，减少了行政流程的复杂性。同时，海关与权利人的互动更加高效，有助于及时发现和处理侵权行为。此外，技术管理局和医药产业发展局的参与，确保了在药品和医疗设备等关键领域的知识产权相关保护规定得到严格遵守。

3. 政府采购效率和透明度

乌兹别克斯坦政府采购的主要法律依据是2021年4月公布的第ZPU-684号《公共采购法》，其适用范围为政府投资项目、政府采购、以政府预算执行的项目等。《公共采购法》规定，政府采购应秉持专业、公开、透明、竞争、预防腐败等原则，合理有效使用各类金融工具。《公共采购法》共12章、85条，其中第三章主要规定政府采购的主体包括政府采购发包人、采购委员会、专业机构、专家和专家组织、采购程序的参与人（包括居民或非居民法人或自然人）、政府采购的执行人和公共采购电子系统的运营商。政府采购的程序包括采购计划、采购实施、签订和履行采购合同和采购监督。政府采购信息通过特别信息门户网站（https：//dxarid. uzex. uz/）进行公开，任何人均可通过该网站进行查询，也可以在符合要求的前提下通过该网站进行电子投标。

2018 年，为防止公共采购中的腐败，乌兹别克斯坦通过了《公共采购法》，为加强公共组织参与反腐败力度，应加强决策过程透明度，确保公民获取有效信息，营造腐败零容忍氛围，保障获取和公布腐败信息的自由，乌兹别克斯坦严格控制在国家采购过程中的监管，借助第三方平台来规避国家公务人员直接参与重大资产的权益受让及利益勾连，加强民主公开监督，如采用电子竞标网、公开进行招拍挂程序等。

2019 年乌兹别克斯坦总统令通过了《关于进一步完善乌兹别克斯坦反腐败体系的措施》，成立专门反腐败委员会，逐步覆盖公共采购的所有主体，提高公共采购信息的透明度和公平性。在 2019—2020 年实施国家反腐败计划后也取得一定成效。

在 2024 年召开的乌兹别克斯坦第五十七次全体会议上，乌兹别克斯坦参议院通过了《公共采购法修正案》，旨在进一步完善政府采购体系。该法律引入了新的机制，如两阶段政府采购、简化的小额采购程序、集中政府采购和框架协议。

根据乌兹别克斯坦《公共采购法》和乌兹别克斯坦政府《公共采购法实施条例》，乌兹别克斯坦各级政府机关、预算机构、国家基金、国有控股企业以及使用财政预算资金采购的工程项目，原则上应当通过竞争性方式进行采购，而工程项目由于采购金额较大，一般情况下主要通过公开招标方式进行采购。公共采购工程的招标信息应在公共采购官网上发布，且原则上不排斥外国公司作为供应商参与公共采购。对于私人投资项目，原则上业主可以自行决定采用招标、邀标、议标等采购方式、不存在法定的强制招标要求。从 2021 年开始，乌兹别克斯坦引入了本地化采购政策，并通过了 2021 年 1 月 29 日第 41 号内阁令《关于支持本地生产商的措施》该措施中列明了在国家采购中禁止或限制进口数百项商品或服务，且规定了本地供应商在采购程序中享有一定特殊优待。但整体上，前述措施并非专门适用于工程类项目，未规定具体的工程本地化率要求，且并不适用于私人投资项目。尽管如此，实践中无论是公共采购业主还是私人业主，仍可能倾向于要求承包商优先在乌兹别克斯坦当地采购。①

综上，乌兹别克斯坦在政府采购领域的法律框架和实践措施体现了其对提高采购透明度、促进公平竞争和预防腐败的坚定决心。《公共采购法》的制定和不断完善，为政府采购活动提供了明确的法律依据和规范，确保了采购过程的公开、透明和公正。通过特别信息门户网站公开政府采购信息，不仅提高了信息的透明度，还为国内外供应商提供了平等的参与机会，有助于吸引更多的投资和促进市场竞争。在反腐败方面，乌兹别克斯坦采取了一系列积极措施，如通过《公共采购法》和成立专门反腐败委员会等，这些措施有助于减少腐败行为的发生，提高政府采购的效率和公信力。引入两阶段政府采购、简化的小额采购程序等新机制，进一步优化了采购流程，提高了采购效率，降低了采购成本。本地化采购政策的实施，虽然在一定程度上限制了外国供应商的参与，但也有助于支持本地产业发展，提高本地供应商的竞争力。然而，这一政策的实施也需要在保护本地产业和促进公平竞争之间找到平衡，以避免对国际贸易和投资环境产生不利影响。

九、企业的退出

乌兹别克斯坦独立之后，为了促进包括中小企业在内的各类企业的发展，进一步推进经济改革，自 20 世纪 90 年代开始先后制定和颁布了一系列较为完备的企业法律法规。这些法律法规主要有《企业法》《所有制法》《商业公司和合伙企业法》《租让法》《合作社法》《非国有化和私有化法》《家庭企业法》《合资股票公司和股东权利保护法》《企业经营主体国家注册、办理登记及办理许可文件程序条例》《关于鼓励和刺激私有企业家经营活动法》《私有企业家经营活动条例》《关于畜牧业进一步私有化和扶持私有企业家活动的决议》《关于加快国有企业股份化和完善有价证券市场的法令》《关于把国有企业改造成为开放型股份公司组织措施的决议》《关于建立扶持私有企业和企业基金会的法令》《关于建立私有企业和小企业保险机构的法令》《关于实施破产法的决议》《关于对外经济活动进一步自由化的法令》《关于建立外国投资办事机构的法令》《保障经营自由法》《企业、公司及组织纳税法》和《企业、联合公司和团体纳税法》等。② 除了上述企业法律法规之外，乌兹别克斯坦还发布了涉及企业活动的总统令，主要有《关于进一步深化经济改革、保

---

① 参见田文静、徐越、周思吉：《“带路”新篇：俄语国家法律图鉴——乌兹别克斯坦篇》，载金杜研究院，http://mp.weixin.qq.com/s?biz=MzA4NDMzNjMyNQ==&mid=2653405408&idx=1&sn=a76f8e20fb9c3075f758bf223ae3dcf6&scene=0，2025 年 3 月 1 日访问。

② 参见占茂华编著：《走向法治的乌兹别克斯坦》，法律出版社 2017 年版，第 282 页。

障私有制和发展企业经营活动总统令》（1994 年 1 月 21 日）、《关于鼓励发展私有企业经营活动》（1995 年 1 月 5 日）、《关于对出口产品生产企业提供补充鼓励措施》（1996 年 3 月 20 日）、《关于进一步放宽和完善对外经济活动的措施》（1996 年 3 月 20 日）、《给予外商投资企业优惠及鼓励的总统令》（1996 年 11 月 30 日）、《关于对 1996 年 11 月 30 日〈给予外商投资企业优惠及鼓励的总统令〉的部分更改的总统令》（1998 年 3 月）、《关于鼓励吸引私人外商直接投资的补充措施的总统令》（2005 年 4 月 11 日）和《关于支持和发展经营活动的措施》（2009 年 5 月 15 日）等。[①] 基于乌兹别克斯坦相关企业法律法规，进一步分析乌兹别克斯坦在企业退出方面的政策导向，其不仅体现在上述总统令的发布与修订上，还深刻影响着企业的生存环境和市场活力。这些总统令为外商投资企业提供了更为明确的优惠与鼓励措施，旨在吸引更多的私人外商直接投资，进而促进国内经济的多元化和国际化。同时，通过支持和发展经营活动的措施，乌兹别克斯坦政府为企业创造了更为宽松和有利的经营环境，降低了企业退出的风险，提高了市场的整体效率。基于这些法律法规，企业能够更加清晰地了解政府在鼓励投资、保护投资者权益以及促进市场公平竞争方面的立场和举措。这不仅有助于增强投资者的信心，还能够引导企业更加合规地开展经营活动，避免不必要的法律风险和纠纷。因此，乌兹别克斯坦在企业退出方面的监管框架和公共服务建设，对于维护市场秩序、保障企业权益以及促进经济健康发展具有重要意义。

（一）监管框架

近年来，乌兹别克斯坦为优化营商环境、完善市场主体退出机制，系统性重构了企业破产与清算法律体系，《破产法》作为核心法律文件，与《民事诉讼法》《税法》《小微企业支持法》形成联动，构建了兼顾效率与公平的退出监管框架。

根据乌兹别克斯坦《破产法》规定，企业面临财务困境时可自主选择清算或债务重组路径，并需提交资产负债表、债权人清单及债务清偿可行性报告，这一“双轨制”设计打破了此前单一清算模式的僵化性，赋予困境企业再生机会。对于已经没有持续经营价值的实体，应选择适用清算程序，法院根据《民事诉讼法》相关规定，指定一个独立的清算组来负责相关工作，负责冻结企业的资产，并启动债权登记程序。此外，清算程序的启动和相关信息必须在《乌兹别克斯坦国家公报》上进行公示，以确保透明度和公众的知

① 参见占茂华编著：《走向法治的乌兹别克斯坦》，法律出版社 2017 年版，第 283 页。

情权。对于债务重组路径，根据《破产法》的规定，债权人可以通过投票来影响重组方案的决策，债权人会议将根据债权比例行使表决权，其中每1万苏姆的债权相当于1票，为了使重组方案得以实施，必须得到持有2/3以上债权额的债权人同意。这样的机制确保了大额债权人在决策过程中拥有足够的控制权，同时也保障了小额债权人的参与权，从而避免了“多数暴政”的现象，即多数债权人的意愿可能压制少数债权人的合法权益。世界银行在其《2020年营商环境报告》中特别指出，乌兹别克斯坦的这一破产处理机制在平衡大额债权人控制权与小额债权人参与权方面做得相当出色，有效地维护了各方的利益。①

而针对小微企业普遍存在的抗风险能力较弱的问题，乌兹别克斯坦政府在《破产法》中援引其《小微企业支持法》规定，创设“快速清算通道”的特殊程序。这一程序主要包含三个方面的优化措施：首先，为了加快清算流程，法院在接到清算申请后必须在30天内启动清算程序，这较于常规的清算程序时间大幅缩短。其次，为了减轻小微企业的经济负担，法院将按实际情况减免案件受理费，并且允许小微企业在清算期间暂停支付社会保险费用，以缓解其资金压力。此外，快速清算通道还简化了清算报告的编制要求，从而进一步降低了清算成本。在这些措施共同作用下，极大地提高了小微企业破产清算的效率，保护了小微企业的利益，也促进了市场的健康稳定发展。最后，简化和解过程，如果小微企业能够与债权人达成庭外和解协议，那么可以省略掉债权人会议的表决环节，直接进入清算程序。

同时，考虑到企业退出市场时涉及多方权益，乌兹别克斯坦政府采取了跨部门立法的方式来实现风险防控。具体措施包括：其一，在《民事诉讼法》中明确规定了职工和税务机关的优先权，确立了资产分配的严格顺序，即先支付破产管理费用，然后是职工的工资和社保欠款，再是税款及财政债务，最后是普通债权人的按比例受偿；其二，《税法》规定了税务合规的刚性约束，确保税务问题得到妥善处理；其三，企业必须在提出破产申请后的规定日期内提交税务清算报告，否则将面临资产查封的严重后果；其四，税款的清偿顺序优先于普通债权，但次于职工债权。

乌兹别克斯坦通过修订《破产法》以及完善相关的配套法规，成功构建了一个层次分明、兼顾效率与公平的企业退出监管框架，其采取的“双轨化路径+小微专项+多法协同”的模式，不仅响应了世界贸易组织（WTO）对成

① 参见世界银行：《乌兹别克斯坦》，https：//www.worldbank.org/en/country/uzbekistan，2024年3月1日访问。

员国市场化改革的要求，还为中亚区域商法的现代化进程提供了具有示范意义的实践案例。未来随着预重整机制的进一步完善和数字司法系统的深入应用，乌兹别克斯坦有望进一步缩短与国际先进标准之间的差距，从而在企业破产和重组领域达到更高的效率和公正性。

（二）公共服务

在构建现代化企业退出机制过程中，乌兹别克斯坦不仅注重法律框架完善，更通过数字化司法改革、专业化机构建设与财政工具创新三位一体的公共服务体系，显著提升了市场主体退出效率与社会稳定性。这一改革路径被联合国国际贸易法委员会（UNCITRAL）列为“中亚司法现代化典型案例”，其制度创新体现为以下三大维度。

一是司法系统数字化转型，为破解传统破产程序耗时长、透明度低的难题。乌兹别克斯坦近年来启动司法系统数字化转型：其一，强制电子化立案，根据相关总统令[①]，乌兹别克斯坦推进电子化立案，所有的破产申请都必须通过 E-Sud 电子司法平台进行提交，虽然纸质材料仍然可以作为补充文件提交，但它们不再是主要的申请方式。E-Sud 平台为债权人提供了便捷的线上登记债权服务，债权人可以在 48 小时内自动生成债权人名录。此外，该平台还利用 AI 技术辅助进行资产估值，以及利用区块链技术存证关键文件，例如，债权人会议记录等，确保了数据的安全性和不可篡改性。其二，在线听证会标准化，为了确保在线听证会的标准化流程的推行，《电子诉讼程序条例》规定了一系列具体要求。[②] 首先，所有视频听证会必须采用政府认证的加密通信协议进行，以保证通信的安全性和隐私性。其次，根据《电子文件法》，电子签名的法律效力与传统的纸质签名等同，确保了电子文档的法律地位。此外，对于争议金额不超过 1 亿苏姆（大约相当于 8000 美元）的案件，允许采用异步审理模式。在这种模式下，当事人可以在 72 小时的时间内分段提交各自的陈述和证据，从而在不同时区或忙碌的日程中提供更大的灵活性，这些规定共同构成了一个全面的框架，旨在提高司法效率，同时确保诉讼过程的公正性和有效性。

二是对专业监管机构的赋权与制衡，为解决破产管理人资质参差不齐的问题。乌兹别克斯坦采取了立法措施，创建了破产管理局（Bankrotlikni-

---

① 参见乌兹别克斯坦总统令，《关于批准“数字乌兹别克斯坦——2030 战略”及采取措施有效落实的总统令》，Lex. uz，https：//lex. uz，2025 年 3 月 1 日访问。

② 参见乌兹别克斯坦司法部：《乌兹别克斯坦司法部官网》，https：//www. minjust. uz，2025 年 3 月 1 日访问。

BoshqarishAgentligi)，从而构建了一个由“法院裁判+行政监管”组成的双层治理结构，主要负责对破产管理人的资质进行认证和监督等。为了确保管理人的专业水平，所有管理人必须参加并通过国家统一组织的考试，该考试涵盖了法律知识、财务审计以及道德规范三个核心模块。此外，为了持续保证管理人的专业能力，考试每3年进行一次复核。为了进一步加强监管，破产管理局还建立了“黑名单”制度，对于那些违反规定和职业道德的管理人，将实施终身禁业的严厉处罚，以此来确保破产管理行业的整体素质和公信力。

三是建构企业重组基金，通过财政工具化解社会风险。为了减轻企业在重组过程中可能引发的社会动荡和冲击，乌兹别克斯坦政府采取了一项创新措施，即设立了企业重组基金（EnterpriseRestructuringFund，ERF）。[①] 这一基金的运作机制充分体现了精准施策的原则，旨在确保资金能够有效地用于缓解重组带来的负面影响。在资金规模和来源方面，该基金的初始规模主要由政府的财政拨款构成，占据了相当大的比例，而为了进一步增强基金的运作能力，国有银行也进行了相应的注资，以补充财政拨款的不足。在使用规则方面，基金的使用被严格限定，确保资金能够直接用于关键领域。具体来说，根据相关决议，基金的使用被限定为定向支付，即专门用于支付重组期间员工的工资，旨在保障员工的基本生活需求，同时维持社会的稳定；支付的期限和金额也有所限制，即不超过6个月的工资支付，并且支付的工资金额不会超过该地区最低工资标准的3倍。此外，基金的偿付优先权也得到了明确的规定，即在企业重组后恢复盈利的情况下，基金垫付的款项将享有优先偿还的权利，这一权利甚至高于税收债权，这样的规定确保了基金资金的安全回收，同时也鼓励企业尽快恢复正常的经营状态。最后，为了确保资金的合理使用，避免资金流向不当，基金还设立了一项负面清单制度。根据这一制度，那些存在环境违法行为或有欺诈性破产记录的企业将被禁止获得基金的支持。这一措施有助于确保基金资金的合理分配，同时促进企业遵守法律法规，维护市场秩序。但是该制度仍存在局限性，国际货币基金组织（IMF）明确指出，基金的用途过于单一，主要集中在工资支付上，而未能有效地覆盖到供应链欠款等关键的重组成本，因此，应该扩大基金的支持范围，以包含更多类型的重组成本。与此同时，世界银行也提出相应建议，通过引入一种“绩效挂钩机制”，对成功重组的企业进行激励，例如，免除这些企业部分的基金债务，以鼓励更多的企业进行有效的重组。

---

① 参见《关于加速改革、保障经济自由化和改善商业环境的紧急措施》，PF-4947，Lex. uz，https：//lex. uz，2025年3月1日访问。

在乌兹别克斯坦，上述三大公共服务措施与《破产法》之间实现了有机的衔接与协同工作。数字化平台（E-Sud）的引入，有效解决了《破产法》中所规定的关于债权人会议召集的效率问题，使得相关会议能够更加迅速和便捷地进行。与此同时，破产管理局所承担的监管职能，确保了《民事诉讼法》中所规定的清算组在履职过程中的专业性和规范性，从而提升了整个破产处理过程的透明度和公正性。此外，重组基金的设立为《破产法》中所强调的继续经营提供了必要的财政支持和保障，这有助于企业在面临破产时，能够尽可能地维持运营，减少对经济和社会的冲击。乌兹别克斯坦通过实施电子司法、专业化监管以及财政干预的综合措施，成功构建了一个多层次、全方位的企业退出公共服务网络。这种创新的实践证明了数字化转型与精准政策供给相结合，能够显著降低市场退出过程中的摩擦和成本，为那些后发国家在破产治理方面提供了可借鉴和可复制的制度范式。展望未来，乌兹别克斯坦需要进一步扩大重组基金的覆盖面，同时加强与国际破产协作网络的对接和合作，以期达到“高效率退出”与“高质量再生”之间的最佳平衡，从而为本国乃至全球的破产治理实践贡献更多的智慧和方案。

（三）效率

在《乌兹别克斯坦 2022—2026 年发展战略》框架下，乌兹别克斯坦政府将提升企业退出效率作为营商环境改革的指标之一，通过《破产法》修订、司法程序简化和费用标准化，乌在破产清算与重组效率上取得显著进步，但受限于司法资源分布不均与跨境规则缺失，仍存在结构性优化空间。首先探讨破产清算效率，乌兹别克斯坦在法定时限与成本控制上进行了制度突破，为了提高清算效率，引入清算时限的双轨制，这一制度创新显著提升了破产处理的速度和效率。对于普通企业而言，根据《破产法》的规定，法院在受理破产申请后必须在 18 个月内完成清算程序，相较于 2015 年的旧法规定的最长 36 个月的时限，实现了 50%的压缩，大大加快了破产清算的进程。而对于小微企业，根据《小微企业支持法》的规定，适用了“快速清算通道”，法院被要求在 6 个月内终结清算程序，并且可以跳过资产评估听证环节，进一步简化了程序，缩短了时间，使得小微企业的破产清算更为高效便捷。此外，乌兹别克斯坦政府还通过司法程序的简化，减少了不必要的行政干预和烦琐步骤，提高了整个破产处理流程的效率。在费用标准化方面，乌政府规定了破产清算过程中的各项费用标准，避免了因费用不明确而导致的拖延和争议，进一步提升了效率。然而，尽管乌兹别克斯坦在破产清算上取得了显著进步，但仍面临着一些挑战。由于司法资源分布不均，一些地区的企业在破产清算过程中难以获得及时有效的司法支持，清算效率受到影响。同时，跨境规则的缺失也使得跨国企业的破产清算面临诸多困难，限制了乌兹别克斯坦营商环境的进一步优化。因此，乌兹别克斯坦政府需要继续深化营商环境改革，加强司法资源的均衡配置，推动跨境规则的制定与完善，以进一步提升企业退出效率，为经济发展创造更加良好的法治环境。

对乌兹别克斯坦债务重组进行效率分析，可以发现其仍存在高门槛和漫长周期的现实困境。一方面，从法定重组周期和成功率来看，尽管《破产法》并没有明确设定重组的具体时限，但在实际操作中，由于需要多次召开债权人会议进行协商，导致整个重组过程平均耗时长达两三年。而重组计划的成功率也并不乐观，只有大约 1/3 的重组计划最终能够获得批准并执行。低成功率的主要原因包括债权人表决门槛过高，即需要超过 2/3 的债权额同意，以及缺乏预重整机制，这导致许多企业在进入司法程序时已经失去了其经营价值。另一方面，从成本结构的角度来分析，直接成本是重组案件中不可忽视的一部分。根据相关数据，重组案件的平均支出大约占到企业资产总额的 1/5，其中包括律师费用、会计师费用以及管理人报酬。除了这些直接成本之外，间接成本也不容小觑，间接成本主要来自企业重组期间运营的中断和不确定性，可能导致员工流失、市场份额下降以及客户信任度降低。这些间接成本往往难以量化，但其对企业长期发展的影响却是深远的。因此，提高重组效率，降低重组成本，不仅是企业自身的需求，也是优化市场环境，提升整体经济效率的重要一环。未来，乌兹别克斯坦仍需要进一步完善法律法规和不断优化市场环境，以提升企业重组的效率，使成本结构更加合理。

乌兹别克斯坦通过《破产法》时限压缩、费用标准化及数字化工具应用，初步构建了高效率的企业退出通道，尤其在小微企业快速清算领域成效显著。然而，债务重组的高制度性成本、司法资源区域失衡及跨境规则缺失，制约整体效率提升，其企业退出效率优化仍存在协同性障碍。首先，区域司法资源的不均衡分配是一个主要问题，以塔什干法院为例，该法院配备了专职的破产法官，这使得案件的处理速度相对较快。然而，在撒马尔罕等地区，司法资源的配备并不充足，这导致案件处理速度较慢，甚至出现了案件积压的现象，特别是在努库斯这样的边远地区，司法资源的匮乏使企业退出的效率受到严重影响。其次，跨境规则的缺失也是一个不容忽视的障碍。乌兹别克斯坦尚未采纳《联合国跨境破产示范法》，这导致了外资企业在退出市场时，面临资产跨境处置的难题。由于缺乏明确的跨境破产规则，外资企业往往需要花费更多的时间和精力来处理跨境资产，这无疑会延长平均清算周期，增加了企业退出的复杂性和不确定性。最后，数字化执行方面的差距也是一个关键问题。尽管乌兹别克斯坦已经推出了 E-Sud 平台，旨在通过数字化手段提高司法效率，但目前只有部分清算组能够熟练地使用该平台上的区块链存证功能。这种技术应用的不普及导致了在实际操作中，部分案件仍然依赖于传统的纸质流程，这不仅降低了处理效率，也增加了出错的风险。因此，为了进一步提升企业退出的效率，乌兹别克斯坦需要在司法资源的均衡分配、跨境规则的制定以及数字化执行能力的提升等方面做出更多努力，重点突破预重整机制的建设、破产专业人才的培养以及国际司法协作，以实现“有序退出”与“资源再生”之间的平衡。

十、国际贸易

乌兹别克斯坦在进行国际贸易的过程中有其独特特点。首先，其地理位置特殊，虽自然资源丰富，但作为内陆国，无直接出海口，对外交通和贸易受限。其次，经济结构影响国际贸易，棉花种植和生产地位重要，是主要出口创汇产品。最后，国家经济发展战略影响国际贸易活动，新兴工业部门依靠外资建立，承担开拓国际市场重任。乌兹别克斯坦发展对外经贸关系目的明确：增强出口潜力加速国内经济发展，提升地区经济地位，致力于成为地区经济一体化主导者之一。因此，乌兹别克斯坦注重引进外资、发展对外贸易和鼓励出口，积极倡导和推动中亚经济共同体建设，促进区域经济合作与发展。

在投资与贸易领域，乌兹别克斯坦的主要立法包括《投资及投资活动法》《关于促进吸引外国直接投资的补充措施》《保障措施、反倾销及补偿关税法》等。投资与贸易主管机关为乌兹别克斯坦投资和外贸部，负责协调外国投资、与国际经济和金融机构合作、实施统一对外贸易政策以及促进和确保国家出口支持系统有效运作。乌兹别克斯坦将吸引外资纳入经济优先发展领域，并颁布了一系列配套法规。国际知名企业投资集中在油气开采、汽车制造、电信等领域。其《投资和投资活动法》内容全面，为吸引海外投资提供法律保障，涵盖投资活动各方面，投资形式和类型广泛。该法偏向海外投资者，体现在权益保障、投资便利化和政策倾斜等方面。在权益保护方面，规定立法变更不利投资者时，原立法适用于投资 10 年内，投资者可适用新立法中改善条件的规定，还设立“保护企业家权利专员”帮助投资者。在投资便利化方面，给予外汇自由、投资资产不受国有化限制、设立“一个窗口”减轻行政程序负担等。在投资政策方面，对外商有税收抵免、投资补贴、投资签证、医疗教育等服务平等待遇、政治风险投资保险等优惠。在投资争端解决方面，先协商，未果可提交乌兹别克斯坦经济法院裁决，也可依据国际协定或双边多边投资协定申请国际仲裁。乌兹别克斯坦是《纽约公约》成员，签署 ICSID、巴黎国际仲裁法院、斯德哥尔摩国际仲裁法院规则。

尽管乌兹别克斯坦投资相关立法技术含量高、覆盖面广，但存在法律朝令夕改、人治色彩严重、各地执法者对法律理解不同、优惠政策难落地、工业配套基础设施建设落后等问题，一些地方政府为完成招商引资任务随意开空头支票，项目启动后多数难以落地，投资者往往因此遭受巨大的经济损失。

乌兹别克斯坦与世界 193 个国家和地区建立贸易关系，给予包括中国在内的 45 个国家最惠国待遇，与白俄罗斯、格鲁吉亚、哈萨克斯坦等国签订《关于设立自由贸易区的协议》，对来自这些国家的商品不征收进口关税。2019 年前，乌兹别克斯坦三大主要贸易伙伴分别是中国、俄罗斯和哈萨克斯坦。中国主要对乌兹别克斯坦出口机电产品和化工产品，从乌兹别克斯坦进口天然气、服务、黑色和有色金属、食品、面纱等。乌兹别克斯坦将贸易救济制度中的“两反一保”放到了一部法中，即《保障措施、反倾销及补偿关税法》，该法共 4 部分，30 条。乌兹别克斯坦目前是世界贸易组织的观察员之一，尚未正式加入，但其立法与世界贸易组织的现行相关立法一致。负责调查的主管机关为内阁，贸易救济分为实体与程序两部分。在保障措施方面，该法律规定当进口产品数量急剧增长而给本国产业造成严重损害或严重损害威胁时，可采取临时性的紧急救济措施，即保障措施，其发起、适用以及终结与《关税与贸易总协定》第 19 条和世界贸易组织《保障措施协定》一致。在反倾销方面，倾销的认定包括倾销价格、倾销对产业的损害或损害威胁以及因果关系，正常价值的确定方法分为出口国国内市场价格、对第三国出口价格和结构价格，反倾销程序包括初裁与终裁两个阶段，其规定与《关税与贸易总协定》第 6 条和 WTO《反倾销协定》一致。该法反补贴方面规定较为简单，禁止出口补贴并以列举的方式规范了被禁止的财政资助，其规定与《关税与贸易总协定》第 6 条和第 16 条以及《补贴与反补贴措施协定》一致。《保障措施、反倾销及补偿关税法》从立法技术角度来看较为简单，将 WTO 所授权成员方面临他方的不当贸易措施而采取的贸易救济措施以及调查程序放在同一部立法中进行规范，几乎所有法条照搬自 WTO 相关规定。虽然乌兹别克斯坦目前仅为 WTO 观察员，但其贸易立法如此国际化与美国对其的帮助不无关系。2019 年 4 月下旬，乌兹别克斯坦副总理加尼耶夫率团访美时获得美国一系列帮助，包括美国支持乌兹别克斯坦加入世贸组织，以及聘请美国国际开发署专家作为乌兹别克斯坦投资和外贸部部长加入世贸组织问题顾问，并承诺帮助其完善贸易立法体系。这一系列举措彰显了乌兹别克斯坦在国际贸易领域积极融入全球体系的决心，也体现了美国对该国经济发展的重视和支持。通过借鉴国际先进经验并结合本国实际情况，乌兹别克斯坦的贸易立法不断完善，为其参与国际贸易竞争提供了有力的法律保障，也为其他发展中国家在国际贸易立法方面提供了有益的参考和借鉴。

在此基础上，进一步讨论乌兹别克斯坦的国外贸易框架。首先，关于国际贸易的监管框架，乌兹别克斯坦政府制定了一系列法律法规，旨在促进国际贸易的规范化、透明化和便利化。这些法规涵盖了贸易政策的制定、执行和监督，以及贸易争议的解决机制，为国内外企业提供了明确的法律指导和保障。此外，乌兹别克斯坦还积极参与国际贸易规则的制定和谈判，努力提升本国在国际贸易体系中的地位和影响力。在公共服务方面，乌兹别克斯坦政府致力于提升贸易便利化水平，通过优化海关流程、简化审批手续、加强贸易信息服务等措施，降低企业贸易成本，提高贸易效率。同时，政府还积极推动国际贸易单一窗口建设，实现信息共享和数据交换，为企业提供一站式服务，进一步提升贸易便利化程度。至于效率方面，乌兹别克斯坦政府不断优化贸易流程，提高行政效率，缩短企业办理贸易相关手续的时间。此外，政府还鼓励创新和技术应用，推动贸易数字化转型，利用大数据、云计算等现代信息技术手段提升贸易监管和服务水平。这些措施的实施，不仅提高了贸易效率，也增强了乌兹别克斯坦在国际市场上的竞争力。

（一）监管框架

1. 法律框架的完整性

根据《投资和投资活动法》第46条外国投资者及其在乌兹别克斯坦境内投资的法律制度，外国投资者和外国投资得到公平和平等的待遇、充分和持续的保护以及安全。此制度不能比乌兹别克斯坦国际条约所界定的制度差；对外国投资的法律制度要求不能低于对乌兹别克斯坦法人实体和个人进行投资的相应制度要求。根据乌兹别克斯坦的国际条约、公认的国际法原则和准则；乌兹别克斯坦的立法可限制或禁止外国投资者在某些经济领域的投资，以保护公共卫生、动植物群和环境并确保乌兹别克斯坦的国家安全利益，恢复受乌兹别克斯坦法律保障的外国投资者被侵犯的权利和利益。乌兹别克斯坦的立法和国际条约作出规定："外国投资者及其在乌兹别克斯坦境内投资的法律制度，外国投资者和外国投资得到公平和平等的待遇、充分和持续的保护以及安全……对外国投资的法律制度要求不能低于对乌兹别克斯坦法人实体和个人进行投资的相应制度要求。"① 乌兹别克斯坦通过法律明确赋予外国

① 马凌、薛小花编：《乌兹别克斯坦共和国法律法规选编》，法律出版社2023年版，第145页。

投资者与本国投资者同等的法律地位，且其权利保障不低于国际条约标准。例如，在设立外商投资企业时，企业可自由开立境内外多币种账户，并接受或偿还外币贷款，体现了法律框架与国际金融规则的接轨。同时，《投资和投资活动法》第54条规定，外国投资者的经济活动包括设立、出售、重组或清算外商投资企业、其子公司、分支机构和其他结构以及经济协会和工会设立外商投资企业的基金，签订租赁和其他协议等由乌兹别克斯坦的法律和国际条约进行规范，外商投资企业缴纳税费，外商投资企业以外币支付的一切费用必须以本企业的外汇收入和法律允许的其他外汇来源支付，也可以在正在建立的协会和其他组织结构的活动框架内确保其自有货币。外商投资企业依法自主经营进出口业务，自己生产的产品出口不受许可证和劳动配额制度限制；外商投资企业有权根据乌兹别克斯坦的立法（无须取得许可证）为其生产需要进口的产品，乌兹别克斯坦内阁部长制定确定其生产、供出口的产品和企业为自身需要进口产品的程序；外商投资企业为自身生产需要进口到乌兹别克斯坦的资产，自其国家登记之日起2年内按照乌兹别克斯坦立法规定的方式免征关税；为外国投资者、外国公民和永久居住在乌兹别克斯坦境外的无国籍人士的个人需要进口的资产，根据与外国投资者签订的劳动合同在乌兹别克斯坦境内的则不征收关税；投资外国投资者和外商投资企业的发明专利和工业品外观设计的，引进依照法律规定的方式进行。外商投资企业自主制定企业资金的形成和使用清单及程序；外商投资企业为实施投资项目有权长期租赁非农业用地，租赁期限不超过申请中规定的50年但也不少于申请中规定的期限，外商投资企业可以在法律规定的情况和条件下取得土地建筑物和构筑物所有权转让以及相关物体，转让时也按照法律规定的方式和条件转让土地使用权。由出租人根据相关协议的规定向外国投资者出租财产，由《劳动法》规定外商投资企业中雇员的劳动关系，由法律规定外商投资企业职工的养老金。乌兹别克斯坦现行法律未直接规定数字贸易规则，但通过关税豁免政策（如2年自用设备免税）鼓励绿色技术引入。例如，进口可再生能源设备可适用免税条款，间接推动可持续贸易，而在实践中，通常在进口设备申报文件中明确标注“环保技术用途”，以强化免税申请合理性。

2. 国际贸易监管限制

根据前文所提及的《投资和投资活动法》第54条，进出口自由化“外商投资企业自己生产的产品出口不受许可证和劳动配额制度限制……外商投资企业有权根据乌兹别克斯坦的立法（无须取得许可证）为其生产需要进口产品”。乌兹别克斯坦对外商投资企业实施进出口“双自由化”政策：出口自由：自产产品免许可证和配额，降低合规成本（如纺织业出口无须申请配额）。进口自由：生产所需原材料和设备免许可证，但需符合“自用”认定标准（由内阁制定程序）。但《投资和投资活动法》第46条规定其限制例外，“乌兹别克斯坦的立法可限制或禁止外国投资者在某些经济领域的投资以保护公共卫生、动植物群和环境，并确保保护乌兹别克斯坦的国家安全利益”。依据前文所述的《投资和投资活动法》第54条，乌兹别克斯坦对外商投资企业实行了进出口自由化的政策，即外商投资企业所生产的产品在出口时，是不受任何许可证和劳动配额制度的限制的，企业可以自由地将其产品销往国际市场，而无须担心烦琐的行政程序和额外的合规成本。例如，在纺织业领域，出口产品时就不需要申请任何配额，这大大降低了企业的运营成本，提高了效率。此外，根据乌兹别克斯坦的立法，外商投资企业还有权为其生产需要进口产品，而无须取得任何许可证。这种进口自由化的政策，使得外商投资企业能够轻松获取生产所需的原材料和设备，从而保证了生产的连续性和效率。而进口自由化政策的限制条件也需注意。

3. 境外人员和企业设立的贸易限制

《投资和投资活动法》第47条、48条对外籍人员流动做出规定，第47条明确规定外国投资者的权利，除本法第10条规定的权利外，外国投资者有权自主决定其在乌兹别克斯坦投资活动中获得的发明、实用新型和工业品外观设计在国外和乌兹别克斯坦申请专利；外国投资者——外国公民包括外商投资企业的创始人或参与者以简化的方式在乌兹别克斯坦境内组织生产商品和提供服务的企业进行投资，即可根据乌兹别克斯坦总统决定规定的条件获得乌兹别克斯坦居留证；外国投资者——外商投资企业的创始人或参与者有权获得“投资签证”其家庭成员（包括配偶、父母和子女），根据乌兹别克斯坦总统决定规定的条件可在“投资签证”有效期内获得访问签证，并且有可能在不离开乌兹别克斯坦的情况下延长其期限，由乌兹别克斯坦外交部为在乌兹别克斯坦境外的外国投资者签发投资签证，由乌兹别克斯坦内务部为在乌兹别克斯坦境内的外国投资者签发投资签证，乌兹别克斯坦内阁制定了向外国投资者签发“投资签证”类签证和乌兹别克斯坦居留证的程序。拥有乌兹别克斯坦居留证或“投资签证”的外国投资者及其家庭成员（包括配偶、父母和子女）有权实施以下行为：（1）在乌兹别克斯坦境内就业；（2）平等利用为乌兹别克斯坦公民提供的医疗和教育服务；（3）在乌兹别克斯坦教育机构接受中等和高等教育，并且于第48条规定吸引外籍工人的措施。[①] 外国投资者和外商投资企业为开展投资活动，有权与任何外国公民和永久居住在

---

① 参见马凌、薛小花编：《乌兹别克斯坦共和国法律法规选编》，法律出版社2023年版，第148页。

乌兹别克斯坦境外的无国籍人士自由订立劳动合同；这些人有权在获得相应多次入境签证的情况下进入乌兹别克斯坦境内，并且在劳动合同的整个有效期内停留，应在与每位外籍工人签订的劳动合同中解决外籍工人的劳动报酬、休假和退休福利等问题；这些工人的工资和通过合法手段获得的其他收入在缴纳法律规定的税款和付款后可由其不受任何限制地转移到其他国家，外商投资企业可将外国工人的养恤金转入该工人常住国的适当基金。乌兹别克斯坦通过“投资签证+居留证”制度吸引外籍高管和技术人员，但劳动法仍设隐性限制：外籍员工工资需在劳动合同中明确，且不得低于本地同类岗位最低标准。同时企业可将外籍员工养老金汇至母国基金，但需额外缴纳跨境转账税费。

综上，乌兹别克斯坦在国际贸易领域的政策和立法框架体现了其积极融入全球经济体系的意图，同时也反映了其在应对自身地理和经济结构限制时的策略调整。作为内陆国家，乌兹别克斯坦通过优化贸易政策和提升贸易便利化水平，努力克服其地理位置带来的贸易障碍。其在投资和贸易立法方面的积极改革，为吸引外资和促进经济发展提供了有力的法律保障，也为国际贸易参与者提供了相对明确和稳定的规则。然而，乌兹别克斯坦在法律实施和政策执行方面仍面临一些挑战。法律的频繁变更和执法的不一致性可能对投资者的信心产生负面影响，进而影响到外资的流入和贸易的稳定发展。此外，基础设施建设的不足和地方政府在招商引资过程中的不规范行为，也可能对贸易和投资环境造成一定的阻碍。

尽管如此，乌兹别克斯坦在国际贸易立法方面的国际化努力，特别是其与 WTO 规则的接轨，显示了其对国际经济秩序的尊重和积极参与。通过与美国等国家的合作，乌兹别克斯坦在完善贸易立法体系方面取得了显著进展，这不仅有助于提升其在国际贸易中的地位，也为其他发展中国家提供了有益的借鉴。

（二）公共服务

依据《投资和投资活动法》第 51 条的规定，外国投资者在乌兹别克斯坦境内设立的外商投资企业，将能够享受到乌兹别克斯坦的法律以及国际条约所赋予的所有权利、保障和福利。这些外商投资企业被授权执行以下活动：（1）在乌兹别克斯坦境内以及国外的任何银行开设、使用和管理各种货币的账户；（2）接收和偿还以外币计价的贷款。外商投资企业同样有权在乌兹别克斯坦境内以及国外的任何银行开设、使用和管理各种货币的账户。这种多币种账户的政策有助于提高资金的流转效率，然而，企业在享受这些便利的同时，也需要注意一些潜在的限制和规定。首先，企业在支付相关费用时，必须使用外汇收入或者来自“合法来源”的资金，这可能会对境外资金的注入灵活性造成一定的限制。其次，根据乌兹别克斯坦中央银行的规定，涉及大额交易时，企业需要向央行进行报备，这样做是为了防止洗钱等金融风险的发生。这些监管措施确保了金融市场的稳定和透明，同时也要求外商投资企业在经营活动中必须遵守相应的法律法规。

此外，为了进一步加强边境的管理力度，乌兹别克斯坦在第 54 条中特别规定，所有外商投资企业为了满足自身生产需求而进口到该国的资产，从其在国家登记之日起的 2 年时间内，可以享受免征关税的优惠政策。为了确保这一政策的顺利实施，企业必须遵循一系列具体的实务流程。首先，企业需要在国家注册局完成相应的登记手续，随后向海关提交一份详尽的《自用设备清单》；其次，企业可以凭借这份清单以及投资协议，向相关部门申请为期 2 年的关税豁免，在申请过程中，企业必须明确指出设备的具体用途，并提供设备的预估价值；最后，为了防止免税资产被转售以获取非法利益，海关部门有权进行后续的核查工作，这可能包括对设备实际使用情况的随机检查。一旦获得关税豁免的批准，外商投资企业还需定期向海关部门报告这些免税资产的使用情况，包括设备的维护记录以及是否按照原定用途进行使用。如果海关部门在核查过程中发现企业存在滥用免税政策的行为，例如，将免税资产用于非生产目的或转售以谋取私利，将会采取相应的法律措施，并可能撤销之前的关税豁免批准。这一系列的监管措施旨在确保免税政策的公平性和有效性，同时促进外商投资企业的合规经营。通过加强边境管理和实施严格的实务流程，乌兹别克斯坦不仅为外商投资企业提供了更加便利的营商环境，也维护了国家经济的稳定和持续发展。乌兹别克斯坦通过立法程序赋予了外资企业高度自由的贸易权利，例如，第 54 条进出口自由。然而，在实际的商业运营过程中，外资企业可能会遇到一些隐性的限制，这些限制可能包括对外汇来源的严格审查以及出于国家安全考虑的例外情况。

（三）效率

1992 年乌兹别克斯坦进出口总额为 17.986 亿美元，其中进口额为 9.293 亿美元，出口额为 8.693 亿美元；1995 年进出口总额为 60.017 亿美元，其中进口额为 28.927 亿美元，出口额为 31.09 亿美元；2000 年进出口总额为 62.43 亿美元，其中进口额为 31.25 亿美元，出口额为 31.18 亿美元。1992—2008 年，乌兹别克斯坦年均对外贸易额约为 72.83 亿美元，年均增长率为 8.2%。2008 年为 172.72 亿美元，其中乌兹别克斯坦出口 115.71 亿美元。

2010 年乌兹别克斯坦对外贸易总额达到 218.4 亿美元，比上一年增长 3%，其中出口贸易额为 130.4 亿美元，增长 10.8%；进口贸易额为 88 亿美元，减少 6.8%。根据国家统计委员会的资料，2012 年外贸总额为 262.87 亿美元，较上年增长 0.9%，其中出口 142.59 亿美元（为 2011 年的 94.9%），进口额增长 9%，达到 120.28 亿美元，顺差为 22.31 亿美元（2011 年为 45.17 亿美元）。外贸实现持续顺差的原因是，其主要出口商品，如黄金、棉花、金属铀等国际市场价格保持在高位，使其外汇收入大幅增长。2013 年乌兹别克斯坦外贸顺差为 13 亿美元，出口额增长 10.9%，制成品出口稳定增长；当年出口额的 72%是非原料商品，是国际竞争力提高的证明。①

根据华经情报网 2024 年 12 月 16 日的数据，2024 年 1—10 月中国与乌兹别克斯坦双边货物进出口额为 1108132.72 万美元，相比上年同期减少了 47308.6 万美元，同比下降 4.1%。其中，中国对乌兹别克斯坦出口商品总值为 945741.91 万美元，相比上年同期减少了 80382.33 万美元，同比下降 7.7%；中国自乌兹别克斯坦进口商品总值为 162390.81 万美元，相比上年同期增长了 33073.73 万美元，同比增长 24.4%。2024 年 1—10 月中国与乌兹别克斯坦贸易差额为 783351.1 万美元。从上述数据可以看出，乌兹别克斯坦的进出口贸易在过去几十年中经历了显著的增长和变化。近年来，乌兹别克斯坦在国际贸易中的地位不断提升，特别是在与中国的双边贸易中，尽管出口有所下降，但进口的增加显示出其经济的活跃度和对外贸易的多元化发展。

为了进一步保障乌兹别克斯坦对外贸易的效率，《投资和投资活动法》第 54 条对外资进行优化，外商投资企业缴纳税费，外商投资企业以外币支付的一切费用必须以本企业的外汇收入和法律允许的其他外汇来源支付，也可以在正在建立的协会和其他组织结构的活动框架内确保其自有货币；外商投资企业依法自主经营进出口业务，自己生产的产品出口不受许可证和劳动配额制度限制，并享受国家提供的税收减免和其他优惠政策。此外，乌兹别克斯坦政府还积极推广电子商务，为外贸企业提供更为便捷的交易平台，缩短了交易时间，降低了交易成本。同时，乌兹别克斯坦海关部门也加强了对进出口货物的监管，提高了清关效率，确保了对外贸易的顺畅进行。这些措施共同作用下，乌兹别克斯坦的对外贸易效率得到了显著提升，为国家的经济发展注入了新的活力。综上，乌兹别克斯坦在提升国际贸易效率方面采取了一系列有效措施，通过优化外资政策、推广电子商务以及加强海关监管，乌兹别克斯坦不仅为国内外企业创造了更加公平、透明的贸易环境，还显著提高

---

① 参见莫斯科跨国统计委员会：《1999 年独联体统计手册》（2000 年版），第 301 页。

了对外贸易的便利化程度。这些举措不仅促进了乌兹别克斯坦经济的快速增长，也为该国在国际市场上的竞争力提供了有力支撑。未来，随着乌兹别克斯坦继续深化改革开放，加强国际合作，其国际贸易效率有望进一步提升，为国家的长远发展奠定坚实基础。

第四章　乌兹别克斯坦营商环境治理典型案例

一、乌兹别克斯坦经贸合作区[①]

（一）乌兹别克斯坦鹏盛工业园区（国家级）

2009年，中国温州金盛贸易公司在锡尔河州投资创建乌兹别克斯坦鹏盛工业园区。该园区占地102公顷，总投资约9000万美元。乌兹别克斯坦批准该园区为“吉扎克”特殊工业园锡尔河分园，中国也批准该园区为中国国家对外经贸合作区。鹏盛工业园是首个由中国民营企业直接在乌投资的大型项目，园区内有皮革、瓷砖、鞋履、手机、水龙头阀门、食品加工等10家企业，雇佣员工1500余人，其中约1300人来自当地。

（二）乌兹别克斯坦安集延纺织园区（地方级）

2016年1月，南阳木兰花实业有限公司投资、并购乌兹别克斯坦乌华南阳红棉天使纺织有限公司，组建了“巴布尔木兰花”项目，其地址在乌兹别克斯坦安集延州安集延市。投资总金额为2500万美元，投资期限为2015—2018年。共分两期进行：一期棉纺纱和筒染生产车间，投资金额为1500万美元，生产全新纺纱工艺——“赛络纺”棉纱；二期织造和成品生产车间，投资金额为1000万美元，生产色织家纺成品。该项目全面投产后，年生产“赛络纺”棉纱12000吨，筒子纱染色3600吨；色织家纺成品年产量达3000万件。该项目可解决乌兹别克斯坦当地1400个工作岗位，所生产的产品80%以上出口到中国、欧美等国家和地区，年出口创汇达3000万美元。是集纺纱、印染、织造、缝纫及其成品为一体的全能型出口企业。项目受到了乌兹别克斯坦政府的高度重视。

---

① 参见电力国际汇 epintl：《营商环境丨中国企业对乌兹别克斯坦投资》，载“电力国际汇 epintl”微信公众号，2022年8月22日。

（三）乌兹别克斯坦农林科技农业产业园（地方级）

乌兹别克斯坦农林科技农业产业园是温州金盛贸易有限公司投资建设的，是继该公司在乌兹别克斯坦投资建设的鹏盛工业园区获评国家级境外经贸园区后的又一重大对外投资项目。该项目涉及蔬菜、水果、花卉等经济作物种植、配套养殖基地建设，产品将供应乌兹别克斯坦主要的超市、蔬菜批发市场，并出口到俄罗斯等周边国家。园区规划最终投产后，棉花示范种植面积将达到124公顷。园区有效推进了中乌两国在农业领域的技术合作与交流。乌兹别克斯坦农林科技农业产业园综合配套功能齐全、合作覆盖面广，是“走出去”和“引进来”两条腿走路的示范性项目。

二、河南万邦国际向乌兹别克斯坦农业领域投资[①]

中国知名企业河南万邦国际向乌兹别克斯坦农业领域投资5亿美元这一事件在2017年曾经产生过较大的影响。河南万邦国际农产品物流股份有限公司主营范围为食品生产及物流。2017年12月5日—12日期间该公司代表参观了乌兹别克斯坦多个自由贸易区：塔什干、撒马尔罕、吉扎克、锡尔河，并与乌兹别克斯坦当地农业公司建立合作伙伴关系；与乌兹别克斯坦农业和水资源部、Uzbekoziqovqatholding公司达成协议，投资15个项目，投资5亿美元在乌建设国家级“洛阳—布哈拉农业合作示范区项目”，覆盖农产品生产、加工及包装（其中包含畜牧产品）、成品的进出口及再出口。协议框架下，乌兹别克斯坦自贸区将建设占地面积1万公顷的配套物流中心和农产品加工厂，每年运送超过10万吨乌兹别克斯坦当地生产的绿豆到中国。同时，乌政府给予关税税收优惠并提供公共配套设施，为万邦提供2万吨牛羊肉出口配额。截至2018年12月，万邦国际农产品投资为乌兹别克斯坦提供就业岗位1400个，乌兹别克斯坦盈利600万美元，河南万邦国际农产品物流股份有限公司也实现盈利1200万美元。

中国在乌兹别克斯坦农业部门的存在总体来说较低，主要是给共和国供应农业设备。该供应是通过中国进出口银行贷款进行的，但这些供货的信息是不协调的。确实知道的只有以下的几个交易：2007年为止，乌兹别克斯坦用全额约为5000万美金的中国贷款进行购买灌溉和排水技术；2008年中国Mashimpex公司已提供给乌兹别克斯坦的下一批排灌设备（63台挖掘机和推土机10），总额为850万美元。这种技术设备将在费尔干纳地区被用于土地复

---

① 参见余林徽：《乌兹别克斯坦吸引中国投资的现状及对策研究》，浙江大学2019年硕士论文。

垦。总体而言，中国在乌兹别克斯坦的经济存在状况逐年增加。近年来，乌兹别克斯坦正在努力吸引中国投资者，以进一步加强两国之间的贸易和经济关系。中国企业在乌兹别克斯坦活动的其他有前途领域可能会是在纺织，轻工，化工和农业工程产业的合作；在中国投资者帮助下进行了卡拉库尔泵站改造等对乌兹别克斯坦重要的项目。

据乌当地媒体报道，2012 年上半年乌兹别克斯坦机械制造企业产值约合 20 亿美元，同比增长近 25%。其中，生产汽车 96889 辆，同比增长 12%，卡车同比增长 1 倍，公交车同比增长近 1 倍，专用车同比增长近 25%，轻型轿车同比增长 11%；发动机产量同比增长近 270 倍，蓄电池产量同比增长近 2 倍；2013 年前半年，乌大型工业企业扩大了以下农机产量：拖拉机拖车（增长近 3 倍），谷物收割机（1 倍），耙子（近 1 倍），拖拉机（70%）。

据悉，2018 年开始，中国将通过技术转让的形式来投资乌兹国家的棉花产业。乌兹国家棉花产量已经从 20 世纪 90 年代初的 18000 公吨下降到目前的 500 公吨。专家表示，乌兹国家有潜力生产和加工 20000 公吨棉花，每年为农民赚取 75 亿收入。农业内阁秘书表示，乌兹国家政府将给棉花种植农户提供赠款，并逐步增加预算拨款，以振兴这个数十亿收入的农业部门。“我们也在为我们的农民开拓中国和英国出口市场，现在是农民增加产量的时候了”。实际上，乌兹国家政府已经将棉花行业的复兴列为四大议程（Big4 Agenda）农业支柱的优先事项。政府将制定和执行必要的法律，并设定目标来实现生产目标。乌兹国家棉花种植者协会表示，农场规模的缩小和来自其他经济作物的竞争对棉花复兴之路构成了威胁。“我们需要高产量和高棉花酯含量的品种来获得更好的价格”。

到 2022 年，仅欧洲市场就需要达到 7000 公吨的目标。在 2018、2019 年，Na 县拨款 3500 万收入用于采购棉花幼苗和其他种植材料。据州长称，该县已经成立了棉花核心小组平台，讨论影响价值链的各种问题。核心小组由所有价值链参与者组成：商业苗圃经营者、监管者、加工者和县议会。目前，已经有 164 英亩的土地被棉花覆盖。乌兹国家棉花加工公司在乌建立了第四个工厂。在乌兹国家西部，来自中国的农业技术指导和帮助让当地棉花种植者受益颇多。9 月初正值棉花采摘季节，来自中国公司的员工经常到当地农户家中收购采摘好的棉花。

三、中国石油天然气勘探开发公司油气投资①

2006 年“Uzbekneftegaz 公司”和中国石油天然气勘探开发公司

① 参见余林徽：《乌兹别克斯坦吸引中国投资的现状及对策研究》，浙江大学 2019 年硕士论文。

（CNODC），中国石油天然气集团公司（以下简称“CNPC”）的子公司签署了一项协议关于在未来5年三大石油和天然气的区域内五大投资区块进行勘探，价值为260万美元。从具体的合作来看，“Uzbekneftegaz公司”控制了石油天然气工业，包括坦石油天然气开采股份公司（塔什干市）主要从事油气田的开发、石油、天然气及天然气凝析油的开采，以及天然气的加工、勘探、钻井、服务和运输等；CNODC通过技术指导、资金与设备投入、油气产品获得盈利。这是一项双赢的合作。截至2018年12月，“Uzbekneftegaz公司”和CNODC已经从中获得盈利17.9亿美元，“Uzbekneftegaz公司”也实现了企业盈利平均每年6.25%的增长。在2009年，中国公司广核铀业有限公司和乌兹别克斯坦的Goskomgeo建立了Uz-China Uran合资企业，启动铀矿的开采项目，于2013年开始运作。在2010年，乌兹与中国两个国家之间达成了天然气的外贸协议，协议具体内容规定中国每年通过乌兹进口一百亿立方米的天然气，同时通过土库曼斯坦与中国的运送管道进行运送。截至2018年12月，中国公司广核铀业有限公司和乌兹别克斯坦的Goskomgeo建立了Uz-China Uran企业已经走过近10个年头。通过合作，中方与乌方企业都获得了前所未有的发展。如今Goskomgeo、Uz-China Uran合资企业已经成为乌兹别克斯坦举足轻重的大型矿产开发企业，中国公司广核铀业有限公司也通过和Goskomgeo的合作，实现了企业盈利平均每年7.17%的增长。

根据《全球油气发现回顾》数据，2017年第四季度，在全球油气资源发现上，乌兹国家气资源位列前茅。据美国能源信息管理局（EIA）估计，乌兹国家拥有586万亿立方英尺的天然气，其中105万亿立方英尺技术上是可开采的。此外，乌兹国家还拥有2270亿桶石油储量，其中可开采量为91亿桶。值得注意的是，乌兹国家曾是一个能源短缺的国家。几年之前，乌兹国家的油气资源表现出少油多气特征，加上其石油勘探技术落后，因此该国的石油对外依存度极高。随着国际油气企业进驻乌兹国家拓展市场，该国勘探作业数量和勘探成功率均有大幅提高。过去4年中，油气企业在乌钻探了373口勘探和评价井，勘探工作取得了进展，也带来了产量提升。这些新发现促使能源巨头纷纷加入在乌兹国家的近海钻探活动，使该国的油气领域发展提速。换言之，乌兹国家的石油、天然气能源较为丰富，是中国乃至亚洲地区的重点资源进口国，据数据统计，乌兹国家拥有的石油总量大于50亿吨，天然气总量大于5万亿。

四、Zarafshan 500MW 风电项目投资①

Zarafshan 项目位于乌兹别克斯坦中部 Navoi 地区，项目总装机 500MW。此项目是乌兹别克斯坦乃至中亚最大单体项目，项目由阿布扎比未来能源公司 Masdar（以下简称 Masdar）投资。项目采用 DBFO 模式即 Design-Build-Finance-Operate，项目电价为 2. 679 美分/KWh。中国电建山东电建第三工程有限公司为工程总承包，金风科技为项目供应风机。项目投资方为项目总装机 500MW，选用金风科技 111 台 GW155—4. 5MW 永磁直驱智能风电机组。国际金融公司（IFC）、亚洲开发银行（ADB）、欧洲复兴开发银行（EBRD）等银团共同融资，项目于 2022 年 8 月 31 日实现融资关闭，预计 2024 年底完工进入商业运营阶段。

Masdar 于 2019 年 11 月和乌兹别克斯坦政府签署了该国第一个光伏电站项目的 PPA 以及政府支持协议（government support agreement，GAS）。借着当时乌兹别克斯坦政府发展新能源项目，优化电力能源结构的雄心，即在 2026 年实现新能源发电占电力能源 25%的目标，Masdar 高举高打，顺势而为，向乌兹别克斯坦政府提出了要投资 Zarafshon 500MW 风电项目，并向政府最终报出了 2. 679 美分/KWh 的电价。乌兹别克斯坦政府欣然接受了 Masdar 投资 Zarafshon 500MW 风电项目，并未通过公开招标而是通过双边协议的形式同意了该项目 2. 679 美分/KWh 的电价。

近年来，Masdar 加大对中亚等新兴市场清洁能源项目的投资，已在乌兹别克斯坦投资了 4 个光伏项目和 Zarafshan 风电项目，可谓遍地开花。Masdar 还将在 Samarkand、Jizzakh 和 Sherabad 等地区开发 890MW 光伏项目。通过高举高打、深耕厚植，在乌投资项目遍地开花，这种规模效应造就了“小市场大发展”的格局。

---

① 参见《投融资案例解析：中亚最大单体风电项目 Zarafshan - 500MW》，载国复咨询网，https：//www. goalfore. cn/a/3895. html，2025 年 3 月 10 日访问。

第五章 乌兹别克斯坦主要产业或产业支柱有关的营商环境规制细则

一、主要产业或支柱产业

国民经济支柱产业有“四金”，即黄金、“白金”（棉花）、“黑金”（石油）、“蓝金”（天然气）。乌兹别克斯坦的棉花年产量占苏联棉花产量的2/3，居世界第四位，因此被誉为“白金之国”。其黄金储量也居世界第四。

乌兹别克斯坦的冶金工业在中亚地区最为发达。冶金工业以黑色金属和有色金属为主。其中，黑色金属以废旧金属原料为主，年产量46万吨左右，主要分布在别卡巴德。有色金属以铜、铅、锌、钨、钼及硬合金等为主，主要集中在阿尔马雷克等地。此外，乌兹别克斯坦还有生产黄金和其他稀有金属的企业。主要的冶金企业有纳沃伊冶金联合体、阿尔马雷克冶金联合体、乌兹别克斯坦耐火抗热材料厂、乌兹别克斯坦再生产材料厂、乌兹别克斯坦黄金生产联合公司、安格连化学冶金厂等。冶金工业的产值占工业总产值的10%以上。

总而言之，乌兹别克斯坦是中亚五国中矿产资源和能源资源十分丰富的国家。全国现已发现的矿产达93种，产地2450多处。其主要矿产资源有金、银、铀、铜、铅、锌、钼、钨、岩盐、钾盐等。其中，金、铀、铜、岩盐与钾盐储量位居世界前列，其中金储量名列世界前五名，产量居世界前十位，铀的储量和产量均已跻身世界十强之列。在能源资源中，乌兹别克斯坦的石油和天然气储量也非常丰富。其天然气含量仅次于哈萨克斯坦和土库曼斯坦，在独联体国家中位居第三。

乌兹别克斯坦农业有以下五大支柱产业：（1）棉花种植业。乌兹别克斯坦是世界棉花生产和出口大国，棉花产值占农业的40%，是农业最主要出口产品。植棉业是乌兹别克斯坦比较专业化的部门，棉花产量在苏联时期占全国的70%，目前籽棉年产量在320万—370万吨（皮棉100万—110万吨）之间，居世界第5位，出口量居世界第二位。（2）粮食种植业。乌兹别克斯坦独立后，粮食种植面积得到了很大的发展。其种植的粮食主要有小麦、玉米和大麦。(3)蔬菜和水果种植业。乌兹别克斯坦阳光充足，在蔬菜、水果种植方面拥有得天独厚的自然条件，是中亚地区最大的蔬菜和水果产地，每年生产的各种蔬菜达 270 万—300 万吨。(4)畜牧业。乌兹别克斯坦有 2650 万公顷的沙漠牧场，养羊业是畜牧业的主项。畜牧业以生产毛、肉为主，所产的羔羊皮驰名于世。(5)养蚕业。乌兹别克斯坦的养蚕业也比较发达，是农业中的重要产业，也是赚取外汇的重要产品。

二、主要产业营商环境规制细则概况

(一)外商投资环境

乌兹别克斯坦吸引投资的主要法律有:《投资和投资活动法》《保护私有财产和保证所有者权益法》《关于促进吸引外国直接投资补充措施》的总统令,《关于对〈外国投资法〉进行修改和补充的修正案》。

乌兹别克斯坦贸易主管部门是投资和外贸部，主要职责包括吸引外资和促进对外贸易两方面，涉及外贸的职责有：实施统一的外贸政策，促进并确保国家出口支持体系的有效运转，对外贸活动进行监管；协调关税和非关税监管措施，改进电子商务程序；扩大外贸合作，支持本国商品、劳务和服务出口；协调乌加入世贸组织和其他多边经济组织合作工作；协调市场批发和股票的监管，监测并分析市场状况；推动外贸基础设施发展，提高过境运输能力，改善物流和交通走廊，实现出口路线多元化等。①

2018 年以来，乌兹别克斯坦加大引资力度，对外资进入相关行业的限制逐步减少。在电力、石油、天然气领域的上游发电和油气开发对外资开放，但对能源及重点矿产品(如铀)开发等领域有股权限制，外资所占股份一般不超过 50%。航空、铁路、国家输电网、国内天然气输气管网等领域则完全由乌兹别克斯坦国有企业垄断，不对外开放。

此外，乌兹别克斯坦鼓励外国直接投资进入下列行业，并给予免征企业所得税、财产税、社会基础设施改善和发展税、小微企业单一税，免除道路基金的强制性扣款。无线电电子、电脑配件、轻工业、丝绸制品、建材、禽肉及蛋类生产、食品工业、肉乳业、渔产品加工、化学工业、石化、医疗、兽医检疫、制药、包装材料、可再生能源利用、煤炭工业、五金制品、机械制造、金属加工、机床制造、玻璃陶瓷业、微生物产业、玩具制造等行业。

---

① 参见商务部对外投资和经济合作司等编:《对外投资合作国别(地区)指南:乌兹别克斯坦》(2024 年版),第 40 页，载商务部“走出去”公共服务平台，http://fec.mofcom.gov.cn/article/gbdqzn/,2025 年 2 月 28 日访问。

（二）投资吸引力①

第一，行业优惠。乌兹别克斯坦政府给予在塔什干市和塔什干州以外地区的外国直接投资企业各种税收优惠政策，如免缴法人财产税、统一税费等。前提是外资注册资本比重超过 30%，投入的是可自由兑换货币或新型技术工艺设备、收入 50%以上用于再投资等，且没有政府担保。享受优惠的行业包括：无线电电子、电脑配件、轻工业、丝绸制品、建材、禽肉及蛋类生产、食品工业、肉乳业、渔产品加工、化学工业、石化、医疗等。

第二，地区鼓励政策。乌兹别克斯坦给予在偏远地区投资设厂的外资企业 3 年、5 年、7 年和 10 年不等的税收优惠待遇。

第三，税收优惠政策。当外国投资者所实施的私人直接投资无须乌兹别克斯坦提供担保，在企业注册资本中的份额大于 33%，税收优惠所得的至少 50%用于企业发展的再投资时，投资者可享受税收优惠。

（1）增值税优惠。投资者符合以下情况的可免征增值税：根据投资者与国家财产管理机构达成的协议，作为投资项目的财产转售所得；根据投资者与国家财产管理授权机构签订的协议，作为投资项的进口财产销售所得；出租人（租赁人）提供融资出租（租赁）协议服务的利息收入；根据法律批准的清单进口到乌兹别克斯坦境内的技术设备以及零部件和备件，进口技术设备自进口之日起 3 年内出售或免费转让出口的，则取消该项税收优惠。

（2）法人财产税的优惠。新创建的企业自注册之日起两年内免征财产税。该项优惠不适用于在重组法人实体基础上创建的企业，以及使用从重组企业租赁的设备经营的法人实体。

（3）关税优惠。投资者符合以下情况的可享受关税优惠：自注册之日起两年内，外商投资企业（实收资本中的外国投资份额至少为 33%）进口到乌兹别克斯坦用于企业生产需要的设备；根据与外国投资者签订的劳动合同，外国投资者、外国公民和享有乌兹别克斯坦永久居留权人士因个人生活需要而进口的商品。

第四，土地使用优惠政策。为实施投资项目而长期租赁非农业用地，期限最长可为 50 年，但不少于申请中指定的期限。

第五，出入境优待政策。外国公民和无国籍人士在乌兹别克斯坦创办企业，或以收购公司股份的形式进行投资，且投资额不少于乌兹别克斯坦规定

---

① 参见《乌兹别克斯坦投资蓝皮书》，载上海兰迪（乌鲁木齐）律师事务所智库，https://landinglawyer.feishu.cn/docx/YoaPdcARioLN38xWfdOczGgPnqc，2025 年 2 月 28 日访问。

的最低工资标准的8500倍，在投资期间，可以获得3年多次入境的签证，并可以无限次延长签证有效期。

第六，经济特区优惠。根据乌兹别克斯坦2016年10月26日发布的4853号总统令，参与自由经济区的企业免缴：土地税、所得税、法人财产税、社会基础设施改善和发展税、微型企业和小型企业的单一税款，以及对共和国道路基金和乌兹别克斯坦财政部下属的普通中小学、职业学院、学术和医疗机构的重建、检修和设备预算外基金的强制性扣款；为自身生产需要进口的设备、原材料、材料和部件的海关支付（清关费除外）。

自由经济区的优惠期为3—10年，具体取决于所进行的投资额：30万美元到300万美元，免税期为3年；300万美元到500万美元，免税期为5年；500万美元到1000万美元，免税期为7年；1000万美元及以上，免税期为10年，之后5年仍然享受所得税和小企业税率减半的优惠。

自由经济区内企业在自由经济区的生产活动，对出口的产品，免征进口原材料、材料和组件的关税（清关费除外）。国家确保参与自由经济区的企业与工程通信网络的及时连接及不间断运行。

表4-1　乌兹别克斯坦工业特区优惠政策①

工业特区	优惠政策	其他免税	成果
纳沃伊自由工业经济区	区内暂定工业区运营期限为30年，区内实行特殊的海关、外汇和税收体系，简化外国员工出入境和居留、劳务许可办理手续。优先发展包括电子及电器产品、精密机械、汽车制造及零部件生产、企业制药和医疗产品食品加工和包装、塑料制品和聚合物制品等产业。在工业区内注册的实体投资者以出售或无偿转让为目的进口的设备、原材料和零部件须全额征收关税。在工业区内可流通外汇，即允许以外汇结算和支付	土地税；共和国学校基金缴费；生产出口产品所需的设备、配件、原材料的海关关税	纳沃伊工业特区自建立之日起，已入驻12家企业，韩国企业居多，有一家中国企业投资手机生产项目。目前仍有蓄电池、汽车天然气罐、手机生产、调制解调器等7个高技术项目准备投产

① 参见张新：《乌兹别克斯坦投资环境分析》，兰州大学2017年硕士论文。

（续表）

<table>
<tr><th>工业特区</th><th>优惠政策</th><th>其他免税</th><th>成果</th></tr>
<tr><td>安格连工业特区</td><td>区内将实行特殊的税收、货币、关税优惠及简化的出入及居留制度，区内企业享受减免税收的优惠政策。特区期限 30 年，届时可延期。目前，乌方已投入 6000 万美元，用于完善区内的基础设施建设</td><td rowspan="2">在乌政府批准的项目范围内，进口乌不生产的产品所需的设备、配件、原材料的海关关税</td><td>入驻企业数量有限，共计 8 个投资项目，涉及石油加工、铜管、钢筋、瓷砖、蜂窝煤、白糖、皮制品等领域，投资额近 2 亿美元。主要有新加坡公司投资的制糖厂、捷克公司参与投资的油品回收和再加工厂等。暂无中国企业进驻</td></tr>
<tr><td>吉扎克工业特区</td><td>2013 年 3 月 18 日，根据乌兹别克斯坦总统令，设立了吉扎克工业特区，这是乌兹别克斯坦的第三个工业特区。明确吉扎克工业特区由中国企业参与建设，工业区优惠政策与安格连工业特区类似</td><td>该工业区地域除吉扎克州外，还包括位于锡尔河州、由中国浙江温州金盛公司投资兴建的鹏盛工业园，鹏盛工业园内建成投产项目共 7 个，涉及瓷砖、制革、制鞋、手机、肠衣、宠物食品、7JC 龙头、阀门等，2014 年产值超过 8500 万美元，出口约 2800 万美元，向当地纳税近 1000 万美元，解决当地就业约 1100 人</td></tr>
</table>

（三）对中小企业的鼓励和扶持政策①

自 1991 年宣布独立后，为了保障和发展私有企业，促进经济的进一步发展，乌兹别克斯坦逐步对国有企业进行私有化和非国有化改造，并出台了一系列鼓励和扶持私有企业发展的法律和法令等政策规定。

首先，在鼓励政策方面，乌兹别克斯坦法律规定：准许私人企业主根据劳动合同雇用工人，在物资供应、信贷、税收和信息等方面提供优惠条件。例如，在资金方面，乌兹别克斯坦财政部为建立私有企业和小企业基金会拨出 1 亿苏姆作为启动资金，该基金会自注册之日起 3 年内免交税和其他付款，

① 占茂华编著：《走向法治的乌兹别克斯坦》，法律出版社 2017 年版，第 285 页。

同时还为建立私有企业保险机构拨出 1 亿苏姆作为保险基金：在税收方面，规定凡是生产和出口农工产品、生产消费品、工艺技术产品、建筑材料及从事建筑和修理安装、生活服务行业的私有企业和小企业从注册之日起 2 年内免交收入税；农村私有企业在能源消费方面享有优惠的税收政策，在信贷和保险方面也享有优惠的待遇。此外，国家还为私有企业参加对外经济活动提供方便条件，如为它们生产的产品参加国际展销会提供保障，采取投标竞争方式把国家需要的基本食品进口业务交给非国有外贸公司经营等。

其次，在扶持政策方面，乌兹别克斯坦政府专门出台了十大措施促进中小企业的发展。这十大措施分别如下。

（1）简化手续：简化中小企业商业的注册登记手续，推出“一个窗口”服务系统，只要企业手续符合要求，在 2 个工作日之内即可办完国家注册手续。为了进一步简化手续，乌兹别克斯坦政府于 2012 年 8 月 1 日之后又 2 次缩减了企业注册程序，并取消了初始注册资本的要求。自 2014 年年底起，所有与中小企业商业相关的缴税、财务报表等将通过电子申报和支付系统完成。

（2）资金扶持：乌兹别克斯坦政府自 2006 年起对中小企业提供优惠小额信贷扶持和金融支持，为中小企业和商业提供个人小额信贷渠道，以保证其较为便捷地获得资金，解决企业发展中的资金问题。2011 年，乌兹别克斯坦银行共提供 25 亿美元贷款用于帮助和支持中小企业的发展，占乌兹别克斯坦银行总贷款额的 26%。

（3）减轻税负：为了大幅度降低中小企业税负，乌兹别克斯坦政府改革税收制度，大幅度地减少中小企业统一税率和应缴强制基金数额，将统一税费率从 2000 年的 13%降到 2012 年的 5%—6%。此外，从 2011 年 9 月 1 日起，废除中小企业在商业银行的当地货币开户费，规定在 3 个银行工作日内完成中小企业的信贷申请审查，并按约定数额提供信贷服务，取消 50%的强制结汇要求，给予日用必需品生产企业 5—7 年的免税期，免除用于企业技术改造的设备进口关税等。

（4）减少行政干预：为了刺激中小企业的发展，并给它们提供更加宽松和自由的发展空间，乌兹别克斯坦政府于 2011 年 8 月发布了《关于持续发展小型商业和私有企业的补充措施》总统令。根据总统令的规定，乌兹别克斯坦各级政府将中小企业纳入政府采购名单，对新设立企业 3 年内免予税务监督检查，减少许可程序、审批制度数量，提高公开性和透明度，对因国家机关非法决定、官员违法行为或不作为以及出台与法律不符的部门规章而使经营者蒙受的亏损进行补偿，调整相关法律法规保证中小企业的优先权，减少政府干预等，如自 2013 年 1 月 1 日起，乌兹别克斯坦政府取消了 65 种统计报表和6种税务报表，并将提交报表周期缩减2倍。

（5）加大教育培育：乌兹别克斯坦政府自20世纪90年代末开始推行“9+3”免费义务教育，即9年制毕业的中学生须参加3年的中等职业学校学习，以掌握专业知识和职业技能，满足企业现代化的用人需求。近年来，利用国家预算和近10亿美元的外部贷款，乌兹别克斯坦政府建设和装备了1.5万所职业学校。学生毕业后可掌握3—4门专业知识和至少2门外语。由此，培养了大量的一批又一批专业技术人才，为中小企业的发展注入了新的活力。

（6）鼓励产品出口：为了鼓励和促进中小企业产品出口，乌兹别克斯坦政府采取了多种优惠措施，如规定中小企业可根据出口产品比例享受自由调汇，取消企业产品出口强制结汇要求（不含天然气出口和运输），出口企业可享受所得税、消费税、增值税和财产税方面的优惠政策等

（7）发展农村经济：为发展农村经济，乌兹别克斯坦政府制定了多部发展纲要，采取措施和提供资金支持，在农村地区大力推进标准住宅建设，大力发展农村零售业和家庭服务业，在每个新的居民聚集地区建设小商品和服务市场。根据促进就业发展纲要，乌兹别克斯坦政府每年帮助农村地区新建2000个家庭企业。

（8）积极申请外国和国际金融机构融资支持：为了促进中小企业的发展，乌兹别克斯坦政府向国外金融机构申请了大量的资金支持，这些国外金融机构包括中国国家开发银行、亚洲开发银行、世界银行、国际金融组织、伊斯兰开发银行、韩国银行等。截至2012年9月，这些金融机构提供的贷款总额达15亿美元，主要用于扶持中小企业实现就业、收支平衡和资本积累等。

（9）加大基础设施投入力度：乌兹别克斯坦政府不断完善公路铁路、航空运输等基础设施建设，同时加大经济特区的建设和招商引资力度。例如，2008年乌兹别克斯坦政府投资近1亿美元用于完善纳沃伊自由工业经济区的基础设施建设，2012年又投入6000多万美元用于建设和改造安格连工业特区区域配套的各项基础设施。

（10）完善资源配置：为了实现中小企业的资源配置，乌兹别克斯坦政府专门建立了资源和原材料交易所。这样，中小企业可以平等和无障碍地进入市场进行交易，得到自身生产和发展所需要的资源类原材料。

三、主要产业营商环境规制细则

乌兹别克斯坦有关自然资源的专门立法主要有两部：第一部为1994年颁布的乌兹别克斯坦《地下资源法》；第二部为1998年颁布的乌兹别克斯坦《油气法》。此外，还有《关于地下资源区块使用权授予程序与条件的条例》

以及与自然资源的开发和保护相关的《外国投资法》《外商活动保障法》和《税法典》等。

有关地下资源使用的现行法律基于宪法，且由《地下资源法》《产量分成协议法》《特许权法》和若干总统和政府决议组成。该领域的主要法律是《地下资源法》，其规定了采矿基本法律原则，并对地下资源的占有、使用和处置等主要问题作出了规定。通常，总统令规定采矿业的总体结构和监管方向，然后由内阁（政府）的法令进行细化。与其他市场关系类似，采矿业的关系也受民法、税法、环保法、公司法、货币法、土地法和其他行业相关法律的制约。

乌兹别克斯坦的所有地下资源开采作业均需获得许可。有多项许可规定，具体取决于地下活动的类型（勘探、开发、手工采矿、技术性矿物地层的使用等）或所勘探的矿产资源（矿石矿物、非金属矿物、石油和天然气）。所有这些规定了许可的条件、要求和程序。所有税务问题主要受《税法》管辖。

采矿业的监管机构有三类：政府、地方政府和特别授权机构。政府是该行业的主要监管机构，除其他事项外，政府还负责制定有关采矿业发展和许可程序的政策。地方政府机构负责对资源的使用和保护进行监督，并防止出现未授权使用地下资源的情况。特别授权机构包括以下三个机构：GeoCom、生态与环境保护国家委员会（EcoCom）和乌兹别克斯坦工业安全国家委员会。其中，GeoCom是负责制定采矿政策的主要执行机构，也是许可和合规性监测机构。EcoCom负责协调环境保护、采矿作业标准和废物管理等问题。工业安全国家委员会负责矿藏开发的采矿配额，以确保行业安全。[①]

（一）《地下资源法》[②]

《地下资源法》主要包括以下几个方面内容：

1. 矿业管理机构（政府主管部门）

根据《地下资源法》的规定，乌兹别克斯坦的矿业管理机构是乌兹别克斯坦国家地质和矿产资源委员会。其主要任务和职能如下：

（1）开展地下资源的地质研究，加强和扩大矿山开采业与加工工业的原料基地。

（2）分析乌兹别克斯坦境内的地质研究程度。

---

① 参见中企合作交流平台、中国企业商会：《乌兹别克斯坦〈矿业法〉概述》，载“中企合作交流平台”微信公众号，2021年1月7日。

② 参见占茂华编著：《走向法治的乌兹别克斯坦》，法律出版社2017年版，第309页。

（3）制定地质研究、地下资源利用与保护领域内的国家政策，实施矿山关系领域内的国家管理。

（4）在权限范围内编制及核准地质研究工作规划与开展方面的标准与规范。

（5）对不同所有制企业及机关开展的地质研究进行国家监督。

（6）建立国家矿产资源与地质构造数据库并保障该数据库的正常运行。

（7）保障乌兹别克斯坦境内与地质研究有关工作的行业间协同。

（8）与相关部委、国家地方权力机构、其他单位一起制定关于矿产—原料基地的利用、加强、扩大、改善及合理与综合利用战略的建议，以及基于此目的所必需的国家投资与其他投资的规模。

（9）按照乌兹别克斯坦内阁核定程序对提供利用的地下资源块段数量进行国家核算、对地下资源块段的使用权进行国家登记、对地质研究方面的工作进行国家统计。

地方管理机构主要负责：土地分配的审批；参与关于原料基地开发、地下资源保护、自然资源合理利用计划的制定和实施工作，并在实施中进行管理；地下资源利用和保护的管理与监督；如矿产资源开发活动对人类的生命和健康构成威胁或对环境造成危害，地方政府有权中止地下资源使用方面的工作。

2. 所有权与矿业权

乌兹别克斯坦的地下资源的所有权通常归国家所有。根据乌兹别克斯坦法律，地下资源的使用权可以通过在线拍卖或直接谈判的方式进行授予。实际上，通常采取后一种方式。适用于各种采矿的最常用的合同框架是产品分成协议（PSA）。目前，没有其他替代协议，因为《特许权法》已经过时，并且在过去 30 年中从未被实际使用过。2019 年 7 月，总统下令在采矿业投资项目的管理和实施中采用国际标准，并提出构建一个许可协议框架，但据我们所知，这项工作仍在筹备中。欧洲复兴开发银行（EBRD）正在协助政府进行采矿业改革，预计到 2020 年底将会向政府提交一些有关政策和重新起草《地下资源法》的建议。①

乌兹别克斯坦的矿业权包括矿产资源地质研究许可证和开采许可证。地质研究许可证持有者有权对规定区内的矿产资源进行普查、评价和勘探，有效期为 5 年。获得地质研究许可证后并投入勘探工作的自然人和法人，有获

① 参见中企合作交流平台、中国企业商会：《乌兹别克斯坦〈矿业法〉概述》，载“中企合作交流平台”微信公众号，2021 年 1 月 7 日。

得此地块开采许可证的特权。

开采许可证持有者有权对规定区内的矿产资源进行开采和加工。开采许可证的期限由矿产资源开采的可行性研究报告确定。许可证的颁发程序及矿山用地的提供程序由乌兹别克斯坦国内阁决定。许可证证明了其持有人有权进行地下资源使用规划、获得矿山用地及开采矿产资源、技术构造、建造和运营与矿产资源无关的地下设施、存放危险物质、放射性废物和生产废料的权利。资源使用者在完成许可证上规定条件的情况下，可在许可证到期前的6个月内向乌兹别克斯坦地质和矿产资源委员会提出延长许可期限的申请，乌兹别克斯坦地质和矿产资源委员会在其提交申请后的30天内根据情况决定是否延期。

3. 许可证授予方式

乌兹别克斯坦《地下资源法》规定，“许可证由国家机关颁发给法人或自然人”“许可证是在30天内通过公开招标或法人、自然人与授权签发许可证的机构直接谈判后获得的”“矿产开发、矿产技术开发……的许可证由乌兹别克斯坦地质和矿物资源委员会颁发”“乌兹别克斯坦国家自然保护委员会通过直接谈判颁发废物储存和埋藏的设施许可证”。

乌兹别克斯坦矿区使用权许可证主要包括：（1）地质调查类战略矿藏矿区（以下简称矿区）使用权许可证；（2）开采类矿区使用权许可证；（3）人工矿产形成物利用矿区使用权许可证（授权加工在采矿和矿产加工过程中产生的废料的许可证）；（4）非采矿用地下设施建设和使用矿区使用权许可证；（5）建立地质保护项目矿区使用权许可证；（6）收集宝石原料样本、古生物学遗存和其他地质标本材料许可证战略类矿藏包括：黄金、银、铜、铅、锌、钨、铀、铂和白金族元素、稀有金属和稀土元素、铁、锰、石油天然气凝析油、煤炭、页岩气。

乌兹别克斯坦《地下资源法》与《关于地下资源区块使用权授予程序与条件的条例》规定，矿业权是在公开招标或者直接协商的基础上授予。公开招标通过E-IJRO AUKSION电子平台进行；直接谈判的方式发放许可证是由乌兹别克斯坦地质和矿产资源委员会（地矿委），根据自然人和法人的申请办理。矿区使用权许可证获得方式包括：①

第一，地质勘查、采矿、使用矿业设施——根据招标结果（招标工作在E-IJRO AUKSION电子平台进行）或直接协商颁发；

---

① 参见黄晓东、牛丽贤：《雨仁研究 | 乌兹别克斯坦矿区使用权许可证制度简介》，载“雨仁矿业律师”微信公众号，2023年9月28日。

第二，建设和使用采矿以外的地下设施，包括尾矿储存，地质样本保存，宝石原料、标本、古生物学遗存和其他地质材料搜集，根据直接协商，通过“先到先得”的原则审议申请；

第三，自地矿委下属的国家矿产储量委员会核定该矿区的战略性矿产储量起1年内，对于为地质研究和勘探资源提供资金的法人机构，有独家权利在其发现的矿区上获得开采能源和矿产资源的许可证（以下称为独家权利）。独家权利有效期间，根据直接协商结果，按照根据直接协商结果发放矿区使用权许可证的程序，向法人发放使用矿区在探明的矿产地采矿许可证。法人独家权利过期后，探明的矿产地归属国家矿产储量平衡表，通过国家地质委员会组织的拍卖实现其使用权。同时，在该法人参加拍卖的情形下，该法人保留获得在矿产地采矿许可证优先权。如果该法人拒绝该权利，该权利可以按照本条例确定的程序提供给其他人。法人独家权利过期或法人拒绝独家权利，法人机构所支付的费用，包括有关矿产资源的地质和其他信息的成本，不予以补偿。

第四，以下情形下，矿区使用权许可证根据直接协商的结果发放：（1）根据总统和内阁的决定，并根据他们批准的路线图发放；（2）统一电子交易平台E-IJRO AUKSION上1年内进行的拍卖被认定为流拍的；（3）对探矿进行了资金支持的法人协议出让（全部或部分），在与国家地质委员会协商的情形下，可以将独家采矿权给其他法人；（4）对于石油、天然气以及其他具有重要商业潜力的战略性矿产资源的特定项目，以及在某些协议的框架内，通过与国家矿产利用条件制定委员会（其组成和批准成立的内阁命令为2019年12月12日第989号《关于进一步完善国家矿产利用条件制定委员会工作的措施》）合作，在竞争拍卖基础上选取最优报价。

第五，根据直接协商结果发放矿区使用权许可证的程序如下：（1）要获得进行地质勘探、矿产开采和使用矿业技术设施的矿区使用权许可，申请人需以书面或电子形式向地矿委提交申请；（2）地矿委根据保密协议，向申请人提供有关所申请矿产区域的地质和其他信息包。地质和其他信息包应包括与申请者协商一致的矿产区域轮廓，并提供足够的有关该区域的矿山技术、工艺和其他信息，以便进行大致的技术经济计算或技术经济论证；（3）地矿委12个工作日内审查申请。

第六，要获取非采矿用建设和使用地下设施的矿区使用权许可证，申请人应当以书面或者电子形式向有关机关提交申请，具体如下：（1）向国家生态委员会提起保存和埋藏废料的申请；（2）向国家地质委员会提起储存煤石油的申请；（3）国家地质委员会和国家生态委员会10个工作日内答复。

第七，获得形成受保护地质目标矿区使用权许可证，应当以书面或者电子形式向地矿委提交申请，地矿委 1 周内作出答复。

第八，获取收集宝石原料样品、古生物遗留及其他地质品相材料的矿区使用权许可证，应当以书面或电子形式向地矿委提出申请，地矿委在 1 周内答复。

第九，矿区使用权许可证应当进行国家注册，进行国家注册的机关是有权发放许可证的机关。

第十，矿区使用权许可证登记簿的信息，可以根据法律规定的程序向法人和自然人提供；非采矿用建设和使用地下设施矿区使用权许可证的信息只能向国家机关提供。

第十一，在对矿产地进行评估和勘探的阶段，要获取矿区使用权许可证以进行实验（测试）和实验—工业开采，其规模基于设计—预算文件已经足够测算矿物储量和评估质量，则不要求有矿产勘查许可证。土地占有人和土地使用人有权在提供给他们的土地的范围内，以开采满足自己经营（非商用）和日常需求的普通矿物、地下水和建设地下设施为目的，来利用地下资源，而无须按照法定程序获得许可证。

4. 资源使用税和专门收费①

根据乌兹别克斯坦《税法典》的规定，资源使用者需支付资源使用税、超利润税和红利 3 种税赋，其中，红利包括规定红利与商业发现红利两种。

资源使用税的主要征收对象是所有自然资源开采企业。对于资源使用税，根据不同的矿种，其税率也不同。例如，金为 5%；银为 8%。2007 年 1 月，乌兹别克斯坦政府降低了部分矿产的资源税。例如，将石油资源税税率从 35%降至 20%，凝析油从 32%降至 20%，天然气从 58%降至 30%。

超利润税对所有纳税人均定为 50%，但不同矿产品的纳税基数不同。例如，每吨铜售价超出 4000 美元，每千立方米天然气售价超过 130 美元，每吨水泥售价超过 9 万苏姆，都要征收超利润税。

红利，是指资源使用者一次性支付的用于矿产资源普查、勘探和开采的固定费用。根据乌兹别克斯坦《地下资源法》，乌国地下资源为有偿使用，取得地下资源区块普查、勘探、采矿使用权许可的地下资源使用人，应当一次性支付签字费或商业发现奖金。红利的具体数额根据资源开发合同而定。例如，对油气、黄金开采合同确定的红利税额为 1 万倍最低工资；对黄金以外的有色、稀有和贵金属开采合同确定的红利税额为 1000 倍最低工资；对非矿

① 参见占茂华编著：《走向法治的乌兹别克斯坦》，法律出版社 2017 年版，第 311 页。

产材料开采合同确定的红利税额为100倍最低工资（2012年，乌兹别克斯坦规定的法定最低工资约为25美元）。此外，在许可场地范围内或者补充勘探过程中的每次商业发现都需缴纳商业发现红利。每次商业发现红利为所开采资源总价值的0.1%。

签字费，是地下资源使用人为实施普查和勘探活动的权利而一次性支付的费用。[①] 签字费的最低数额取决于矿的种类，具体如下。

油气资源矿床的普查和勘探权：基础计算指标的5000倍（基础计算指标，由乌财政部每年根据本国人均收入确定，2023年12月1日起基础计算指标为34万索姆，约合193.8元人民币）；金矿的普查和勘探权：基础计算指标的1000倍；贵金属（黄金除外）、稀有金属的普查和勘探权：基础计算指标的500倍除黄金、贵金属、稀有金属之外的金属矿床普查和勘探权：基础计算指标的250倍；非金属矿的普查、勘探权：基础计算指标的50倍。地下资源使用人不晚于自取得许可的第30天，向计税地点税务部门缴纳签字费。

商业发现费，是为发现矿产、矿床所支付的费用。在获得采矿权时，若该矿床之前未支付商业发现费，则需支付商业发现费。经国家职权机构确认的矿床的采矿数量和所开采矿产的价值，是计算商业发现费的基础。矿产价值的计算方法如下：

（1）对于进入国家经营主体目录、在商品市场占据主导地位的地下资源使用人，根据其申报确认矿产价格；

（2）对于其他地下资源使用人，依照法定程序，根据国际交易所的价格确认价格。如果没有国际市场价格，所开采矿产的价值，根据依照规定程序协商一致的工业化开采相应矿床的技术—经济论证中设定的开采成本，再上浮20%。

（3）发放油气资源、贵金属、稀有金属、金属和非金属矿开采权许可时，商业发现费为所开采矿产价值的0.1%。

（4）地下资源使用人在取得地下资源区块采矿许可之日起的25天内，向计税地税务机关提交商业发现费核算单，在90天内支付。如果商业发现费超过使用地下资源年度税费总额，乌兹别克斯坦国家税收委员会可以提供3年的分期付款。

5. 对外国投资的优惠政策

根据乌兹别克斯坦《投资和投资活动法》的规定，外商在乌国投资矿产

---

① 参见黄晓东：《雨仁研究 | 浅谈乌兹别克斯坦地下资源的使用费用问题》，载微信公众号“雨仁矿业律师”，2024年10月14日。

资源可以享受的优惠政策如下：

所谓外资企业，即外国投资者所持股份（或份额、股金）或设立基金（或资本）不低于15%的公司。乌国承诺，投资者的资本投入及其他财产将不会遭受国有化，除非在紧急状态下，且在此情况下将提供相应的赔偿。

国家保障投资活动的各项权利。国家机关及其官员，无权干扰投资主体根据法律实施的活动。投资主体在缴纳税款和费用后，可以根据其自己的决定重新投资或以任何其他方式使用投资获取的收入，其中包括将收入兑换成外汇，转移回国内。

在立法方面，如果法令将为投资者或者投资造成损失，则法令不具有追溯效力。如果乌兹别克斯坦的后续立法使投资条件恶化，则应在投资之日起10年内对投资者适用投资之日生效的立法。投资者有权自行决定适用新立法中改善其投资条件的条款国家为投资活动提供优惠和倾斜政策，提供财政、咨询和信息支持，包括以优惠或零购买成本的方式向投资者转让国有设备或其财产权，对投资者为实施投资项目而获得的贷款利率提供补贴，提供海关优惠作为补贴，通过乌国家建设通向投资目标的外部工程和交通网络，实现必要的工程和交通条件作为投资补贴。

外国投资者还有权独立决定在乌兹别克斯坦国外或在乌兹别克斯坦为其在乌投资活动中获得的属于其所有的发明、实用新型和工业品外观设计申请专利的权利。

在提供生活便利方面，外国投资者有权获得“投资签证”，其家庭成员（配偶、父母和子女）有权获得“访问签证”，访问签证的有效期为“投资签证”的有效期，并可在不离开乌兹别克斯坦的情况下延长其有效期，可在乌兹别克斯坦境内就业，以与乌兹别克斯坦公民平等的权利享受医疗和教育服务，在乌兹别克斯坦教育机构接受中等和高等教育。

外商投资企业可在自愿基础上在乌兹别克斯坦境内建立协会和其他经济协会，也可作为正式成员加入现有的经济协会。具有外国投资的企业在遵守法律要求的前提下，独立进行进出口业务。自家生产的产品出口不需要许可和配额限制。外国投资企业有权在没有许可证的情况下，根据乌的法律，进口产品以满足自身的生产需求。

6. 地下资源使用者责任①

乌兹别克斯坦位于中亚腹地，境内矿产资源丰富，尤其盛产金矿。外国

---

① 参见黄晓东、牛丽贤：《雨仁研究 | 乌兹别克斯坦采矿须履行的主要责任和义务》，载微信公众号“雨仁矿业律师”，2023年9月25日。

投资者在当地投资开采矿产，必须遵守当地的采矿管理制度，履行法定的责任和义务。

第一，在乌兹别克斯坦，利用地下资源和矿物原料加工的项目，都应该进行国家生态评估，不需要进行国家生态评估的项目清单，由《国家环保法》确定。对于位于定居点附近、郊区绿地、工业设施、交通、通信、地下水取水点以及其保护区域以及其他特别受保护的自然区域的特定地下区域，可能会有使用限制或禁止。

第二，开展地质勘查的地下资源使用者有责任确保：（1）对矿产进行全面地质调查，包括采矿技术、地质经济和其他开发条件的研究，用于建设和运营与矿产开采无关的地下设施，并用于有害物质、放射性废物和生产废弃物的处置；（2）准确确定主要和相关矿产储量、组分以及其含量的可靠性，研究岩石和覆盖岩的性质，以在生产中使用并开展土地复垦工作，进行辐射卫生评估矿产原材料；（3）采用能够避免不必要的矿产损失和质量下降的地质调查方法和技术；（4）研究和选择适合开采岩石和矿产的区域，以确保其对周围环境的无害影响；（5）保护勘探开发岩石洞穴和钻井井口，使其能够在开采矿床和其他生产经营目的中使用，并在规定程序中对不再使用的洞穴和井口进行清理；（6）保护地质和技术文件、岩石和矿石样本、岩心和矿产样品的复制品，这些都可用于进一步的地质调查、矿床勘探和开采，以及与矿产开采无关的目的；（7）恢复被破坏的土地，使其适于进一步利用。

第三，开采矿产地、加工矿物原料必须按照批准的方案进行，且应当保证：（1）禁止在开展矿山作业过程中损坏正在开发和与其相邻的有用矿产和其他地下区域，同时保护储存在地下的有用矿产储量；（2）对岩层位移、地表和建筑物变形、边坡和采石场的稳定性等动态进行工具观测；（3）对矿产原料在不同加工阶段的有用成分分布和提取程度进行核算和控制。

第四，采矿应当保证工作人员、居民和环境安全，研究和遵守安全作业的规章制度，并计划和实施预防和事故处理措施；仅允许具备专业培训和资格的人员从事相关工作；提供从事采矿、钻探和其他工作的人员专用服装、个人和集体防护装备；使用符合安全规章制度和卫生标准要求的机器、设备和材料；记录、妥善储存和使用爆炸物和爆破工具，以及正确而安全地使用；进行必要的综合地质、测量和其他观测，以确保工作的技术周期和危险情况的预测。定期监测采矿环境的状态，包括氧气含量、有害气体和爆炸性气体以及粉尘的含量；及时更新技术文件和事故清理计划，以确定安全作业区域的边界；遵守固体矿产开采项目、石油、天然气和地下水开采项目的设计系统、开采和开发技术方案和流程。

第五，不与专门授权的国家矿产管理机构协商一致，不得开发和建设有关矿产资源的区域及其毗连区，禁止破坏有科学文化价值的区域。

第六，开采地下资源的过程中，如果发现了稀有地质露头、矿物学形成、陨石、古生物学、考古学和其他对科学和文化有价值的对象，矿产开发者有责任停止在相应地区的作业，并向相关的政府机构报告此情况。根据法律规定，在保护具有特殊科学或文化价值的地下资源的情况下，可以将其划归为国家保护区或自然或文化遗产。

7. 开采贵金属和宝石的特别规定①

（1）开采许可乌兹别克斯坦国家地质和矿产资源委员会负责发放使用贵金属和宝石矿床的开采许可。贵金属和宝石的开采许可分为工业开采和手工开采两类。利用矿床手工开采贵金属和宝石的权利许可，由乌兹别克斯坦地质和矿产资源国家委员会根据电子拍卖结果，向乌兹别克斯坦公民和在乌注册的法人颁发，不允许（全部或部分）转让（出让）给第三方，也不允许将一个矿产区的开采权授予多个人。工业开采贵金属和宝石的活动由获得开采贵金属和宝石许可的法人实施，他们获得了使用矿区进行贵金属和宝石开采活动的权利。

（2）矿区的恢复和停止使用在停止使用矿区的使用权之后，从事贵金属和宝石采掘的个人和法人必须采取措施对矿区进行复垦，将其恢复到适合进一步利用的状态。如果个人和法人未履行上述义务，则从事贵金属和宝石采掘的个人和法人应向设在矿区所在地的地方行政机关赔偿与复垦矿区和将其恢复到适合进一步利用的状态相关的费用。与复垦矿区和将其恢复到适合进一步利用的状态相关的费用的赔偿程序由法律法规确定。违反规定的矿区进行贵金属和宝石采掘的地质勘探和勘查程序是终止矿区使用权和禁止从事该活动的依据，终止和禁止的程序根据法律规定进行。

（二）《油气法》②

乌兹别克斯坦《油气法》共计 26 条，内容涉及石油的概念、主管部门、石油勘探和开发许可证、石油协议、承包商的权利和义务、石油费税等。

1. 石油的概念及其主管部门

根据乌兹别克斯坦《油气法》第 1—3 条的规定，“石油”指原油和凝析

---

① 参见黄晓东、牛丽贤：《雨仁研究 | 乌兹别克斯坦开采贵金属和宝石的特别规定》，载微信公众号“雨仁矿业律师”，2023 年 10 月 7 日。

② 参见占茂华编著：《走向法治的乌兹别克斯坦》，法律出版社 2017 年版，第 312 页。

油。地下自然状态的石油是乌兹别克斯坦的专有财产。石油的拥有者由石油协议来确定。石油拥有者享有石油销售、运输、出口或消费的专有权。本法管辖乌兹别克斯坦境内（包括部分咸海）的所有石油作业。

《油气法》第4—9条规定，为了管理石油作业，组建石油管理局。石油管理局拥有全部法律能力，独立行使其权力并履行其职责。石油管理局的管运机构是由政府内阁任命的3名专职人员组成的委员会。该委员会的成员每6年换一次，最多可任两届。有关政策变化、许可证颁发、石油法规的应用和实施以及其他石油作业法规的颁布等决策都需经该委员会多数票通过。该委员会的成员在各种决定中有相等的地位和同等的表决权。

石油管理局通过颁发许可证、收取信息服务费和石油法规允许的其他费用自筹资金。其职责包括：石油管理局设立收集和储存各种石油作业信息的程序；授予和修订以下各种许可证：勘察许可证、勘探许可证、勘探和生产许可证、生产许可证、管道许可证、地下储备许可证；执行与石油作业相关的石油法规；汇编和保存包含所有许可证持有人和许可区域的登记簿；检查石油作业和相关的活动，以保证这些作业遵照本法进行；对传递给他们的机密信息保守秘密，否则将受到刑事、民事或行政处罚。此外，委员会成员不得在任何其他带薪岗位任职，也不能为任何其他代理机构服务；委员会成员和石油管理局的职员不得在任何石油协议或许可证中拥有股份，或参与与石油作业相关的任何活动。

2. 主要内容

（1）国家石油天然气工业总公司

《油气法》第10条规定，国家石油天然气工业总公司（以下简称总公司）在已履行石油协议并被授予许可证的情况下，有权单独或者与其他个人或法人一起进行石油作业。

总公司有权根据现行的财务条款与国家谈判石油协议，然后申请许可证并在下列情况下自动获得许可证：对总公司在本法颁布之前三年内已钻了一口以上勘探井，或承诺在本法颁布之后一年内钻井所有区块，自动获得勘探和生产许可证；对总公司有一口以上正常产油井的区块，自动获得生产许可证；对总公司目前经营或在建的所有管道自动获得管道许可证；对总公司目前经营或在建的所有地下储存设施自动获得地下储存许可证。如果总公司的活动对国家有利，国家还可授予其另外的特权。

（2）关于勘探开发许可证的有关规定

根据《油气法》第10—15条的规定，持有石油协议的承包商有权获得一个以上的许可证以便在许可区域内从事石油作业。在同一区域可以对非冲突的作业授予许可证。没有许可证，任何人不得在乌兹别克斯坦进行石油作业。

申请人申请许可证应遵守《油气法》规定。申请人在其申请中应全面叙述作业计划，包括申请者所做的最小工作量和支出的承诺，对每年每一类活动的支出所作出的估算，并包括有关申请者的技术能力、经验和筹资能力等方面的信息。

国家授权石油管理局保证有关国家机构向许可证持有人提供各种必要的许可和授权，如进行石油作业、建设房屋和储罐、铺设和维修管道、获得供水和石油作业所需的其他物资，使之服从油田规范、石油法规、本法和乌兹别克斯坦其他法律。

许可证持有人可以要求将整个许可证转让，或转让一个许可证的某一部分，或者与另一个承包商联合成为一个共同许可证持有人。如果新的承包商遵守该许可证条款和条件，石油管理局将同意此类转让。在未获得石油管理局的批准之前，许可证持有人不得进行这种转让。申请更新许可证应按照本法规进行，并且须在许可证期满之前 90 天内提出申请。石油管理局应在申请呈交 60 天内作出是否允许转让、更新或修改许可证的决定。

如果许可证持有人不遵守该许可证的条款或条件，不履行许可证条款，也不按照要求作出解释，或者被宣告破产，或不能作业，石油管理局均可以吊销其许可证。吊销许可证不应免除该许可证持有人在此之前的任何义务或责任，或石油作业之前延续下来的任何义务或责任。

（3）石油协议

《油气法》第 16 条规定，国家（通过部长内阁委派的代表）有权与任何本国或外国法人签订石油协议。国家将根据投标人提出的工作计划、财务条款或其他国家可公开选择的规范对合同区域设立公开招标程序，所提出的投标建议应包括关于投标者资金筹措、管理、组织和技术能力的资料。如果对一个合同区域的公开招标失败，国家也可以直接与被邀请的企业谈判石油协议。

（4）承包商的权利和义务

承包商用于石油作业而进口的机器、设备和材料可免缴进口关税，而且对此类机器、设备和材料不限制并免缴出口关税。但在质量和成本相似的情况下，应优先选用乌兹别克斯坦生产的机器、设备和材料；承包商有依据生产许可证开发和生产现有油气田的专有权，或依据勘探和生产许可证开发商业发现的专有权；承包商有权运输和销售自己拥有的石油（包括这部分石油的出口权）；对移居的人及其家庭成员给予居住权；承包商有权出入整个合同区域，使用管道和设施。对于石油协议中规定的权利和义务，合同的任何一方都不能单方面加以改变。

（5）定金、租金和产量分成

《油气法》第18条规定，承包商在提出区块申请之前，国家授权的代表在石油协议中提出由承包商支付的最小定金额、租金或产量分成额。最小定金用美元支付，最小租金以美元/公顷支付，最小产量分成用总产量的百分比表示。产量分成是以现金还是原油来支付，由国家选择。国家愿意以原油支付时，原油的实际交货地点超出合同区域中的指定交货地点的，国家将支付管道关税。获得产量分成的一方应缴纳地下资源使用税和所有其他的税赋。

销售给非承包商关联公司的原油，其价格应是所售原油的实际收益；而销售给承包商关联公司的原油，其价格应是以合同区内指定交货地点原油离岸价格（FOB）为准的“公平市场价”。支付的所有定金和租金以及全部的以现金支付的产量分成都纳入国家预算。

（6）税收

《油气法》第19—22条规定，在乌兹别克斯坦进行石油作业的承包商都应根据签订石油协议时的税收法规缴纳利润税。所有从事石油作业的承包商应缴纳各种税费以及与就业相关的税。其中，地下资源使用税应根据石油协议指定的合同区域交货地点来支付，以总产量的百分比来表示。以现金或原油按总产量百分比来支付产量分成和地下资源使用税的，承包商将不再承担其他税赋或支付义务。

应税利润应被确定为承包商的合并收益，允许从石油作业总收入中扣除所有成本。可扣除的成本包括向其他政府实体支付的各种费用、全部的作业成本、所有资本费用的折旧、全部利息和其他融资费用，以及任何与石油作业相关的成本。亏损可以结转，但不能超过10年。

在几个承包商同时在一个联合许可证中拥有股份的情况下，每个承包商都应负责缴纳其份额内应税利润的税费；既从事石油作业又从事非石油作业的承包商，其所获利润应分别计算，并分别纳税；任何承包商都有权保管自己的账簿，以美元或其他外汇支付利润税。

（7）纠纷解决与法律责任

根据《油气法》第25—26条的规定，石油管理局与承包商之间的争议，涉及乌兹别克斯坦公民或法人的，按照有关法律解决涉及外国人或外国法人，或国内外合资企业的，按照国际协议的法则和程序以及解决投资纠纷的合约，通过国际仲裁解决。

任何违反石油立法的承包商或许可证持有人都应依照本法给予处罚。违反石油立法而缔结的石油协议或颁发的许可证都将废除，所有的特权也将收回。

（三）《关于积极采取措施吸引矿业投资、改革国有地质企业，以及进一步增加矿产资源储量》的 PP-5083 号总统决议。①

2021 年 4 月 21 日，乌兹别克斯坦总统米尔济约耶夫签署了《关于积极采取措施吸引矿业投资、改革国有地质企业，以及进一步增加矿产资源储量》的 PP-5083 号总统决议。该决议包含以下三项核心内容。

（1）实施国有地质企业改革工作：同意乌兹别克斯坦财政部和国家地质与矿产资源委员会关于在地质系统中组建乌兹别克国家地质勘探股份公司的提议。通过合并 7 家国有地质企业及实验室，建立具有独立法人地位的国有联合股份公司，主要实施国家计划内的地质勘探工作，为国家矿产资源基地建设提供基础服务。该公司的主要任务包括：通过引进现代设备、先进技术和创新手段，促进地质工作的现代化；通过提高地质勘探的效率并优化成本，降低服务成本的系统性工作；引入现代公司治理体系，提高运营效率；使用现代数字技术，在国内外开展地质勘探工作，确保行业竞争力；加强国家地质勘探工作，确保国家矿业开发资源基础。计划到 2025 年，通过与国际金融和咨询机构合作，该公司将通过公开增发和二次配售发行股票吸引投资者。此外，在总统决议签发 3 个月内，公司将完成项目办公室建立，并完成监事会、副总裁及首席财务官的配备，并将积极吸引高素质国际专家加入。

（2）改进矿业管理政策及管理体系：按照合同规定执行的由乌兹别克斯坦国家地质与矿产资源委员会在国家计划框架内拨付的地质勘查经费，不列入地质单位的法定资金。地质勘探工作发现的新远景区和新矿产地构成国家地矿委依法吸引潜在投资者的投资对象。从 2022 年开始，每年 2 月 1 日前，地下资源使用人应向国家地矿委提交上年度的地质勘探工作成果、矿产储量增加情况和当年计划产量等相关信息；此外，由国家地矿委根据 2020 年国家计划部署的 15 个油气远景区的钻井勘探工作，将于 2021 年实施，资金由乌兹别克斯坦国家石油天然气公司自筹或吸引外部投资承担。实施由国家地矿委和乌兹别克国家石油公司牵头的“油气田和油田地质勘探开发行动计划”。

（3）修订采矿业法律法规，引入国际标准，提升地质行业投资吸引力：同意由国家地矿委、财政部、投资和外贸部提出的关于提高地质行业投资吸引力的建议，具体包括：依据国际标准，将地质工作程度较低的分散的小底土区块合并为大区块。在依据国际标准划分的地质勘探区块上，结合区块面

① 参见《乌兹别克斯坦总统令：进一步加强地质工作提升矿业投资吸引力》，载全球地质信息网，http：//ggmr. cgs. gov. cn/DepositsNewsCen. aspx？id=3152，2025 年 2 月 28 日访问。

积和可利用矿产类型，出台区块使用权年费政策，替代过去的一次性使用费制，并提出区块年度最低地质勘探投入要求；根据“谁先申请，谁先获得”原则，由国家地矿委根据投资者通过乌兹别克斯坦国家互动服务网站提出的申请，在线颁发许可，以开展工作程度较低底土区块的地质勘探工作；根据E-AUKSION电子交易平台拍卖结果，颁发勘探程度较高和具有发现矿床潜力的区块的地质勘探工作区块许可以及露天采矿区块使用许可；上述建议将列入乌兹别克斯坦新《地下资源法》修订草案中。此外，决议提出建立一个新的矿权拍卖规则。如果投资者向国家地矿委申请取得未进行拍卖的底土使用许可，按照法律规定该底土使用许可将通过电子交易平台进行拍卖；如果通过E-AUKSION电子交易平台进行底土地块使用权拍卖时，拍卖已被宣布无效，但同一申请人已就同一底土区块递交了两次申请并作了相应说明，则依据“唯一竞买人”原则，该申请人将根据第二次拍卖结果成为拍卖获胜者。此外，根据国际具有战略意义的重要固体矿产市场通用规则，乌兹别克斯坦将进一步调整优化国家采矿业相关税率（使用费），以提高采矿业和地质工作投资吸引力。

此外，此次总统决议还提出了进一步增加国家矿产资源储量的主攻矿种和各矿种的主要工作地区。并明确了各矿种2021年和2022年的资源增加规模。具体矿种包括金、银、铀、铅锌、钨、稀有金属和稀土、碳氢化合物、非金属矿产（包括12种）和地下水等。

（四）第205号总统令《关于进一步发展农业自由市场关系的补充措施》①

1. 新收获期（自2024年起）政策

生产农场和集群之间应根据乌兹别克斯坦商品和原材料交易所“原棉”板块在土壤肥力标准框架内为每个地区分别举行的交易结果签订原棉供应期货合同；

种植的原棉超过期货交货所需的数量，以及以自有资金为代价生产（包括吸引的资金和商业贷款）的原棉，由生产者通过交易所出售给商业实体，或（和）在未与棉花集群签订期货合同的情况下进行加工。在此过程中：在期货合同下超额种植的原棉可以直接出售给签订期货合同的集群；在原棉加工过程中获得的棉纤维和次级产品（种子、棉花）通过交易所全额出售。

国家部门为了确保棉花交易运作的透明及保障生产者的利益，其主要任

① 参见《法律快讯丨乌兹别克斯坦法律法规速递——2023年12月第二期》，载微信公众号“段和段金牌律师”，2023年12月28日。

务是：拟订建议，改进原棉种植、储存、销售和融资的监控机制；组织原棉、棉纤维和副产品的交易所交易工作；将原棉、棉纤维和副产品投放至交易所交易，并对日常付款进行监督；确保原棉、棉纤维和副产品购销新系统的透明度，使其全面发挥作用。

2. 新融资程序

从2024年的收获期开始，将引入由国家农业支持基金信贷资源为原棉种植、收获和购买棉花提供资金。因此，从每年10月1日起，签订原棉种植期货合约的生产者和棉花种植主体将获得高达原棉成本60%的贷款，年利率为10%（包括银行保证金2%），期限为14个月，包括12个月的宽限期。

集群分配配额如下表所示：

表5-1 集群分配配额

类别	体积（原棉价值）	利率（包括2%的银行保证金）	期限（月）	宽限期（月）	退货条件
原棉采购尾款	达80%	10%年利率	10	6	在未来4个月内等额支付
在有租赁权的地块上种植原棉	达60%	10%年利率	24	18	在未来6个月内等额支付
在有租赁权的地块上收获种植原棉	达60%	10%年利率	12	3	在未来9个月内等额支付

根据期货合同从生产商处接收的原棉，80%的付款应在接收原棉之日起3个工作日内支付，其余付款应在财政年度的12月31日前支付。

商品（工程、服务）的供应商，包括物质资源和提供服务的人员，由生产者在农业技术措施的框架内自愿选择，费用由分配的信贷资金支付。

生产者、集群和种子种植商通过农业部的农业平台信息系统以电子形式提交贷款申请。

3. 集群建立机制变化

集群的创建及经营的新要求和更新过程正在引入。具体而言，申请人：（1）必须具备至少两个阶段纺织产品的生产能力（纱线、针织面料、织物、成品）；（2）必须在乌兹别克斯坦境内注册和经营，未处于清算过程中，无不良信用记录，无逾期贷款（租赁、银行担保、信用证）和税收债务。

同时，愿意组织集群活动的申请者将公开透明地在线上选出。共和国棉纺织产业集群协调委员会现已废除。

农业部保存一份集群登记簿，并在其官方网站上长期公布。

4. 原棉核算改进

产业集群和其他纺织企业完全通过电子秤接收原棉，并采用自动化系统对所生产的棉纤维进行强制核算。

乌兹别克斯坦技术监管局每年将对农业种子、棉花、技术棉花种子和加工产品合格评定机构的技术监管、标准化、合格评定和计量领域立法要求的遵守情况进行一次国家监管。

2024 年 5 月 1 日前，计划引入一个自动化系统，对通过电子秤接收的原棉和生产的棉纤维进行强制核算，并将其纳入农业平台信息系统中。

2024 年 1 月 1 日起，农业部、经济和财政部以及棉花和纺织业集群协会的任务为：（1）在各集群实施国际财务报告准则；（2）在权威国际审计组织的参与下，对各集群的业绩进行独立的外部审计。

允许集群核算棉花作物电子发票中标明的增值税金额，金额与集群向农业企业（农场）支付的棉花作物费用成比例。

产业集群有义务按合同规定的价格购买农业企业（农场）种植的原棉，并在财政年度 12 月 31 日前自费支付 20%的尾款。

（五）第 391 号法令《关于发展棉花种植种子生产系统和提高棉花产量的补充措施》①

从 2024 年 1 月 1 日起，在植物保护局和棉花委员会专家的监督下，可以进口高产的外国棉花品种和杂交种，并将其作为试验品，在棉花种植面积不超过 10%的土地上种植，由棉纺织集群和农场进行管理。进行此类活动须具备以下条件：

（1）出口国植物保护机构颁发的检疫许可证、植物检疫证书或其他证明；

（2）进口商在利用棉花品种和杂交种种植棉花作物以及繁殖其种子时不享有知识产权；

（3）如果有必要与品种原产者（专利所有人）签订许可协议，则由进口企业支付许可费用；

（4）组织种植外国棉花品种和杂交种应适应当地条件，以便在以后几年播种；

---

① 参见《法律快讯丨乌兹别克斯坦法律法规速递——2023 年 12 月第二期》，载微信公众号“段和段金牌律师”，2023 年 12 月 28 日。

（5）严格遵守棉花种植区的品种摆放顺序，防止生物和机械污染。

除上述外，还批准了从国外进口的中纤棉品种和杂交种的相关规定。从2024年起：

（1）要求就棉纺织企业和农场从国外进口棉花种子的基因纯度分子遗传分析需要征求当地主管实验室的意见；

（2）如果从国外进口的棉花品种和杂交种符合要求，则根据两年的种植结果，将其列入“建议在共和国境内播种的国家农作物登记册”。

原种棉花生产者（棉纺织企业、农场、合作社）有权根据与原种棉花生产者签订的许可协议，将国内科学家创造的棉花区域化品种、有前途的棉花品种和新棉花品种投放市场。在这种情况下，种子津贴根据这些实体之间的互惠原则确定，但不少于3%—12%的特许权使用费。